Neues Archiv für Niedersachsen
2/2016

Reformation

WACHHOLTZ
MURMANN PUBLISHERS

Inhalt

Neues Archiv für Niedersachsen 2/2016

Reformation

Editorial

Das Gebiet des heutigen Niedersachsens war zu Beginn des 16. Jahrhunderts territorial zersplittert. Daraus erklärt sich, warum die Reformation hierzulande zeitversetzt und differenziert verlief. Als Reformatoren waren überwiegend Wegbegleiter und Schüler Martin Luthers tätig, der in eigener Person aber nicht in das Gebiet des heutigen Niedersachsens gekommen ist. Obwohl sich im Wesentlichen die evangelisch-lutherische Ausprägung der neuen Lehre durchsetzte, gab es einige Territorien, in denen man auf eine zweite, entschiedenere Erneuerung drängte. Daher sind seit dem Ende des 16. Jahrhunderts einige Gebiete Niedersachsens – vorrangig im Westen des Landes – evangelisch-reformiert geprägt.

In dem vorliegenden Themenheft werden die historischen Zusammenhänge des Reformationszeitalters dargestellt und die theologischen Hintergründe der Glaubenserneuerungen erklärt. Die Städte hatten bei der Einführung der Reformation eine besondere Bedeutung.

Die Auswirkungen der Reformation auf künstlerische Bereiche und Ausdrucksformen werden an zwei Beispielen dargestellt. Dabei geht es zum einen um Konsequenzen für das kirchliche Bauen; dies kann am Beispiel der Celler Schlosskapelle gezeigt werden. Zum anderen hatte die lutherische Reformation erhebliche Auswirkungen auf die Entwicklung der Kirchenmusik.

Ein spezieller Aspekt des religiös geprägten Lebens, eine Besonderheit im heutigen Niedersachsen, wird ausführlicher behandelt: das Leben im evangelischen Kloster. In einem Beitrag geht es um die Entwicklung der Klöster im 16. Jahrhundert. In einem weiteren Artikel gelingt ein Blick auf heutiges Klosterleben im evangelischen Damenstift, und schließlich wird die für Niedersachsen so prägende Klosterkammer Hannover dargestellt, deren Geschichte und deren heutige vielfältige Aufgaben.

Im Land gibt es zahlreiche Denkmäler und Erinnerungszeichen, mit denen auf Persönlichkeiten der Reformation hingewiesen wird, von Luther-Denkmälern bis zu Wetterschwänen auf zahlreichen Kirchen, die sich dort anstelle von Wetterhähnen im Wind drehen.

Am Schluss des Heftes steht ein Beitrag über eine für 2017, das Jahr des 500jährigen Reformationsjubiläums, geplante Ausstellung zur Reformation in welfischen Landen, die im Braunschweigischen Landesmuseum gezeigt werden soll. Begleitend zu diesem Projekt wird ein »Reiselesebuch« konzipiert, das zu Orten der Reformation auf dem Gebiet der evangelisch-lutherischen Landeskirchen Hannovers und Braunschweigs führt.

Dem begrenzten Heftumfang ist es geschuldet, dass der Blick auf andere Implikationen der evangelischen Kirchenreform unterbleiben musste, so etwa auf Begründung und Ausgestaltung der Diakonie oder die Konsequenzen für das Bildungswesen, beispielsweise im Hinblick auf Schulordnungen oder allgemein die Förderung von Sprach- und Textkompetenz. Zeitliche Gründe haben dagegen die Aufnahme eines Beitrages über geplante touristische Vorhaben zum Reformationsjubiläum in Niedersachsen verhindert, denn bei Redaktionsschluss dauerten die hierzu laufenden Überlegungen noch an. In Kooperation mit der TourismusMarketingNiedersachsen (TMN) wird ein entsprechendes Printprodukt vorbereitet, und es ist vorgesehen, die identifizierten und vermarktungsfähigen Vorhaben auf deren Homepage (www.reiseland-niedersachsen.de) zu präsentieren.

Unser Dank für die Mitwirkung an diesem Themenheft gilt allen, die hierzu einen Beitrag verfasst haben. Hans Otte sei in diesem Zusammenhang nicht nur deshalb besonders gedankt, weil er den einführenden Beitrag geschrieben hat, sondern auch, weil er schon frühzeitig für eine Diskussion des geplanten Konzeptes zur Verfügung stand und bei der Herstellung von Kontakten zu einzelnen Autoren behilflich war.

Rainer Ertel und Hansjörg Küster

Grußwort des Landesbischofs Ralf Meister

Landesbischof Ralf Meister, Vorsitzender des Rates der Konföderation evangelischer Kirchen in Niedersachsen

Ralf Meister (Foto: Jens Schulze)

Auf dem Marktplatz in Wittenberg steht eine silber-rote Weltkugel. In ihr ist eine Uhr verborgen, die rückwärts zählt bis zum 20. Mai 2017 in Wittenberg. Dann beginnt dort mit der Eröffnung der »Weltausstellung Reformation« der zentrale Höhepunkt der Feierlichkeiten zur Reformationsdekade. Das Jubiläumsjahr 2017 erinnert an den Beginn der reformatorischen Bewegung, die von Wittenberg ausging. Wir feiern aber nicht Martin Luther als Person, sondern die theologische Entdeckung der Reformatoren wie Martin Luther, Philipp Melanchthon, Huldrych Zwingli oder Johannes Calvin. Für sie wurde entscheidend, dass die Menschen die Freiheit des christlichen Glaubens neu entdeckten. »Der Gerechte wird aus Glauben leben«, heißt es im Römerbrief (Röm.1,17). Kein Mensch muss Gott gütig stimmen, sondern Gottes Güte geht uns voran.

Diese theologische Entdeckung war zunächst ein Universitätsereignis. In das Gebiet des heutigen Niedersachsens kam dieser reformatorische Gedanke erst nach und nach. Niedersachsen war im 16. Jahrhundert in zahlreiche Territorien und Einzelherrschaften zersplittert, universitäres Leben gab es nicht. So kamen die Gedanken der Reformatoren durch Händler, Wanderprediger und ehemalige Mönche in den Norden und fruchteten zuerst in den Städten. In Aurich und Norden predigte 1518 der Augustinermönch Georg Aportanus, in Braunschweig sorgte 1521 der ehemalige Mönch Gottschalk Kruse erstmals mit einer evangelischen Predigt für Aufsehen. Vor allem auch das Fürstentum Lüneburg wurde früh evangelisch. In Wirtshäusern und privaten Zirkeln wurde weitererzählt, Flugblätter machten die Runde, Luthers Lieder waren schnell bekannt.

Das vorliegende Themenheft zeichnet nach, wie eng und wie unterschiedlich die Geschichte der Reformation in Niedersachsen mit der Geschichte und Kultur unserer Dörfer, Städte und Regionen verbunden ist. Sie spiegelt sich in der Entwicklung der Klöster, in Baukultur und Musik, im regionalen reformatorischen Erbe in unserem unmittelbaren Lebensumfeld. Am Weg der evangelischen Kirche in Niedersachsen stehen viele Meilensteine, die dieses Themenheft in den Blick nimmt. Sie fordern unsere Aufmerksamkeit, zu welchem Zeugnis, zu welchen Worten und Taten uns heute die reformatorische Entdeckung beruft. Denn in der reformatorischen Freiheit des Glaubens, die seit dem 16. Jahrhundert in Niedersachsen verkündigt wird, stehen wir bis heute. Die mutige Überzeugung, dass sich mit dem Glauben an Jesus Christus nicht nur das eigene Leben verändert, sondern diese Welt ein anderes Gesicht erhalten kann, verbindet uns, vor Ort in Niedersachsen und weltweit.

Ratsvorsitzender der Konföderation der evangelischen Kirchen in Niedersachsen

Die Einführung der Reformation in Niedersachsen

Hans Otte

Von Anfang an gab es unterschiedliche Wege bei der Einführung der Reformation. Gemeinsam waren den Reformatoren die Ablehnung der mittelalterlichen Theologie und die entschiedene Berufung auf die Bibel als Wort Gottes. Allmählich ergaben sich aus der Kritik an der überkommenen Kirche und aus der »evangelischen« Theologie neue Ordnungsstrukturen. Unverzichtbar war bei der Einführung der Reformation die Beteiligung der Stadträte (in den Städten) und der Landesherren. Die Stärke der Landesherrschaft und ihr unterschiedliches Interesse an einer Regelung der kirchlichen Fragen bestimmten den Ablauf und den Erfolg der Reformation(en).

1. Zögerliche Anfänge. Der theologische Ansatz

»Die Reformation« – mit diesem Begriff bezeichnen wir heute ganz selbstverständlich die Einführung des Protestantismus im 16. Jahrhundert. Aber der Begriff ist älter, schon mehrfach hatte es im Verständnis der damaligen Zeitgenossen »Reformationen« gegeben. Kehrte im 15. Jahrhundert ein Kloster zu einer strikten Beachtung der überkommenen Ordensregel zurück und verband das mit einer vertieften spirituellen Praxis, wurde auch das als Reformation bezeichnet. Die Rückkehr zum Ursprung sollte die Kluft zwischen der kirchlichen Praxis und der biblischen Botschaft bzw. den Ordensregeln verringern. Auch die von Martin Luther (1483–1546) angestoßene »Reformation« wurde so verstanden, je nach Position als Teil einer Universitätsdebatte oder als »Mönchsgezänk«. Am 31. Oktober 1517 hatte Luther 95 Thesen über den Ablass und den »wahren Schatz der Kirche« veröffentlicht. Der Wittenberger Theologieprofessor wollte das Missverständnis bekämpfen, dass die Kirche gegen Geldzahlungen die Verheißungen Gottes verwalten und dabei Menschen von Unrecht oder Schuld freisprechen könne. Schon länger waren der Reichtum der Kirche und die Privilegien der Kleriker kritisiert worden, als Teil dieser Kritik wurden Luthers Thesen vielerorts verstanden. An den folgenden Debatten in Universitäten und Klöstern beteiligte sich Luther gern, er befeuerte sie dann mit weiteren Veröffentlichungen. Immer deutlicher formulierte er, dass aus eigenem

Vermögen kein Mensch vor Gott gerecht werden könne, dass aber Gott im Endgericht jedem, der schlicht den Gnadenzusagen Christi vertraue, dessen Gerechtigkeit zurechnen werde. Luther dachte individualistisch: Vor Gott steht jeder Mensch allein, da kann ihm kein anderer Mensch helfen, nur Jesus Christus als Vermittler. Die mittelalterliche Theologie war großzügiger gewesen: Neben Christus hatten weitere Personen – Maria, die Apostel und die Heiligen – das Gottesverhältnis des Christen bestimmt, sie konnten als Fürsprecher vor Gott wirken. Luther konzentrierte dieses Verhältnis ganz auf Christus allein. Auch fiel die besondere Wertschätzung des Klosterlebens weg, denn vor Gott konnte man daraus keine besonderen Verdienste ableiten. Überkommene Grundsätze der mittelalterlichen Theologie wurden bestritten, insgesamt wurde der Maßstab zur Beurteilung christlicher Lehre vereinfacht: Allein die Bibel sollte der Maßstab sein, nicht die zahlreichen Schriften der Tradition oder Beschlüsse der Kirche. Damit gewannen die Laien eine ganz andere Stellung: Sie konnten sich durch Bibellektüre ein eigenes Urteil bilden, ihr alltägliches Leben als Christen war dem Leben als Mönch oder Nonne prinzipiell gleichwertig. Das »Priestertum aller Gläubigen« war die Formel, mit der die Gleichrangigkeit von Priestern und Laien ausgedrückt wurde.

Für die Verteidiger der überkommenen Theologie waren solche Anschauungen falsch. In ihren Augen war es richtig gewesen, dass der Papst 1520 Luther den Bann angedroht hatte und dass Kaiser Karl V. nach dem Reichstag in Worms 1521 über den Ketzer Luther die Reichsacht verhängte. Luther war ja spektakulär – mit Herold und Delegation – nach Worms ein-

geladen worden, um seine Lehren zu widerrufen, aber Luther hatte sich geweigert und auf sein Gewissen verwiesen, das »in Gottes Wort gefangen« sei. Die Formel »Hier stehe ich, ich kann nicht anders« ist eine populäre Zusammenfassung der Sätze: »Solange mein Gewissen in Gottes Wort gefangen ist, kann und will ich nichts widerrufen, weil es unsicher ist und die Seligkeit bedroht, etwas gegen das Gewissen zu tun. Gott helfe mir. Amen« (Lohse 1958). Später wurde darin schon eine weltgeschichtliche Proklamation der Gewissensfreiheit gesehen, für Luther war es konkret um die ihn bindende Autorität der Bibel gegangen, die ihn auch gegenüber päpstlichen Urteilen und Beschlüssen von Konzilien band. Die weitreichende Bedeutung dieser Vorgänge war damals kaum abzusehen, und in Nordwestdeutschland war man in dieser Frage sogar noch zurückhaltender als anderswo, obwohl einige Besucher des Reichstags aus dem Gebiet des heutigen Niedersachsen gekommen waren. So war Graf Jobst II. von Hoya, der wenige Jahre später (1525) in seiner Teilgrafschaft die Reformation einführen sollte, nach Worms gereist, um für seinen Erbanspruch auf die Grafschaft zu kämpfen. Aber die Luthersache interessierte ihn nicht; nachdem er »vor Kaiser und Reich« sein Anliegen vorgebracht hatte, kehrte er sofort zurück, nahm also an der spektakulären Vernehmung Luthers nicht mehr teil. Auch die Reichsacht fand im Norden Deutschlands kein breites Echo. Der Bremer Erzbischof Christoph (1487–1558), der bald schon zum entschiedenen Gegner der Reformation werden sollte, verzichtete darauf, die Verurteilung Luthers in seiner Erzdiözese bekannt zu machen; erst 1523 nahm er sich der Sache an, als mit Heinrich von Zütphen (ca. 1488–1524) ein reformatorischer Prediger in Bremen auftrat (Nistahl 2008, 14 f.). Jetzt wollte er dessen aufrührerische Predigten verurteilen lassen, aber da hielt ihm der Bremer Rat entgegen, dass doch die Reichsacht, also die Verurteilung Luthers und seiner Anhänger, vom Erzbischof als Landesherr gar nicht ordentlich veröffentlicht worden war.

Für die hier zu beobachtende zögerliche Wahrnehmung reformatorischer Gedanken gibt es mehrere Gründe. Während Drucker in Basel oder Heidelberg schon 1518 und 1519 die ersten Texte Luthers nachdruckten, fehlen für Niedersachsen so frühe Hinweise. Es gab hier keine Drucker, die Luthers Schriften rasch nachdruckten; es gab noch keine Universitäten, damit fehlte ein wichtiger Resonanzboden für das neue Glaubensverständnis. Wichtigstes Hindernis war wohl die Sprache: Das Hochdeutsch der Reformatoren in Wittenberg war eine fremde Sprache, Übersetzungen ins Niederdeutsche waren nötig. Übersetzer und Vermittler traten erst seit 1521 in den größeren Handelsstädten auf. Neben Bremen, wo der Niederländer Heinrich von Zütphen mit seinen Freunden wirkte, haben wir aus der Hansestadt Braunschweig mit ihren intensiven Beziehungen nach Mitteldeutschland die ersten Meldungen über reformatorische Prediger. Hier wurde 1522 die erste reformatorische Schrift Niedersachsens gedruckt: »Van Adams und unsem Valle und Wedderuperstandinghe«. Sie fasste Luthers Einsichten zusammen: Von Anfang an – seit dem Sündenfall Adams – war der Mensch Sünder, der sich aus der Sünde nicht selbst befreien konnte; deshalb müsse der Mensch sein Vertrauen ganz auf Christus setzen, der das »Wiederaufstehen« möglich mache.

2. Gottschalk Kruse – Reformator aus Braunschweig

Der Verfasser dieser Schrift, Gottschalk Kruse (ca. 1499–1550), hatte einen für die frühen Lutheraner typischen Lebenslauf (Lange 1958). Schon als Kind war der gebürtige Braunschweiger in das dortige Aegidienkloster gegeben worden. Aber trotz eines tadellosen Klosterlebens mit den richtigen Gelübden war er sich nie sicher, ob sein Leben den Ansprüchen Gottes genüge – so erinnerte er sich in einer kurzen Lebensbeschreibung, die er 1523 in Wittenberg drucken ließ, um seine Flucht aus Braunschweig zu rechtfertigen (Hänselmann 1887). Er schilderte darin, dass auch ein Studium in Erfurt seine Zweifel und Gewissensängste nicht beseitigt hatten. Erst die Lektüre von zwei Schriften Luthers öffnete ihm die Augen, als er nach dem Studium in sein Heimatkloster zurückgekehrt war. Die erste Schrift, die er von einem Braunschweiger Bekannten erhielt, überzeugte ihn noch nicht, sprachen doch die Tradition und Luthers Verurteilung dagegen. Die zweite Schrift, Luthers Auslegung des 110. Psalms, leitete den Wandel ein. Auf Deutsch verfasst, war sie offensichtlich nicht für Gelehrte gedacht. Deshalb hatte er sie zunächst zurückgewiesen, hatte sie dann aber – so sein späterer Bericht – auf Befehl seines Priors gelesen. Das entsprach dem Muster eines guten Mönchs, der die Befehle seiner Oberen befolgte – daran anschließend wurde er ›bekehrt‹: Die Psalmenauslegung mit ihren zahlreichen Verweisen auf andere Bibelzitate überzeugte ihn, dass er darin »Geyst unde Wahrheyt« fände (Hänselmann 1887, 17). So bemühte er sich erfolgreich darum, weitere Schriften Luthers zu erhalten.

Bei Kruse wird deutlich, was an dem neuen Glaubensverständnis attraktiv war: An die Stelle der oft strittigen und unklaren Tradition, für die Kleriker ein Monopol hatten, trat die jedem zugängliche Bibellektüre, an die Stelle der Unsicherheit, ob man den religiösen Anforderungen gerecht werde, trat die Gewissheit, dass vor Gott allein das schlichte Vertrauen auf Jesus Christus zähle. Mit Genehmigung seines Abtes durfte Kruse noch einmal in Wittenberg studieren, kehrte als überzeugter Lutheraner zurück und hielt nun Vorträge im Refektorium. Als aber nicht nur Novizen seine Vorträge hörten, sondern auch Braunschweiger Bürger kamen, warfen ihm die Vertreter der Braunschweiger Bettelorden vor, dass er im Kloster eine »Ketzerschule«

aufrichte. Die Öffentlichkeit wurde (noch) von den Altgläubigen beherrscht, deren Deutungsmonopol von Kruses Vorträgen angegriffen wurde. Auch jetzt noch versuchte sein Abt, ihn zu halten, doch musste er das Fürstentum Braunschweig-Wolfenbüttel zuletzt verlassen, weil der Landesherr Herzog Heinrich d. J. seine Verhaftung als Ketzer angeordnet hatte. Kruses Schicksal in Braunschweig entsprach dem anderer Wanderprediger lutherischer Prägung: Meist junge Kleriker, predigten sie am Ort ihrer Kirche oder ihres Klosters die neue Lehre, mussten aber damit rechnen, vertrieben zu werden. Dann wanderten sie oft weiter und verbreiteten auf diese Weise das neue Glaubensverständnis ohne größere Organisation.

An Kruses weiterem Lebensweg lässt sich auch die zweite Etappe der Reformation ablesen: Aus der religiösen Bewegung Einzelner wurde zum Teil eine Volksbewegung, zum Teil eine obrigkeitlich geleitete Kirchenreform.

3. Die Reformation wird landesherrlich: Das Beispiel Celle

Nach seiner Flucht hatte sich Kruse wieder nach Wittenberg gewandt, doch war er dort nicht lange geblieben; noch im gleichen Jahr tauchte er in Hoya auf. Graf Jobst II., der drei Jahre zuvor auf dem Wormser Reichstag an der Religionsfrage kein Interesse gehabt hatte, nahm ihn in Hoya auf. Der Graf hatte inzwischen einige Zeit am Hof von Kurfürst Friedrich dem Weisen gelebt, weil der Kurfürst den Auftrag hatte, die Streitigkeiten um die Grafschaft Hoya zu lösen. Dort war der Graf in Kontakt mit lutherischen Adeligen gekommen und hatte 1523 eine überzeugte

Protestantin geheiratet. So war er in seine Residenzstadt Nienburg zurückgekehrt. In dieser Zeit erschien Kruse in Hoya. Kruse zog aber schon 1524 nach Celle weiter, den Ruf dorthin verdankte er einer Empfehlung Luthers. Der Celler Herzog Ernst (1497–1546; Abb. 1) hatte sich an Luther gewandt, um in der Auseinandersetzung zwischen den Alt- und Neugläubigen in der Stadt theologische Unterstützung zu erhalten. Sein Leibarzt Wolf Cyclop hatte 1523 Luthers Programm in Thesen zusammengefasst und eine freche Streitschrift gegen die Celler Bettelmönche,

Abb. 1: Herzog Ernst der Bekenner. Detail des Denkmals von Waldemar Otto (1992) »An der Stechbahn« vor der Südseite der Celler Stadtkirche, in der der Herzog seine letzte Ruhestätte gefunden hat. (Foto: Rainer Ertel)

Herzöge nicht. Ihr Sprecher, Herzog Ernst (1497–1546), hatte stattdessen Luther um Empfehlung eines Theologen gebeten, und Luther hatte Kruse empfohlen.

In Celle formierten sich nun zwei Parteien: Auf der einen Seite stand Gottschalk Kruse, kein Hitzkopf wie Cyclop, sondern ein studierter Theologe, um den sich weitere Prediger sammelten, auf der anderen Seite standen die Franziskaner des dortigen Kreuzklosters. Im Sinne der Reformation agierte Ernst zunächst noch vorsichtig. 1524 übersandte er den Nonnen des Klosters Medingen ein Neues Testament in Luthers Übersetzung, die Nonnen sollten durch Bibellektüre für das neue Glaubensverständnis gewonnen werden (Lyßmann 1772, 135). Als eine positive Reaktion ausblieb – die Äbtissin verbrannte das Buch sofort –, ließ der Herzog sie gewähren, später hätte er ein solches Verhalten wohl sanktioniert.

Vorangetrieben wurde die Entwicklung von Gottschalk Kruse. Er ergriff 1526 die Initiative. In einer Predigt über das Abendmahl (Messe) hatte sich ein Franziskaner abfällig über das lutherische Verständnis geäußert, das wollte Kruse ihm nicht durchgehen lassen. Er bat den Herzog, er möge die Mönche auffordern, sich für eine Predigt zu rechtfertigen, die »nicht allein bei den gemeinen Zuhörern ihren Wandel und Ruf verletzt, sondern auch gegen den Grund und Inhalt göttlicher Schrift geredet« war (Schütte 1992, 61–63). Der Herzog folgte dem Vorschlag, der Vorsteher des Klosters wurde aufgefordert, sich vor dem gesamten Celler Rat und den Herzögen zu rechtfertigen. Doch die Mönche lehnten eine Beweisführung allein aus der Bibel grundsätzlich ab; am Ende befahl der Herzog, dass sie auf das Predigen verzichten sollten, bis

die »grimmigen, wütenden und brüllenden Suppen- und Kuchenprediger« veröffentlicht (Schütte 1992). Die so angesprochenen Franziskaner verteidigten sich, es kam zu einem Hin und Her der Streitschriften, am Ende hatten die Mönche ein Expertengespräch vorgeschlagen: Man solle in Hildesheim, dem Sitz des zuständigen Bischofs, über die Fragen disputieren, den Vorsitz sollte der Mainzer Erzbischof zusammen mit den Celler Herzögen führen, vier Universitäten sollten als Schiedsrichter fungieren. Diese Universitäten waren in der Hand der Altgläubigen, so konnte man sich das Ergebnis ausrechnen: Cyclop sollte verurteilt werden. Doch auf diese Anregung der Mönche reagierten die sie ihr Verständnis des Abendmahls aus Gottes Wort schriftlich begründet hätten. Dieses Verfahren machte die veränderte Situation deutlich: Nicht Theologen, sondern Laien – der Herzog mit Assistenz des Stadtrats – wollten urteilen, ob die Rechtfertigung der altgläubigen Predigt gelungen war. Gleichzeitig rückte ein Element der kirchlichen Praxis in den Vordergrund, das Abendmahl (Eucharistie): Sollten Laien neben der Oblate auch den Kelch erhalten, oder war der Kelch den geweihten Priestern vorzubehalten, wie es das Laterankonzil 1215 vorgeschrieben hatte? Damit ging es um ein gut sichtbares Zeichen, Luthers komplexe Überlegungen waren symbolisch vereinfacht. Die praktische Frage ging jeden an, der zum Abendmahl gehen wollte. Die Debatte über diese Frage beschleunigte die Entwicklung zur Reformation: Die Sprecher der Franziskaner hielten daran fest, dass neben der Bibel auch die kirchliche Tradition gehört werden müsse. Daher waren sie nicht bereit, allein aus der Heiligen Schrift eine Begründung zu liefern. Damit war aber die Bedingung zur Wiederaufnahme ihrer Predigten nicht erfüllt: Im Januar 1527 ordnete der Herzog die Schließung des Klosters an, den Mönchen wurde angeboten, eine Pfarre zu übernehmen, wenn sie zum Predigen geschickt seien. Noch war die konfessionelle Differenz zwischen altgläubig (katholisch) und neugläubig (evangelisch) nicht so tief, dass das Angebot, vom altgläubigen Kloster in ein evangelisches Pfarramt zu wechseln, als aussichtlos erschien. Den Mönchen aber, die zum Predigen »ungeschickt« waren, wurde angeboten, ein Handwerk zu erlernen. Für die nächsten Schritte versicherte sich der Herzog der Zustimmung der Landstände. Herkömmlich wurden die Stände vor allem an der Regelung der Steuerfragen beteiligt, in Religionsfragen gab es ein solches Herkommen nicht. Aber die Stadträte und vor allem die Adligen waren in der Regel auch Patronatsherren, hatten also durch Präsentation von Kandidaten Einfluss auf die Besetzung der Pfarren. So war es klug, sie hier in die herzogliche Politik einzubinden. Ein erster Schritt war die Inventarisierung des klösterlichen Besitzes im Fürstentum; sie war nach Ansicht des Herzogs notwendig, um das Klostervermögen zu sichern und ggf. für die Tilgung von Landesschulden heranzuziehen. Diesem Wunsch stimmten die Stände nur zögernd zu, am Ende konnte sich der Herzog aber so weit durchsetzen, dass das Vermögen wenigstens inventarisiert und zum Teil – die Kleinodien – auch eingezogen wurde (Wrede 1887, 54–57). Diese klosterfeindliche Politik war möglich, weil sich die kirchenpolitischen Rahmenbedingungen inzwischen grundlegend verändert hatten. 1526 hatte Kaiser Karl V. den Reichsständen zugestanden, dass jeder von ihnen in der Religionsfrage so verfahren dürfe, »wie ein jeder solches gegen Gott und die kaiserliche Majestät hoffe und vertraue zu verantworten« (Obermann 2004, 139). Damit hatten die evangelischen Fürsten faktisch freie Hand. Herzog Ernst folgte dem Vorbild seiner Vettern, der Kurfürsten von Sachsen, und begann nun wirklich mit der Einführung der Reformation. Als erster Schritt erhielten die Landstände 1527 ein Büchlein, dessen Titel den Inhalt nannte: »Artikel, darinne etlike mysbruke by den parren des förstendoms Lüneborg entdecket unde darjegen gude ordenynge angegeven werden« (Sehling 1955, 492–521). Verfasst hatten es die evangelischen Prediger Celles auf Wunsch von Herzog Ernst. Es listete die bisherigen

»Missbräuche« in den Pfarrkirchen und den Klöstern auf und erläuterte, was verbessert werden musste. Bemerkenswert ist die Einleitung, in ihr wandten sich die Verfasser an den Herzog und forderten ihn auf, die kirchlichen Missbräuche abzuschaffen. Der Herzog wisse sich vor Gott schuldig, dass in seinem Land die wahrhaftige Gottesehre erhalten werde, denn er werde Gott Rechenschaft nicht nur über das zeitliche Wohlergehen der Untertanen geben müssen, sondern auch über die Verehrung Gottes und über das seelische Gedeihen oder Verderben der Seelen. Die Theologen selbst schoben dem Herzog die Pflicht zu, mit den Pfarrern für das Seelenheil der Untertanen zu sorgen, »dat se uth de düsternis ynt lycht und yn de warheit gefört werden« (Sehling 1955, 492). Dieses »Artikelbuch« formulierte einen hohen Anspruch für den Fürsten, dessen Tätigkeitsfeld damit prinzipiell erweitert wurde. Der frühmoderne Staat wurde auch für die Kirche und das Schulwesen zuständig.

Die Stände lehnten das Artikelbuch zunächst ab. Immerhin konnte der Herzog erreichen, dass »mit gemeiner Verwilligung der Prälaten, Stände und aller Mannschaft« beschlossen wurde, »Gottes Wort überall in des Fürstentums Stiftern, Klöstern und Pfarren rein, klar und ohne menschlichen Zusatz predigen zu lassen« (Wrede 1887, 83). Das konnte als Kompromissformel gelesen werden, für den Herzog war es mehr. Er berief sich künftig auf diesen Beschluss, wenn er in allen Kirchen die »evangelische« Predigt durchsetzte. Das wurde ihm leicht gemacht, weil die Stände erklärten, dass der Herzog in den Kirchen des Fürstentums, die ihm oder »ausländischen Herren« unterstellt waren, für die Einrichtung der Predigten und Zeremonien zu sorgen habe

(Sehling 1955, 484). Mit den »ausländischen Herren« wurden die Bischöfe von Hildesheim und Verden bezeichnet, die zahlreiche Patronate an den Kirchen und Pfarren im Fürstentum Celle besaßen. Sie wurden hier ausgeschaltet. Faktisch war damit die überkommene Stellung der Bischöfe als Garanten der kirchlichen Ordnung und der kirchlichen Obrigkeit abgeschafft worden. Zur gesteigerten Staatlichkeit, die sich hier abzeichnete, gehörte auch, dass innerhalb eines geschlossenen Territoriums »auswärtige Mächte« möglichst wenig hineinregieren konnten.

Mit dem Artikelbuch gab es Normen, die beschrieben, was in der üblichen kirchlichen Praxis als »unevangelisch« abzuschaffen war. Um die damit mögliche »richtige« Praxis durchzusetzen, visitierte der Herzog 1529 die Klöster und Stifte seines Fürstentums. Ähnlich hatte sein Großvater Herzog Otto V. gehandelt, als er nach 1470 durch persönliches Erscheinen sich an den »Reformationen« in den Klöstern beteiligt hatte (Riggert 1996, 321). Nach den ersten Klostervisitationen ließ Ernst den »Radtslach to Nodtorft der Kloster des Förstendoms Lüneborch, Gades Wort unde Ceremonien belangend« ausarbeiten, der beschrieb, was in den Klöstern nun zu ändern sei (Sehling 1955, 586–608). In dem »Radtslach« nahmen die herzoglichen Theologen keinen Bezug auf das großväterliche Vorbild des Herzogs; wie im »Artikelbuch« wurde nur generell auf die Pflicht des Fürsten hingewiesen, die Klosterleute wie die anderen Untertanen mit evangelischer Predigt zu versorgen. Am wichtigsten war dabei die Einsetzung evangelischer Prediger, um die Konvente durch das Anhören der ‚evangelischen‘ Predigten vom neuen Glaubensverständnis zu überzeugen.

Die Klöster und Stifte reagierten unterschiedlich. Einige Männerklöster lösten sich unter dem Eindruck des herzoglichen Besuchs binnen kurzer Zeit auf. In Oldenstadt trat der Abt sofort aus dem Kloster aus; er hatte Luther schon vorher um Rat gefragt, ob er das dortige Kloster verlassen solle, nachdem er zum Evangelium gekommen sei. Luther hatte ihm seelsorgerlich empfohlen, im Kloster zu bleiben, wenn er es mit seinem Gewissen vereinbaren und er sein Leben dort in Freiheit des Geistes verbringen könne (Luther, Briefwechsel Nr. 1228). Der Konvent löste sich nach dem Austritt des Abtes auf. Ähnlich war es im Kloster Scharnebeck. Andere Klöster wehrten sich oder ignorierten zunächst die Wünsche des Herzogs. In Ramelsloh versuchte der Konvent sogar, einen Prozess vor dem Reichskammergericht anzustrengen, als aber der Herzog die Klostergüter weitgehend beschlagnahmte, gab der Konvent 1540 nach und einigte sich mit dem Herzog: Er wurde als Oberhaupt anerkannt, die evangelische Predigt wurde akzeptiert, dem Herzog wurde das Recht, neue Stiftsherren zu präsentieren, weitgehend überlassen (Dolle 2012, 1273). Das Lüneburger Michaeliskloster entging seiner Auflösung durch Wahl eines evangelischen Abts 1532. Viel hartnäckiger war der Widerstand in den Frauenklöstern. Die führenden – älteren – Mitglieder der Konvente waren noch von den Nonnen erzogen worden, die die »Klosterreformationen« im letzten Drittel des 15. Jahrhunderts mitgemacht hatten; für sie hatte diese Reformation die Rückkehr zum Ursprung des Ordens bedeutet, ein Zweifel am klösterlichen Heilsweg war ihnen fremd. Um sich gegen diese Frauen durchzusetzen, setzte der Herzog die altgläubigen Pröpste ab und übertrug die Verwaltung des Klostervermögens jeweils einem herzoglichen Amtmann. Dagegen konnten sich die Nonnen und Stiftsdamen dem Anhören der evangelischen Predigten längere Zeit entziehen, hier stand oft Gewissen gegen Gewissen (Mager 1998). Erst als sich die ältere Generation aus den Führungsämtern in den Konventen zurückzog oder verstarb, wurde die Mehrheit der Konventualinnen evangelisch, doch gab es noch bis zum Anfang des 17. Jahrhunderts einige altgläubige Nonnen. Insgesamt wurde darauf verzichtet, rigoros die Klöster aufzuheben, die Klöster konnten als evangelische Konvente weiterbestehen.

Insgesamt wollte man im Fürstentum Celle Missbräuche abschaffen, mehr nicht. Dafür gaben das Artikelbuch und der »Radtslach« die notwendigen Vorgaben, dann konnte die evangelische Lehre die Gottesdienste und das kirchliche Leben prägen. Die äußere Ordnung blieb bestehen, ein radikaler Bruch mit der bisherigen Praxis schien unnötig zu sein. Gleiches galt für die Pfarrkirchen, auch hier gab es in der Ordnung keinen radikalen Abbruch. So blieben nicht nur die Patronate erhalten, sondern auch die Finanzierung der Pfarrer und der Kirchen wurde beibehalten: ein Mischsystem aus festen Einkünften aus der sog. Pfarrpfründe – in der Regel Grundstücken – und aus unständigen Einkünften von den Gebühren für Taufen, Trauungen, Beerdigungen. Es erwies sich aber als schwierig, in dieses System die Pfarrfrauen, Kinder und Pfarrwitwen aufzunehmen. Bis zur Reformation hatte es sie offiziell nicht gegeben, jetzt waren sie aber sichtbar, und es mussten amtliche Regelungen gefunden werden. Zunächst wurden die Pfarrer und die Gemeinden damit allein gelassen, so dass die Gemeindevorsteher und Ältesten es gern sahen, wenn ein neuer Pfarrer die Witwe oder eine Tochter seines Vorgängers heiratete, sparte dann doch die Gemeinde den Unterhalt für die Familie des früheren Pfarrers. Hier zeigt sich ein Problem der frühen Einführung der Reformation. Für solche Fragen gab es noch keine Normen oder Vorbilder. In der theologischen Lehre war man entschieden, in organisatorischen Fragen begnügte man sich zunächst mit pragmatischen Lösungen, erst allmählich erhielt die entstehende »Landeskirche« feste Normen.

Für die hier praktizierte Form der Kirchenleitung waren theologische Berater nötig. Zuerst nahm Gottschalk Kruse diese Funktion wahr; als er jedoch 1527 mit Herzog Otto an die Nebenresidenz Harburg wechselte, gab es unter den evangelischen Theologen in Celle keine herausragenden Persönlichkeiten mehr. Diese Funktion übernahm 1530 Urbanus Rhegius (1489–1541), der nach kursächsischem Vorbild die Bezeichnung »Superintendent« führte. Ihn hatte Herzog Ernst beim Augsburger Reichstag kennengelernt. Rhegius hatte in der Reichsstadt ein Predigtverbot bekommen, so war der Ruf nach Celle für ihn wohl eine Erlösung. Als kluger Theologe, der auch literarisch hervortrat, bestimmte er bis zu seinem Tode die Kirchenpolitik des Fürstentums. Bei aller Festigkeit in Grundsatzfragen suchte Rhegius nach Verständigungsmöglichkeiten sowohl mit den Altgläubigen als auch mit reformierten Theologen Süddeutschlands. Er bekämpfte die radikalen Ideen der Täufer, auch hatte er kein Verständnis für die (refor-

mierte) Ablehnung von Bildern in der Kirche. Schon im Bauernkrieg hatte er die Pflicht der Obrigkeit betont, für die kirchliche Ordnung zu sorgen, später beharrte er darauf, dass sie dabei ihre Grenzen nicht überschreiten dürfe: Er lehnte es ab, wenn Fürsten kirchliches Vermögen einzogen, ohne es für kirchliche Aufgaben zu verwenden. Nach einigen Jahren als Superintendent fasste er 1536 den notwendigen Inhalt evangelischer Predigt in einer Lehrschrift zusammen: »Wie man fursichtiglich und on ergernis reden sol / von den furnemesten Artikeln Christlicher lere: fur die jungen einfeltigen prediger« (Uckeley 1908). Er erläuterte die Paradoxien lutherischer Theologie, etwa in der Lehre von den guten Werken, und empfahl handfest, nicht nur von der Gnade Gottes und dem Evangelium zu reden, sondern ebenso über die Buße und über die Notwendigkeit, gute Werke zu tun. Eine ganze Generation von Theologen wurde hier durch ein konservatives Luthertum geprägt, das sich gegen ein revolutionäres Verständnis des Evangeliums abgrenzte und in der Kirchenleitung durchaus Lebenserfahrung schätzte. Bis zum Tode von Rhegius und Herzog Ernst schien eine ausformulierte Kirchenordnung unnötig zu sein: Das Artikelbuch und die folgenden theologischen Erläuterungen reichten aus. Erst 1564 erließ Herzog Wilhelm, der Sohn Ernsts, eine Kirchenordnung für das Fürstentum Lüneburg-Celle.

4. Der Aufbau eines evangelischen Kirchenwesens: Die Kirchenordnungen

An den anderen welfischen Fürstenhöfen fehlten »Provokateure« und Berater wie Cyclop und Kruse, die die Entwicklung vorantrieben. In diesen Territorien (Calenberg, Grubenhagen, Wolfenbüttel) waren die größeren Städte mit Handelsverbindungen bei der Einführung des Protestantismus führend. Besonders einflussreich war die Hansestadt Braunschweig. Hier hatte sich seit 1526 der Protestantismus im Zusammenspiel von religiösen Argumenten und politischen Forderungen nach mehr Teilhabe der »Gemeinde« zu Wort gemeldet; 1528 gab sich die Stadt dann eine Kirchenordnung (Jürgens 2010, 129–144). Ihr Verfasser war ein Vertrauter Luthers: Johannes Bugenhagen (1485–1558), Stadtpfarrer in Wittenberg. Er war nach Braunschweig gerufen worden, weil es hier konkurrierende Vorschläge gab, wie Kirche und Gottesdienst in einer evangelischen Stadt zu gestalten seien. Binnen weniger Monate, in denen er mit Predigten für das lutherische Verständnis einer neuen kirchlichen Ordnung warb, erarbeitete Bugenhagen eine Kirchenordnung, die am 5. September 1528 vom Rat, den Ratsgeschworenen, den Gildemeistern der 14 ratsfähigen Gilden und den 28 Hauptleuten der fünf Weichbilder der Stadt angenommen wurde. Diese umfassend abgesicherte Zustimmung war nötig, weil die Kirchenordnung ohne Mitwirkung des kirchenrechtlich zuständigen Bischofs zustande kam. Die Bischöfe verweigerten sich dem neuen Glauben, deshalb fielen sie als Schöpfer bzw. Ausleger des Kirchenrechts aus. Auch in anderen selbständigen Städten wurden die Kirchenordnungen zur rechtlichen Grundlage des evangelischen Kirchenwesens. Sie enthielten Regelungen über:

- die Grundsätze der evangelischen Lehre,
- die Gottesdienste und kirchlichen Amtshandlungen,
- das Verfahren bei der Berufung und Einführung neuer Prediger,
- deren Einkommen und Beaufsichtigung,
- die Einrichtung von Schulen,
- die Versorgung der Armen sowie
- die Verfahren bei Streitfragen, die – wie etwa die Ehegerichtsbarkeit – als kirchliche Angelegenheit angesehen wurden.

Beschrieben wurde auch, wie auf städtischer Ebene der Rat und das geistliche Ministerium – der Zusammenschluss der städtischen Theologen – zusammenarbeiten sollten und was Laien als Verwalter des Kirchenvermögens zu tun hatten; letztlich wurde hier auf bewährte Institutionen zurückgegriffen.

In der mittelalterlichen Kirche waren Kirchenordnungen nicht nötig gewesen; hier hatte es einen festen Rahmen in Gestalt des kanonischen Rechts gegeben, das durch päpstliche, bischöfliche und synodale Entscheidungen ergänzt werden konnte. Deren Geltung war von den Reformatoren bestritten worden, nicht zuletzt weil konkurrierende Entscheidungen oft nebeneinander bestanden und es schwierig war, rasch und ohne großen Aufwand zu einer klaren, einsichtigen Entscheidung zu kommen. Die Kirchenordnungen erleichterten Gerichtsverfahren in Kirchensachen erheblich. Noch wichtiger war, dass sich die meisten Bischöfe dem neuen Glauben verweigert hatten, sie kamen also als

Schöpfer und Interpreten des Kirchenrechts nicht mehr in Frage. In Nordeuropa galt die Braunschweiger Kirchenordnung bald als ein Muster, sie wirkte weit über Niedersachsen hinaus. Auf der Braunschweigischen Kirchenordnung von 1528 beruhen die Kirchenordnung für Hamburg (1529), Lübeck (1531), Bremen (1534), Pommern (1535), Dänemark z. T. (1537), Schleswig-Holstein (1542), Braunschweig-Wolfenbüttel (1543), Osnabrück – Stadt und Hochstift (1543) sowie Hildesheim (1544). Den Ordnungen für die Städte, die überschaubare Verhältnisse voraussetzten, folgten wenig später Ordnungen für einzelne Territorien, sie regelten prinzipiell die gleichen Fragen und bildeten die Basis für Visitationen der Kirchen und Klöster. Im Ergebnis dienten sie gleichzeitig der Stärkung der Landesherrschaft.

4.1 Die anderen welfischen Territorien

Der Erlass einer Kirchenordnung markierte eine wichtige Etappe im Reformationsprozess, vor allem wenn ihr ein Verständigungsprozess zwischen Landesherrn und Ständen vorausgegangen war. Das gilt auch für das kleine welfische Fürstentum Grubenhagen. Hier sind wir über die lokalen Anfänge der Reformation schlecht informiert; Herzog Philipp (1476–1551) hatte aber schon früh Interesse an der Reformation signalisiert, 1526 war er dem Torgauer Bund beigetreten, dem ersten Zusammenschluss der Reichsstände gegen die kaiserliche Religionspolitik. Aber finanziell und politisch schwach, vermied er in seinem Fürstentum noch länger eindeutige Festlegungen, so im Streit zwischen der auf Einführung der Reformation drängenden Stadt Einbeck und den dortigen Stiften, die altgläubig waren. Außerdem nahm er Rücksicht auf seinen Bruder Erich, der Bischof von Paderborn, Osnabrück und Münster war. Erst nach dessen Tod 1532 begann der Herzog auf Klostergut zuzugreifen. Eingeklemmt zwischen größeren welfischen Territorien orientierte er sich an Kursachsen, und als der Torgauer Bund in den Schmalkaldischen Bund überführt wurde, trat er ihm bei. Dessen Hilfe ermöglichte im Streit mit Einbeck eine Lösung, und kursächsische Theologen formulierten eine Kirchenordnung für Grubenhagen, der die Stände 1538 zustimmten (Sehling 1957, 1024–1027).

In Norddeutschland, das nicht unmittelbar einem kaiserlichen Zugriff ausgesetzt war, konnte der Schmalkaldische Bund gut seine Stärken als politische und militärische Interessenvertretung der Protestanten entfalten. Sichtbar wurde das in seinem Vorgehen gegen Herzog Heinrich d. J. von Wolfenbüttel (1489–1568). Zusammen mit seinem Vetter in Calenberg-Göttingen, Herzog Erich I. (1470–1540), hatte der Wolfenbütteler Herzog 1521 zu den Gewinnern der Hildesheimer Stiftsfehde gehört (von Boetticher 1998, 35 ff.). Beide Herzöge orientierten sich politisch am Haus Habsburg und speziell an Kaiser Karl V.; bei der Beendigung der Hildesheimer Stiftsfehde hatte ihnen das die kaiserliche Unterstützung eingebracht, so dass sie den größten Teil des Stifts Hildesheim unter sich aufteilen konnten. Interessiert, den Gewinn aus der Hildesheimer Stiftsfehde langfristig zu sichern, hielten sie an dieser Politik fest und blieben altgläubig. Dabei verfolgten sie einen unterschiedlichen politischen Stil. Herzog Heinrich verfolgte eine profilierte, fast aggressive Politik, auch in Kirchenfragen. Für ihn war die Konfessionsfrage ein guter Ansatzpunkt, um sich gegen die protestantisch gewordenen Städte Braunschweig (seit 1528) und Goslar (seit 1531) durchzusetzen. Aber diese Aggressivität schadete ihm zunächst. In der Reichsstadt Goslar hatte er zwar keine politischen Rechte, er wollte aber einen Anteil am Rammelsberg mit dem dortigen Silberbergbau. Unter diesen Umständen bot ihm die Einführung des Protestantismus eine Handhabe zum Eingreifen. Als er Anstalten machte, ohne kaiserliches Mandat das evangelische Goslar zu erobern, kam ihm der Schmalkaldische Bund zuvor und besetzte 1542 sein Territorium. Der Bund wollte nun zeigen, was er leisten konnte. Für das eroberte Territorium legte Bugenhagen im Auftrag des Bundes eine Kirchenordnung vor, die zur Grundlage einer Visitation und Neuordnung der Kirchen und Klöster im besetzten Fürstentum diente. Aber die Reformation wurde hier eher als Import von außen verstanden, sie stieß weithin auf Ablehnung. Als Kaiser Karl V. 1546 die führenden Mitglieder des Schmalkaldischen Bundes besiegte, konnte Herzog Heinrich in sein Land zurückkehren und begann sogleich mit der Rückführung der Kirchen und Klöster zum alten Glauben.

Erfolgreicher war das Vordringen des Protestantismus im Fürstentum Calenberg. Als Herzog Erich I. 1540 starb, nutzte seine Witwe Elisabeth (1510–1558) die Möglichkeit, als Vormund für den jungen Erich II. (1528–1584)

den Protestantismus im Fürstentum einzuführen. Vorangegangen waren schon einige Städte (Göttingen, Hameln, Hannover, Northeim) aus eigener Initiative; jetzt beauftragte Elisabeth, die sich seit 1538 zum Luthertum bekannte, den aus dem hessischen Witzenhausen kommenden Antonius Corvinus (1501–1553) mit der Erarbeitung einer Kirchenordnung und einer Visitation der Kirchen und Klöster im Fürstentum (Schlotheuber 2012). Gegen den energischen Zugriff der Fürstin gab es von den Ständen keinen Widerstand: Sie hatten die Vormundschaft für den Sohn akzeptiert, und die Fürstin sah darin auch die Zustimmung zur Einführung der Reformation, hatte sie doch gleich auf die Notwendigkeit einer Reformation hingewiesen. 1542 wurden den Städten, Klöstern und der Ritterschaft eine Kirchen- und eine Klosterordnung übersandt, die die Herzogin als eine Landesordnung einführte (Sehling 1957, 708–844); später folgten ergänzende Bestimmungen, die sich auch aus der Visitation der Kirchen und Klöster ergaben. Elisabeths Vorgehen unterschied sich charakteristisch vom Vorgehen im Fürstentum Celle, denn in den Ordnungen der Herzogin wurden von Beginn an die zur Reformation gehörenden Fragen zusammenfassend geregelt; aufgrund der Visitationen, die die Einführung begleiteten, ergaben sich kaum noch Modifikationen für die Ordnungen. Kirchenordnungen anderer Territorien hatten als Vorlagen gedient, und ergänzend versammelte Corvinus als »Landessuperintendent« die Pastoren zu Synoden, um verbindlich Verabredungen zu Einzelfragen der kirchlichen Ordnung zu treffen. Diese Form gemeinsamer Leitung verankerte hier den Protestantismus tiefer, als das im vom Schmalkaldischen Bund besetzten

Fürstentum Wolfenbüttel möglich war. Für den Erfolg des Protestantismus war wohl entscheidend, dass sich das Luthertum in den größeren Städten des Fürstentums schon durchgesetzt hatte und bald auch in der Ritterschaft genügend Anhänger besaß. Als nämlich Herzog Erich II. 1546 die Herrschaft antrat, kehrte er zur kaiserlichen Religionspolitik mit einer entschiedenen Förderung des alten Glaubens zurück (Aschoff 2011). Doch war diese restaurative Kirchenpolitik langfristig nicht erfolgreich, zumal Erich II. selber an der Religionsfrage wenig interessiert war. Als Kaiser Karl V. und sein Bruder Ferdinand seit 1553 den Fürsten wieder das Recht einräumten, in ihren Territorien die Reformation einzuführen, übernahm Erich – von seiner Mutter gedrängt – diese offene Religionspolitik, die auf eine Förderung des Protestantismus hinauslief. Dafür kamen ihm die Stände bei der Steuerbewilligung entgegen, so erhielten zuerst die großen Städte, später auch die kleinen Städte und die »gemeinen Untertanen« das Recht, sich in der Religionsfrage so zu verhalten, »wie sie meinten, es vor Gott und dem Kaiser verantworten zu können« (Brenneke 1929, 347). Der Herzog schied als Exponent einer eindeutigen Religionspolitik aus; langfristig setzte sich damit der Protestantismus durch, nicht nur in den Städten und auf dem Lande, auch in den Klöstern. Aber eine verbindende kirchliche Ordnung gab es nicht mehr; gelegentlich wurde an die Kirchenordnung von 1542 erinnert, doch blieben die Städte bei ihren eigenen Kirchenordnungen, und für die Kirchen auf dem Lande gab es niemanden mehr, der die Einhaltung der Kirchenordnung kontrollierte. Es hing nun von den Pfarrern sowie von den lokalen Adligen bzw. den herzoglichen Amtleuten ab, ob

und in welcher Form altgläubig oder protestantisch gepredigt und gehandelt wurde.

Anders als Herzog Erich II. verhielt sich dessen Vetter Herzog Julius von Braunschweig-Wolfenbüttel (1528–1589), der nach dem Tode Erichs II. 1584 auch Calenberg erbte, da Erich ohne legitime Erben starb. Julius regierte straff zugunsten des Protestantismus. Schon zu Lebzeiten seines Vaters Herzog Heinrich d. J. war er Protestant geworden und verfolgte nach dem Tod des Vaters 1568 zügig ein Programm zur Einführung der Reformation in seinem Territorium (Jürgens 2010, 158 ff.). Für Wolfenbüttel und später auch für Calenberg ordnete er rasch eine Visitation an; gleichzeitig berief er führende lutherische Theologen nach Wolfenbüttel, unter ihnen Martin Chemnitz aus der Stadt Braunschweig und Jakob Andreä aus Tübingen. 1569 wurden eine Kirchenordnung und eine Klosterordnung für das Fürstentum erlassen, die dann auch in Calenberg eingeführt wurde (Abb.2). Sie beruhte auf dem Vorbild der württembergischen Kirchenordnung, nicht zuletzt in der ausführlichen Begründung des fürstlichen Rechts, in der Kirche Ordnung zu schaffen. Für die Ausbildung evangelischer Pfarrer und Beamten wurde 1576 die Universität Helmstedt gegründet; generell wurden für die Leitung der evangelischen Kirche alle Instrumente des frühneuzeitlichen Staates genutzt: Ein Konsistorium als Leitungsbehörde wurde eingerichtet, als Vorgesetzte der Pfarrer wurden Superintendenturen und Generalsuperintendenturen eingesetzt, und zur Überwachung der kirchlichen Vermögensverwaltung und der Sittenzucht wurden die herzoglichen Amtleute herangezogen.

Zu dem kirchenpolitischen Programm des Herzogs gehörte auch die Klärung des lutherischen Bekenntnisstandes. Seinerzeit war für Luther der Rückgriff auf die Bibel als Wort Gottes programmatisch gewesen, doch inzwischen genügte die Berufung auf das biblische Evangelium nicht mehr; zu viele Fragen des Glaubensverständnisses ließen sich damit nicht klären. Besonders die Frage, wie man die Gegenwart von Christus im Abendmahl zu verstehen habe, hatte die Theologen entzweit. Für Luther mit seinem Bibelrealismus hatte ausgereicht, dass nach der biblischen Überlieferung Jesus beim letzten Abendmahl zu seinen Jüngern gesagt hatte: »Das ist mein Leib« und »Das ist mein Blut« (1. Kor. 11, 23–26). Dagegen hatte eine größere Gruppe von Theologen aus Süddeutschland und den Niederlanden protestiert, die von einem philosophisch gestimmten Spiritualismus geprägt war. Für sie war das Abendmahl ein Gedächtnismahl, die Elemente Blut und Wein bedeuteten Leib und Blut Christi, konkret waren sie es aber nicht. Dieser Streit war der Ausgangspunkt für die Bildung der lutherischen und reformierten Konfession. Weitere strittige Fragen knüpften sich daran, etwa die Frage nach dem Bilderverbot: War eine angemessene Darstellung des Göttlichen in Bildern möglich, oder galt das Bilderverbot des Alten Testaments auch für die christliche Kirche? Das Bilderverbot in Exod. [2. Mose] 20, 4 lautet: »Du sollst dir kein Bild machen und keine Gestalt dessen im Himmel droben, auf Erden drunten oder im Wasser unter der Erde.« Die reformierten Theologen bejahten diese Frage und unterstützten deshalb die »Reinigung« der Kirchen von den mittelalterlichen Bildern, während die lutherischen Theologen in den Bildern nichts Gefährliches sahen, sondern auf deren pädagogische Bedeutung hinwiesen. Anfangs waren sol-

che Fragen gegenüber dem übermächtigen »alten Glauben« sekundär gewesen; mit dem Aufbau eines evangelischen Kirchenwesens wurden sie drängender. Schließlich erreichten solche Fragen die Gemeinden unmittelbar, denn es war sofort zu sehen, wenn Bilder und Statuen aus der Kirche ausgeräumt wurden. Bei der Diskussion dieser Fragen standen die protestantischen Theologen auch unter Druck durch die katholischen Theologen, die mit den Beschlüssen des Trienter Konzils (1545–1563) eine Grundlage für die Formulierung des »alten« Glaubens erhielten, die den Anfragen des Protestantismus standhielt und insofern »modern« war. Hier konnten die Katholiken auf den Konsens seit der Zeit der alten Kirche hinweisen und insofern beanspruchen, die wahre »katholische« (allgemeine) Kirche zu repräsentieren.

Unter diesen Umständen drängte Herzog Julius auf eine Entscheidung. Es entsprach der eher konservativen Familientradition, dass er sich für die lutherische Interpretation des Protestantismus entschieden hatte, danach hatte er auch seine theologischen Berater ausgesucht. Sie organisierten in mehreren Schritten eine Sammlung der für die Lutheraner verbindlichen Bekenntnisse, die 1580 als Konkordienbuch veröffentlicht und von einer einleitenden Zusammenfassung, der Konkordienformel, eröffnet wurde. Allerdings unterzeichnete Herzog Julius die Konkordienformel mit dem Konkordienbuch am Ende nicht. Ursächlich dafür waren nicht theologische Differenzen, sondern die Kritik, die die Protagonisten der Konkordienformel an Herzog Julius übten, als dieser seinen Sohn Heinrich Julius zum Bischof von Halberstadt wählen und tonsurieren ließ. Eine der Vorarbeiten für das Konkordienbuch, das

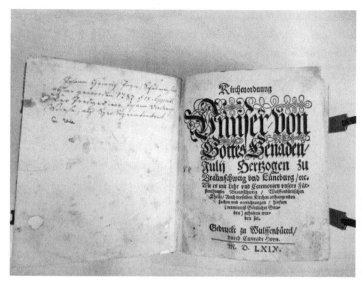

Abb. 2: Titelblatt der Kirchenordnung des Herzogs Julius. (Foto: Bibliothek des Evangelischen Landeskirchenamts Hannover)

Corpus doctrinae Julium, galt im Herzogtum Braunschweig-Wolfenbüttel als Bekenntnisgrundlage. Die Herausgabe dieser Sammlung war ein Signal für eine endgültige Distanzierung von den Reformierten, die man immer stärker als fremde Konfession empfand.

Herzog Julius war nicht der einzige Landesherr, der auf ein verbindliches Bekenntnis drängte. Ein Bekenntnis bot eine Grundlage für die geistliche Disziplinierung der Untertanen und galt als wichtiges Instrument obrigkeitlicher Politik, war man doch überzeugt,

dass ein Land mit verschiedenen Bekenntnissen unregierbar war. Seit Anfang des 17. Jahrhunderts war für die meisten Territorien deutlich, welcher »Bekenntnisstand« im Land galt. Die Reformation war eingeführt und abgeschlossen. Die Klarheit, die hier gegeben war, begann sich schon wenige Jahrzehnte später wieder aufzulösen. In vielen Ländern brauchten die Bekenntnisschriften dann nur noch von den Theologen, nicht aber mehr von den führenden Beamten oder gar von den Landesherren unterschrieben zu werden.

4.2 Die kleineren Territorien

4.2.1 Weltliche Herrschaften

Die Hoffnung Luthers und seiner Freunde, eine umfassende »Reformation« der Kirche sei möglich, hatte sich als Illusion erwiesen. Angesichts der Verweigerung der Bischöfe und des Papstes, die Kirche reformatorisch zu erneuern, hatten sich die Reformatoren an die

Landesherren gehalten, konnten diese doch in ihren Territorien für eine erfolgreiche Reformation sorgen. Seitdem war die Reformation untrennbar mit der Geschichte der einzelnen Länder und Territorien verbunden. Das gilt für alle Territorien in Deutschland. Boten Territorien wie Celle oder Wolfenbüttel Beispiele für die Einführung der Reformation mit einer starken Landesherrschaft, so zeigte die Grafschaft Ostfriesland das Beispiel einer Reformationsgeschichte unter einer schwachen Herrschaft. Hier hatte die reformatorische Bewegung ohne fürstliche Leitung begonnen. Traditionell nahmen der lokale Adel und zahlreiche Gemeinden ihre herkömmlichen Rechte bei der Wahl der Pfarrer und bei der Vermögensverwaltung selbstbewusst wahr, an diesem Recht hielten sie in der Reformationszeit selbstverständlich fest. So konnten hier Theologen unterkommen, die – wie die Täufer – von Katholiken und Lutheranern gleichermaßen abgelehnt wurden. Als Graf Enno II. nach 1530 versuchte, lutherische Theologie als verbindlich in der Grafschaft durchzusetzen, scheiterte dieser Versuch: Nach seinem frühen Tod förderte seine Witwe reformierte Theologen, sie berief mit Johannes a Lasco einen reformierten Theologen zum Superintendenten des Landes (Smid 1974, 158 ff.). Ennos Söhne unterstützten in ihren Landesteilen unterschiedliche Spielarten des Protestantismus und agierten dabei auch gegeneinander. In Emden, der bedeutendsten Stadt der Grafschaft, konnten sich die Reformierten durchsetzen, gestützt von reformierten Niederländern, die vor der spanischen Herrschaft und der beginnenden Gegenreformation geflohen waren. Emden koordinierte den Widerstand gegen die Bemühungen der Grafen, als diese auch später noch versuchten, das lutherische Bekenntnis als Landesbekenntnis durchzusetzen. Am Ende war Graf Edzard III. kompromissbereit, in den Emder Konkordaten von 1599 wurde festgeschrieben, dass das reformierte und das lutherische Bekenntnis gleichberechtigt waren; konkret waren die Entscheidungen über den Bekenntnisstand auf Gemeindeebene zu treffen.

4.2.2 Die Bistümer und Hochstifte

Neben den weltlichen Territorien gab es im Gebiet des heutigen Niedersachsens geistliche Territorien: das Erzstift Bremen und die Hochstifte Hildesheim, Osnabrück, Verden; für das Niederstift Münster und für das mainzische Eichsfeld saß die bischöfliche Leitung außerhalb Niedersachsens, in Münster bzw. Mainz. Das jeweilige Stiftsgebiet deckte sich nur teilweise mit dem Gebiet der kirchlichen Jurisdiktionsbezirke, den Diözesen. In den Diözesen galten die Bischöfe kirchenrechtlich als Garanten der überkommenen kirchlichen Ordnung; diese Aufgabe nahmen sie im 16. Jahrhundert aber kaum wahr. Das hatte mehrere Gründe. Weil sie im jeweiligen Stiftsgebiet als Landesherren fungierten, wählten die Domkapitel gern Kandidaten, die durch ihre Finanzmittel und eine fürstliche Verwandtschaft hoffen ließen, dass sie das Stift effektiv schützen könnten. Manche der deshalb Gewählten hatten kaum geistliche Interessen, lange Zeit fehlte ihnen auch eine Reformperspektive im Rahmen der überkommenen Theologie; erst das Konzil von Trient (1545–1563) bot sie. Die Bischöfe im Reformationsjahrhundert waren zudem politisch schwach, ihnen fehlten die finanziellen und militärischen Mittel zur Behauptung ihrer kirchenpolitischen Positionen. Das gilt besonders für das Bistum Hildesheim. Nach der Niederlage in der Hildesheimer Stiftsfehde bemühten sich die Bischöfe von außen, meistens am Kaiserhof, um eine Revision der politischen Entscheidung; an einer inneren Erneuerung – Reform oder Reformation – waren sie kaum interessiert. So wirkten sie nicht überzeugend, nur im eigenen Stiftsgebiet konnten sie den Anhängern des überkommenen Glaubens wirksam helfen. Aber selbst ein so entschiedener Kämpfer für den alten Glauben wie Erzbischof Christoph von Bremen konnte die Entwicklung zum Protestantismus nicht aufhalten, weder in seiner Diözese noch in seinen Stiftsgebieten. Erzbischof Christoph (1487–1558) war ein Bruder des Wolfenbütteler Herzogs Heinrichs d. J.; 1500 zum Koadjutor des Bremer Erzbischofs angenommen, war er seit 1502 Bischof von Verden und seit 1511 Erzbischof von Bremen. Umso mehr bemühten sich Landesherren, allen voran die Welfen, die bischöflichen Vorrechte in ihren Ländern zu beseitigen.

Als in Norddeutschland nicht nur die Fürstenhäuser, sondern auch die meisten Adelsfamilien protestantisch wurden, wählten die dortigen Domkapitel protestantisch gesinnte Bischöfe. Die schier selbstverständliche Entwicklung zum Protestantismus wurde aber 1555 durch den Augsburger Religionsfrieden unterbrochen; das sog. Reservatum Ecclesiasticum des Religionsfriedens bestimmte, dass ein Bischof, der zum Protestantismus übertrat, sein geistliches Territorium (Stift) verlor. Anders als die weltlichen Herren konnten die geistlichen Landesherren die Reformation in ihren Stiften nicht mehr einführen (Mager, 2006). In der Folge lavierten protestantisch gesinnte Bischöfe in der Reformationsfrage, besonders dann, wenn die Mehrheit der Domherren erkennbar altgläu

big war und ein Eingreifen des Kaisers oder mächtiger altgläubiger Fürsten zu befürchten war. Immerhin gelang es den protestantischen Fürsten Norddeutschlands bis zum Beginn des Dreißigjährigen Krieges, dass auf die Bischofsstühle in Bremen, Minden und Verden ihre Verwandten gewählt wurden; dagegen wählten die Domkapitel der anderen Bistümer nach 1570 »katholische« Bischöfe, die sich den Bestimmungen des Trienter Konzils verpflichtet fühlten. Langfristig erfolgreich waren die Gegenreformen in den heute zu Niedersachsen gehörenden Stiftsgebieten der Bischöfe von Hildesheim (Kleines Stift), Münster (Niederstift Münster), Paderborn (Kreis Holzminden) sowie des Erzbischofs von Mainz (Untereichsfeld). Die vom Konzil vorgeschriebene Erneuerung des kirchlichen Lebens wollten diese Bischöfe in ihren Bistümern durchsetzen; dafür wurden vorbildliche Schulen gegründet, meistens von Jesuiten getragen, und die Ausbildung der Kleriker wurde verbessert. Pfarrer, die die nun klar definierte »katholische« Lehre ablehnten, wurden verdrängt oder vertrieben. Die tridentinischen Reformen sollten als Reflex auf die Reformation zwar für die gesamte Diözese gelten, tatsächlich wirksam wurden sie nur in den Stiftsgebieten, in denen sich die »katholischen« Bischöfe als Landesherren durchsetzen konnten. Für Hildesheim galt das nur für das sogenannte »Kleine Stift«, das nach 1523 unbestritten beim Bischof und dem Domkapitel verblieben war. Im Eichsfeld, das bis 1570 weitgehend protestantisch geworden war, gelang es der »starken« Mainzer Landesherrschaft, den »Trienter Katholizismus« flächendeckend durchzusetzen; Ähnliches gilt für das Niederstift Münster. War die bischöfliche Landesherrschaft aber schwach, wie in den

Hochstiften Hildesheim und Osnabrück, blieben die Stifte konfessionell gespalten. Das ist bis heute zu bemerken: In den Stiftsgebieten und Orten, die von der »Gegenreformation« erreicht wurden, ist bis heute die Zahl der eingesessenen katholischen Einwohner deutlich höher als in den anderen Gebietsteilen Niedersachsens; das hat Folgen für die Mentalität der Einwohner bis hin zum Wahlverhalten.

5. Fazit

Die Reformation begann in Niedersachsen ganz unterschiedlich. Zunächst waren es Einzelne mit Verbindungen nach Mitteldeutschland, die die Impulse Luthers aufnahmen; Städte mit Handelsverbindungen und wissenschaftlichen (klösterlichen) Kontakten waren dabei die Vorreiter. In den Städten begann dann die Einführung der Reformation in der Regel auf Drängen der »Gemeinde«, der sich die Stadträte beugen mussten. Dass die Reformation in einem Territorium, im Fürstentum Celle, schon früh eingeführt wurde, war das Ergebnis einer besonderen politischen Konstellation. Aufgrund der gescheiterten Politik ihres Vaters übernahmen Herzog Ernst und seine Brüder sehr früh die Herrschaft, aufgrund ihrer Beziehungen zum Kurfürstentum Sachsen und zu Luther selbst orientierten sie sich kirchenpolitisch dorthin. Aber erst allmählich wurde hier eine umfassende kirchliche Neuordnung sichtbar. Das war in den Territorien anders, die erst in späteren Jahren die Reformation einführten: Hier gab es mit den Kirchenordnungen und einem geschulten Personal von Anfang an eine klare kirchliche Ordnungsstruktur.

Angesichts der unterschiedlichen Formen bei der Einführung der Reformation kann man fragen, ob man nicht besser im Plural von Reformationen sprechen sollte. Die Antwort hängt von der jeweiligen Perspektive ab: Schaut man auf die unterschiedlichen Wege, kann man sinnvoll im Plural von Reformationen sprechen, die eingeführt wurden; blickt man aber auf den gemeinsamen Ansatz, ist die Rede von der Reformation im Singular sinnvoll. Gemeinsam ist den Reformatoren die Abgrenzung von der überkommenen Kirche mit der spätmittelalterlichen Theologie, die Kritik am Klerus mit seinen Privilegien und – positiv – der Bezug auf die Bibel als einzige verbindliche Grundlage für die kirchliche Lehre.

Im zweiten Drittel des 16. Jahrhunderts führten die unterschiedlichen Interpretationen biblischer Texte und der Aufbau einer ‚evangelischen' Kirche zu neuen Fragen: ob und wie etwa das Priestertum aller Gläubigen zu praktizieren sei oder wie das Abendmahl zu deuten sei. Als die Antworten darauf in Form festgelegter Bekenntnisse getroffen wurden, war die besondere Epoche zu Ende, die man als Zeit der Einführung der Reformation bezeichnen kann. Ein »konfessionelles Zeitalter« stellte neue Fragen, nicht nur zum Verhältnis von Kirche und Staat, sondern auch zur Ausprägung besonderer katholischer, lutherischer oder reformierter Konfessionskulturen.

Literatur

Aschoff, Hans-Georg: Erich II. von Calenberg-Göttingen. Condottiere und Grandseigneur. In: Schlotheuber, Eva (Bearb.): Herzogin Elisabeth von Braunschweig-Lüneburg (1510–1558). Herrschaft – Konfession – Kultur. Hannover 2011, 195–206.

Boetticher, Manfred von: Politische Geschichte in der frühen Neuzeit. In: Van den Heuvel, Christine/Boetticher, Manfred von (Hrsg.): Geschichte Niedersachsens, Bd. 3/1. Hannover 1998, 21–116.

Brennecke, Adolf: Geschichte des Hannoverschen Klosterfonds, Teil 1/2: Die Reformationsgeschichte von der Visitation ab und das Klosterregiment Erichs des Jüngeren. Hannover 1929.

Dolle, Josef (Hrsg.): Niedersächsisches Klosterbuch. Bielefeld 2012.

Hänselmann, Ludwig (Hrsg.): D. Gottschalk Krusens ... Unterrichtung, warum er aus dem Kloster gewichen. Nach dem Urdruck mit einer geschichtlichen Einleitung. Wolfenbüttel 1887.

Jürgens, Klaus: Das Zeitalter der Reformation im Lande Braunschweig. In: Von der Taufe der Sachsen zur Kirche in Niedersachsen. Geschichte der Ev.-luth. Landeskirche in Braunschweig. Braunschweig 2010, 129–180.

Krumwiede, Hans-Walter: Kirchengeschichte Niedersachsens. Göttingen 1995.

Lange, Bernhard: D. Gottschalk Kruse in seiner Bedeutung für die Reformation in der Stadt Braunschweig und im Fürstentum Lüneburg. In: Jahrbuch der Gesellschaft für niedersächsische Kirchengeschichte 56, 1958, 97–149.

Lohse, Bernhard: Luthers Antwort in Worms. In: Luther-Jahrbuch 29, 1958, 124–134.

Luther, Martin: D. Martin Luthers Werke. Kritische Gesamtausgabe [Abt. 4]: Briefwechsel, Bd. 4. Weimar 1933.

Lyßmann, Johann Ludolf: Historische Nachricht von dem Ursprunge, Anwachs und Schicksalen des im Lüneburgischen Herzogthum belegenen Klosters Meding[en]. Halle 1772.

Mager, Inge: Gewissen gegen Gewissen. Überlegungen zur Darstellung der Reformation in den Lüneburger Frauenklöstern mit ökumenischer Sensibilität. In: Jaspert, Bernd (Hrsg.): Ökumenische Kirchengeschichte. Frankfurt/Paderborn 1998, 155-163.

Nistahl, Matthias: Die Zeit der Reformation und Gegenreformation und die Anfänge des Dreißigjährigen Krieges (1511–1632). In: Dannenberg, Hans-Eckhard/Schulze, Heinz-Joachim (Hrsg.): Geschichte des Landes zwischen Elbe und Weser, Bd. 3. Stade 2008, 1–158.

Obermann, Heiko A. (Hrsg.): Kirchen- und Theologiegeschichte in Quellen, Bd. 3: Die Kirche im Zeitalter der Reformation. 5. Aufl., Neukirchen 2004.

Riggert, Ida-Christine: Die Lüneburger Frauenklöster. Hannover 1996.

Schlotheuber, Eva (Bearb.): Herzogin Elisabeth von Braunschweig-Lüneburg (1510–1558). Herrschaft – Konfession – Kultur. Hannover 2011.

Schütte, Hans-Walter: Mönchsfrömmigkeit und Laienprotest. Die Reformation in Celle. In: Leenders, Manfred/Schütte, Hans-Walter (Hrsg.): Kirche in Celle. Beiträge zur Kirchengeschichte. Celle 1992, 55–66.

Sehling, Emil (Hrsg.): Die evangelischen Kirchenordnungen des XVI. Jahrhunderts, Bd. VI/1: Die Welfischen Lande: Braunschweig-Lüneburgische Kirchenordnungen: für das Fürstentum Wolfenbüttel und für die Stadt Braunschweig. Tübingen 1955.

Sehling, Emil (Hrsg.): Die evangelischen Kirchenordnungen des XVI. Jahrhunderts, Bd. VI/2: Die Welfischen Lande: Braunschweig-Lüneburgische Kirchenordnungen für das Fürstentum Calenberg-Göttingen und für die Städte Göttingen, Northeim, Hannover, Hameln. Tübingen 1957.

Smid, Menno: Ostfriesische Kirchengeschichte. Pewsum 1974.

Uckeley, Alfred (Hrsg.): Wie man fürsichtiglich und ohne Ärgerniss reden soll von den fürnemesten Artikeln christlicher Lehre. Die Formulae quaedem caute et citra scandalum loquendi [des] Urbanus Rhegius. Nach der dt. Ausg. von 1536 herausgegeben. Leipzig 1908.

Wrede, Adolf: Die Einführung der Reformation im Lüneburgischen durch Herzog Ernst den Bekenner. Göttingen 1887.

»Reformation(en)« und Städte in Norddeutschland

Arnd Reitemeier

Im Zentrum des Beitrags steht die Frage nach der zeitlichen Gliederung der Vorgänge und Entwicklungen bei der Einführung des lutherischen und reformierten Glaubens in den norddeutschen Städten im Verlauf des 16. Jahrhunderts. War die Anzahl der Akteure zunächst lange Zeit verschwindend gering, so konnten diese doch den Diskurs bestimmen und die zunächst schweigende Masse der städtischen Bevölkerung in ihrem Sinn beeinflussen. Indem verschiedene Argumentationsstränge zusammenliefen, muss stets von »Reformationen« gesprochen werden, deren Auswirkungen außerordentlich umfassend waren, weil die Städte in Folge der erlassenen Kirchenordnungen nach religiöser Homogenität strebten.

1. Einleitung

»Also frouwe wy uns ut geliker leve unde wolmeninge ock billick, dat yn der löffliken stadt hildenssem vor twen jaren Godt yne gnade yn alder stille ricklick gegeven, syn leve wort darhen vorschaffet unde also dat vormalediede pawestdom mit synen grüweliken falschen leren unde affgödderyen gestörtet unde ut den parkercken sünderlick gebracht hefft« (Sehling 1980, 829).

Als im Jahr 1544 die Hildesheimer Kirchenordnung im Druck erschien, die zwei Jahre zuvor von der Stadt beschlossen worden war, fand eine Entwicklung ihr Ende, die in Norddeutschland eine halbe Generation zuvor begonnen hatte: Eine Stadt gab sich eine Ordnung für das religiöse Leben, in der nicht nur die kirchliche Lehre, sondern auch die Formen der Frömmigkeit, kirchliche Ein-

richtungen samt ihrer Finanzierung und vieles mehr definiert wurden. Der Beschluss über eine solche Ordnung war einerseits ein Rechtsakt, der ganz in den Traditionen der Rechtsentwicklungen der Städte des Mittelalters stand. Doch andererseits erlangten Städte wie Hildesheim nun Zuständigkeiten, die über Jahrhunderte hinweg fern aller Zugriffsmöglichkeiten gelegen hatten: Für Hildesheim war dies ein fundamentaler Wandel, denn die Stadt beanspruchte das Recht der Einsetzung des Pfarrers, der Definition der kirchlichen Lehre sowie der geistlichen Rechtsprechung, was zuvor vollständig in der Hand des Bischofs und Stadtherrn gelegen hatte. In der Stadt Hildesheim – wie auch in allen weiteren Städten, längst nicht nur in Norddeutschland – ging es damit nicht nur um die Einführung der maßgeblich von Luther entwickelten Lehre, sondern um wesentlich weitergehende Wandlungsprozesse, die auch mit der Verkündung einer Kirchenordnung keineswegs abgeschlossen waren, so dass von diesen Prozessen als »Reformationen« gesprochen werden muss. Diese Entwicklungen lassen sich – bezogen auf norddeutsche Städte – in vier Phasen unterteilen, die sich überall unterschiedlich schnell und zeitlich keineswegs parallel vollzogen.

- Spätestens zu Beginn der zwanziger Jahre des 16. Jahrhunderts gelangten nach und nach, teilweise heimlich, Informationen über Luthers Wirken, seine Schriften, später auch die von ihm verfassten Lieder in die Städte, und es begann damit eine erste Phase.

- In der sich hieran übergangslos anschließenden zweiten Phase, die mancherorts virulent bis zum Bürgerkrieg verlief, wurden lutherische Prediger in der Stadt zugelassen.

- Während der dritten Phase wurden dann Kirchenordnungen wie einleitend angeführt ausgehandelt und erlassen.

- Schließlich und viertens ging es darum, die mit der Ordnung implizierte Homogenität der kirchlichen Verhältnisse durch- und umzusetzen. Auch wenn die meisten Städte innerhalb der dreißiger Jahre des 16. Jahrhunderts Kirchenordnungen erließen, so nahm die Umsetzung häufig mehrere Generationen in Anspruch und erstreckte sich bis in das 17. Jahrhundert.

2. Forschungsüberblick

Die Zusammenhänge zwischen der Einführung des lutherischen Glaubens und der Geschichte der Städte nicht nur Norddeutschlands wurden in der historischen Wissenschaft schon früh hergestellt. Vielfach führte dies zur chronologischen Darlegung der Ereignisse einer einzelnen Stadt. Dies wurde in der Regel als Hinwendung zu einem »besseren« Zustand interpretiert und griff Paradigmen der protestantischen Geschichtsschreibung bereits des 16. Jahrhunderts auf. Etwas neutraler, jedoch in der Tendenz ähnlich wurden die Beiträge zu handbuchartigen Gesamtdarstellungen der Geschichte einzelner Städte verfasst. Mit wenigen Ausnahmen beispielsweise zu Hildesheim liegen keine Untersuchungen aus altgläubiger Sicht vor. Eine enorme Vielzahl von Untersuchungen, teilweise auch Editionen, von denen die meisten im Publikationsorgan der Gesellschaft für niedersächsische Kirchengeschichte gedruckt wurden, widmet sich Personen, Ereignissen, Verordnungen, gelegentlich auch beispielsweise Visitationen und ergänzt damit den Forschungsstand besonders zu einzelnen Städten. Hierauf aufbauend lieferte dann Moeller 1962 einen neuen Anstoß zur Betrachtung des Verhältnisses von »Reformation« und »Stadt«. In seiner Monographie »Reichsstadt und Reformation« bezog er sich besonders auf die süddeutsche Stadtgemeinde als »communitas christiana«, meinte dieses aber auch auf die norddeutschen Städte übertragen zu können. Laut Moeller wurde die Reformation ganz wesentlich von den Reichsstädten vorangetrieben, deren Ratsherren zu den entscheidenden Trägern der Reformation wurden. Noch während die

Wissenschaft über Moellers Werk stritt, legte Krumwiede eine übergreifende Abhandlung zur Geschichte der Kirche in »Niedersachsen« vor, in der er allerdings seine Nähe zur lutherischen Landeskirche nicht leugnete. Den nächsten wichtigen Anstoß gab Blickle, der in der armen Landbevölkerung den entscheidenden Träger der Reformation bis 1525 sah, deren Argumente in den Städten aufgegriffen wurden. Blickle aber konnte für sein Konzept der »Kommunalisierung« keine Beispiele aus Norddeutschland anführen. Mörke verglich die Städte Braunschweig, Göttingen und Lüneburg miteinander und kam zu dem Ergebnis, dass es in den Gemeinden und bei den Obrigkeiten zeitlich parallel verlaufende Entwicklungen gab. In jüngster Zeit betonte Reitemeier die Bedeutung der rasch wachsenden Verfügbarkeit religiösen Wissens in den Städten sowie die Relevanz der Rechtstraditionen der Städte als Rahmen für die Annahme des neuen Glaubens in der Stadt.

3. Verbreitung der Lehre Luthers, Wandel im religiösen Wissen

Zu den frühen Rezipienten der Lehre Luthers gehörten Kaufleute, denn Bücher und Schriften waren Handelswaren, und Kenntnisse über das aktuelle politische Geschehen waren notwendige Handelsinformationen. Bereits vor 1517 bildeten religiöse Werke den größten Teil der gedruckten Schriften, die nicht nur Bücher, sondern auch Einblattdrucke umfassten. Ausgehend von den Druckerzentren Nürnberg und Augsburg und gehandelt beispielsweise auf der Frankfurter Messe waren Schriften Luthers resp. über seine Lehre spätestens Anfang der zwanziger Jahre in den norddeutschen Handelsmetropolen verfügbar. So verwundert es nicht, dass beispielsweise Gottschalk Kruse in Braunschweig ca. 1520 Luthers Schriften von einem Braunschweiger Kaufmann ausleihen konnte. Die auf Deutsch gehaltenen Publikationen beförderten die rasche Rezeption und bewirkten eine schnelle Erweiterung der Käuferschichten. Hinzu kamen die politischen Unsicherheiten im Kontext der Wahl Karls V. zum Kaiser sowie die Beeinträchtigungen des Handels in Folge der Aufstände der Bauern. Politisch wie religiös Interessierte suchten nach Verständnis, und so öffneten Kaufleute beispielsweise in Lübeck, Hamburg und anderswo ihre Häuser, um im privaten Kreis über Luthers Ansätze zu diskutieren.

Parallel hierzu entwickelten sich die Auseinandersetzungen um Luthers Lehre als innerkirchlicher Diskurs, der an den Universitäten und zwischen den Predigerorden geführt wurde. In den Städten gehörten aber bald Wanderprediger zu den wirkmächtigsten Akteuren. Bei ihnen handelte es sich sehr häufig um Franziskaner- oder Augustinermönche, die als theologisch Gebildete in ihren Klöstern mit den Schriften Luthers in Berührung gekommen waren. Überzeugt von Luthers Lehre verließen nun manche ihre Klöster und verbreiteten die neue Lehre, wobei sie sich gegen die Orden wandten und die weit verbreitete Kleruskritik aufgriffen. Bezogen auf ganz Norddeutschland werden dies nur wenige Dutzend Prediger gewesen sein – beispielsweise Gottschalk Kruse, Heinrich von Zütphen, Matthias Corvinus und Johannes Aepinus. Diese aber scheinen über erhebliches Charisma verfügt und sehr überzeugend gewirkt zu haben. Ihre Ansichten verleiteten sie allerdings auch zum Vertreten extremer Positionen, sodass ihre Mobilität und der fortwährende Wechsel ihrer Wirkungsorte nicht zuletzt auf Ausweisungen und Vertreibungen beruhten. Eine Ausnahme unter allen Städten in Norddeutschland bildete Hildesheim, wo die starke Stellung von Bischof und Domkapitel das Auftreten lutherischer Prediger offenkundig über lange Zeit verhinderte.

Auch wenn sich Luthers Wissen primär über seine Schriften verbreitete, so gab es in den norddeutschen Städten doch auch eine geringe Anzahl an Personen, die direkt mit ihm in Kontakt gekommen waren. Zwar gehörte Wittenberg zu Beginn des 16. Jahrhunderts eher zu den kleinen Universitäten, doch hatten einzelne Kleriker und Juristen beispielsweise aus Hamburg oder Braunschweig zuvor in Wittenberg studiert. Schnell ließen der Diskurs um die von Luther vorgebrachten Inhalte und die Reaktionen des Klerus seit dem Anfang der zwanziger Jahre ein Universitätsstudium unattraktiv erscheinen, weil vermutet werden musste, dass sich die Anzahl der geistlichen Pfründen und Stellen reduzieren würde. Dennoch schickten auch zu Beginn der zwanziger Jahre des 16. Jahrhunderts einzelne Familien ihre Söhne zum Studium an die Universität – auch nach Wittenberg, denn die Bedeutung der Auseinandersetzungen steigerte das Bedürfnis nach Informationen aus erster Hand. Die Möglich-

keit, bei Luther und Melanchthon Vorlesungen hören zu können, entwickelte sich ab den zwanziger Jahren zu einem gewichtigen Faktor der Studienortwahl. Als die ersten Städte lutherische Prediger beriefen, wurde das Studium in Wittenberg zum Qualitätsnachweis, und Luther beförderte aktiv die Herausbildung eines Netzwerks, indem er Anfragen der Städte mit entsprechenden Empfehlungsschreiben beantwortete.

Die politischen Ereignisse in weiten Teilen Norddeutschlands wurden 1519 bis 1523 wesentlich von der Hildesheimer Stiftsfehde bestimmt, die aus einem Konflikt zwischen dem Bischof von Hildesheim auf der einen und dem Hildesheimer Stiftsadel auf der anderen Seite erwuchs und sich zu einer militärischen Auseinandersetzung zwischen einer Vielzahl von norddeutschen Fürsten entwickelte. Obwohl der Stiftsadel unter Führung derer von Saldern – verbündet insbesondere mit Heinrich dem Jüngeren von Braunschweig-Wolfenbüttel und Erich I. von Calenberg – im Jahr 1519 bei Soltau eine Niederlage erlitt, entschied am Ende Karl V. gegen den Bischof von Hildesheim und sprach den Fürsten von Braunschweig-Wolfenbüttel und Calenberg das sogenannte Große Stift zu. An diese Auseinandersetzungen schloss sich nahezu nahtlos der Bauernkrieg an, in dem Heinrich von Wolfenbüttel im Eichsfeld militärisch intervenierte und in der Schlacht von Frankenhausen kämpfte. Das politische Umfeld der Städte beförderte damit nur bedingt eine offene Verbreitung der Lehre Luthers, denn in allen Städten wussten die politisch wie ökonomisch Verantwortlichen, dass die Fürsten und Landesherren gerne jede Gelegenheit nutzten, um gegen die reichen Städte vorzugehen

31

und deren Rechte zu schmälern – die offene Verbreitung ketzerischer Lehre bot seit den Beschlüssen des Wormser Reichstags einen willkommenen Anlass.

Gerade vor dem Hintergrund der militärischen Unterdrückung der neuen Lehre und des sozialen Aufbegehrens kam es in vielen Städten zu einem graduellen Wandel im religiösen Wissen: Weiterhin hofften die Menschen auf die Gnade Gottes nach ihrem Tod, aber hatte die Kirche bislang gelehrt, dass gute Gaben und fromme Werke die Zeit im Fegefeuer verkürzen und damit den Weg zum Heil beschleunigen konnten, so stellte Luther nun eben dieses – und damit wesentliche Elemente der materiellen Formen der Frömmigkeit – in Frage. Der konsequente Bezug auf die Bibel traf einen Nerv, besonders bei den Gebildeten in den Städten, und viele Argumente ließen sich mit der weitverbreiteten Kritik am Klerus verknüpfen. Auch wenn unklar ist, in welchem Umfang die frühen Rezipienten von Luthers Schriften die theologische Argumentation bis ins Letzte nachvollzogen, so schien die von Luther ausgehende Lehre doch einen einfachen wie konsequenten Weg für das Heil der Seele zu eröffnen, der weniger auf der Materialität als vielmehr auf dem Glauben des Einzelnen basierte.

4. Konfrontationen und die Forderung nach lutherischer Predigt

Im Verlauf der frühen zwanziger Jahre änderte sich der Charakter der aktuellen religiösen Schriften, denn theologische Argumentationen wurden immer stärker von appellativen, teils sogar demagogischen Texten bestimmt. Der akademische Streit hatte sich zu Auseinandersetzungen um Deutungshoheiten in weiten Bereichen der Öffentlichkeit gewandelt, die immer stärker von Konfrontationen zwischen verschiedenen Lehrmeinungen bestimmt wurden. In den norddeutschen Städten erlangten die Positionen Luthers und der weiteren Wittenberger Professoren die größte Resonanz – und hierzu trug auch die immer größere Verbreitung von Liedern bei, besonders der von Luther vertonten Psalmen. Von rasch wachsender Bedeutung war auch die Verfügbarkeit des ins Deutsche übersetzten neuen Testaments, von dem große Auflagen gedruckt wurden.

In dieser Phase nun übten die lutherischen (Wander-)Prediger ihren größten Einfluss aus. Ihre Anzahl war jedoch weiterhin eher gering, auch wenn die Gesamtzahl der Geistlichen, die lutherisch predigten, langsam anstieg. Diejenigen wohlhabenden Bürger, die heimlich die Anhänger Luthers unterstützten, traten weiterhin nur wenig in Erscheinung. Doch wenn es sich um Mitglieder des Rates handelte, so wurde in der Öffentlichkeit erkennbar, dass der Rat konfessionell gespalten war. Wichtiger aber wurden – häufig namenlose – Einzelpersonen, die sich öffentlichkeitswirksam gegen den Klerus wandten. Teilweise handelte es sich um Kinder, manchmal auch um Frauen. Zu diesen Einzelpersonen traten zunehmend soziale oder ökonomische Gruppen wie Wollweber, Schuhmacher, Tuchmacher, Schneider und andere, die vielfach nicht direkt an der politischen Macht beteiligt waren und deswegen Möglichkeiten nutzten, ihre Opposition zum Rat in die Öffentlichkeit zu tragen. Innerhalb dieser ökonomischen Gruppen traten besonders die ledigen Gesellen hervor, die sicherlich religiöse Motive antrieben, auch wenn sich ergänzend beispielsweise der Konsum von Alkohol, prekäre Arbeitsverhältnisse, berufliche Perspektivlosigkeit, Mutproben als Teil der Adoleszenz sowie soziale Enge als Auslöser nachweisen lassen. Ordensniederlassungen, besonders der Franziskaner und Dominikaner, gerieten argumentativ wie politisch immer stärker unter Druck, denn es verließen nicht nur immer mehr Mönche ihre Orden, sondern die Kleriker erlebten mancherorts auch solchen Widerstand, dass sie die Städte verließen.

Auf einer primären und religiösen Ebene wurden die lutherische Predigt, das Abendmahl in beiderlei Gestalt sowie die deutsche Taufe gefordert. Auch sollte die Gemeinde deutsche Lieder singen dürfen, und es wurden bekannte Argumente wie die Besteuerung des Klerus vorgebracht. Hiermit erfasste der Diskurs eine wachsende Öffentlichkeit, an der nun längst nicht mehr nur Geistliche und religiös Interessierte teilnahmen. Den Ausschlag gab die schweigende Mehrheit, die als Resonanzraum erst die Möglichkeit des wirkmächtigen Agierens der Anhänger Luthers schuf.

Auf einer sekundären Ebene lag die politische Sprengkraft sowohl in der Infragestellung der öffentlichen Ordnung als auch in der Verknüpfung mit politischen Forderungen, auch wenn diese gar nicht immer artikuliert wurden. In Braunschweig, Göttingen und vielen anderen Städten waren die Finanzen der Stadt wie das ökonomische Agieren des Rates seit langer Zeit umstritten, denn die Verschuldung der städtischen Haushalte ließ sich nur durch eine Erhöhung der Steuern finanzieren, die aber von den nicht am Rat der Stadt beteiligten Gruppen abgelehnt wurde. Entsprechende sozio-ökonomische Konflikte gab es während des gesamten späten Mittelalters in nahezu allen Städten, nicht nur in Norddeutschland, und sie hatten wiederholt zu Aufständen geführt.

Im Endeffekt bestanden in allen Städten vier grundlegende Arten und Formen der Auseinandersetzungen um die Einführung des lutherischen Glaubens:

1. Messen und Prozessionen wurden unterbrochen – anfangs von Einzelpersonen, im Verlauf der zwanziger Jahre von immer größeren Gruppen. Häufig stimmten dabei Einzelne oder Gruppen deutsche Gesänge, besonders Luthers deutsche Psalmübersetzungen an.

2. Die besonders von Karlstadt und anderen Reformatoren aufgeworfene Frage der Bedeutung der Bilder führte in vielen norddeutschen Städten wie Göttingen, Hannover, Braunschweig, Hildesheim, Lübeck, Alfeld, Bremen, Gandersheim, Einbeck oder Leer zu Zerstörungen in den Kirchen. Details dieser sogenannten Bilderstürme sind häufig nur vage bekannt, doch in manchen Städten riefen die lutherischen Prediger zu ikonoklastischen Aktionen auf. Diese trafen dann beispielsweise verlassene Bettelordenskirchen und resultierten in der Zerstörung von Plastiken und Altären, allerdings wurde im Zuge der Auseinandersetzungen auch beispielsweise 1532 der Dom in Bremen gestürmt. Ziel der Aktionen war weniger die Zerstörung der Materialität als vielmehr die symbolische

Vernichtung der heilsbringenden Kraft der Figuren, erbrachte doch ihre Zerstörung den Beweis ihrer Macht- und Hilflosigkeit, und fanden solche Bilderstürme – selten – auch noch nach der Annahme einer lutherischen Kirchenordnung statt.

3. Unter Rückgriff auf die Form der akademischen Streitgespräche kam es in einer Reihe von Orten – Norden, Oldersum, Osnabrück, Hamburg, Lüneburg, Celle, Braunschweig, Northeim – zu Disputationen mit dem Ziel, dass die Richtigkeit des hergebrachten Glaubens bestätigt oder abgelehnt werden sollte. Die Anhänger Luthers forderten die Kleriker gleichsam heraus, und hierzu gehörte auch die Durchführung vor einem breiten Publikum. In der Regel musste der Rat darüber entscheiden, wer letztlich überzeugt hatte, was beispielsweise in Hamburg dazu führte, dass diejenigen Geistlichen, die am alten Glauben festhalten wollten, die Stadt verlassen mussten.

4. Es kam – mehr oder weniger offen – zu Verhandlungen zwischen der Gruppe der Fordernden auf der einen und dem Rat auf der anderen Seite, wobei häufig die Mehrheit des Rates altgläubig war. Diese Verhandlungen beruhten teilweise auf Eingaben an den Rat unter Anwendung der hergebrachten verfahrensrechtlichen Möglichkeiten. Um den Anliegen Nachdruck zu verleihen, kam es besonders in den späten zwanziger Jahren zu Aufläufen und teilweise bewaffneten Versammlungen, in deren Verlauf beispielsweise in Göttingen das Rathaus belagert wurde. Eben solche bürgerkriegsähnlichen Verhältnisse versuchte der Braunschweiger Rat 1528 konsequent zu verhindern und suchte eine Möglichkeit der friedlichen Regelung.

Besonders die Störung geistlicher Handlungen wurde als Skandal, also Ärgernis erregende und die Ordnung gefährdende Aktion wahrgenommen, ebenso aber auch als unerhörtes und niemals zuvor dagewesenes Ereignis. Dies waren häufig symbolische Handlungen, wie die der zwei Göttinger Bürgersöhne, die 1528 in der Fastenzeit Wurst aßen. Doch eben der Skandal förderte das Interesse an der neuen Lehre und bestärkte die Anhänger Luthers. Dem traten die Geistlichkeit wie der Rat entgegen. Die Pfarrgeistlichkeit war rechtlich gezwungen, gegen die Anhänger Luthers als Ketzer vorzugehen. Zugleich stellten die Anhänger Luthers die Pfarrgeistlichkeit und ihr Wirken in Frage, so dass sich diese verständlicherweise wehrte. In allen Städten reagierte der Rat ähnlich: Die Schriften Luthers wurden verboten, gelegentlich auch wie in Lübeck öffentlichkeitswirksam verbrannt. Das Singen deutscher Lieder wurde unter Strafe gestellt, in Hildesheim wurde sogar beschlossen, dass Kleriker, die deutsche Lieder anstimmten, die Stadt verlassen müssten. Störungen der Ordnung wurden, wie im Fall der beiden Bürgersöhne in Göttingen, mit Geldstrafen, gelegentlich auch mit Ausweisung geahndet.

Die Eskalation beispielsweise durch die Zerstörung von Plastiken hatte das Auseinandertreten der religiösen Positionen zur Folge, was zugleich bedeutete, dass die Altgläubigen solche symbolischen Handlungen mit der Infragestellung der sozialen, politischen und ökonomischen Ordnung und folglich mit Chaos gleichsetzen konnten. Damit erweiterte sich der religiöse Diskurs zu einem Streit um die Ordnung des öffentlichen Lebens in der Stadt. Kam es zu einem offenen Konflikt, so suchte der Rat, ganz in der Fortführung der Auseinandersetzungen des Mittelalters, eine Lösung auf dem Verhandlungsweg zu erreichen, verteidigte aber unnachgiebig sein Gewaltmonopol.

Alle Verbote führten letztlich zu einer Vergrößerung der Nachfrage nach dem neuen religiösen Wissen und der Lehre Luthers und zugleich zu einem Zusammenschluss wachsender Teile der städtischen Bevölkerung gegen den Rat der Stadt. In Braunschweig, Göttingen und vielen Städten verhinderte der Pfarrklerus, dass Wanderprediger in der Stadt und in den Kirchen predigen durften, mit der Folge, dass diese außerhalb der Mauern der Stadt auf freiem Feld predigten. Nahm ein Pfarrer einer Kirche in der näheren Umgebung der Stadt den lutherischen Glauben an, so verließen Bürger in erheblicher Anzahl die Stadt, um dort die Predigt zu hören – manchmal waren wie von Göttingen nach Grone einige Kilometer zurückzulegen, während in Lüneburg das Kloster Lüne direkt vor den Toren der Stadt lag. Auch dieses »Auslaufen« der Bürger verbot der Rat der Stadt, aber ihm fehlten häufig die Mittel, die Beschlüsse konsequent durchzusetzen. Dasselbe galt im Fall politisch-religiöser Provokationen während des Karnevals, denn in einer Reihe von Städten nutzten einzelne Gruppen die Möglichkeit der Verkleidung und der Parodie kirchlicher Rituale, um ihre Kritik an der traditionellen kirchlichen Lehre, an Klerus und Rat in die Öffentlichkeit zu tragen.

Selbst bei Uneinigkeit des Rates fand dieser zu Geschlossenheit im politischen Handeln, gerade weil er verschiedene Ebenen jenseits der politischen und religiösen Verhältnisse innerhalb der Stadt berücksichtigte. Artikulierten ökonomische Gruppen den Wunsch nach Mitwirkung am Stadtregiment, so suchten die Mitglieder der alteingesessenen Ratsherrengeschlechter, ihre Macht und ihren Einfluss zu erhalten. Wurden Forderungen nach Änderungen im Wirtschaftsleben der jeweiligen Stadt, wie beispielsweise in Göttingen und Lübeck, erhoben, so war der Rat in beschränktem Maß zu Kompromissen bereit, sofern im Gegenzug die Finanzprobleme der Stadt angegangen wurden. Hiervon abgesehen bezog der Rat jeweils auch die Beziehungen zum Landesherrn sowie die gesamtpolitische Situation ein. Alle Städte wussten, dass die Fürsten von Wolfenbüttel, Grubenhagen und Calenberg am alten Glauben festhielten und jederzeit die Hinwendung einer ihnen unterstehenden Stadt zu Luthers Lehre zum Anlass nehmen konnten, vermeintlich gegen Ketzer, de facto aber gegen das politische Regiment der Stadt und ihre Rechte vorzugehen. Der Erlass einer Kirchenordnung in Braunschweig gelang während einer kurzen Phase der Reichspolitik, in der Herzog Heinrich von Braunschweig-Wolfenbüttel außer Landes war und militärisch nicht gegen die Stadt vorgehen konnte. Im Gegensatz zum lutherischen Fürsten von Lüneburg-Celle hielt der Rat der Stadt Lüneburg am alten Glauben fest, weil er die größte Gefahr im Verlust seiner Rechte sah, falls der Landesherr Zugriff auf die kirchlichen Einrichtungen der Stadt gewinnen sollte. Die Reichsstadt Goslar bekannte sich erst dann zum lutherischen Glauben, als sie der Unterstützung durch den Schmalkaldischen Bund halbwegs sicher sein konnte – und eben dieses löste dann den sich von 1541 bis 1547 hinziehenden Schmalkaldischen Krieg aus. Während die meisten Städte in Norddeutschland Ende der zwanziger bzw. zu Beginn der dreißiger Jahre den lutherischen Glauben annahmen, zog sich die Phase der Konfrontation in Hildesheim bis

1542 hin, weil der Rat den offenen Bruch mit Domkapitel und Bischof scheute und zugleich die Gefahr einer militärischen Intervention Heinrichs des Jüngeren bestand. Erst als der Schmalkaldische Bund den Wolfenbütteler Herzog vertrieben hatte, konnten sich die Protestanten in der Stadt 1542 durchsetzen.

Am Ende der dritten Phase wurde in allen Städten ein lutherischer Prediger berufen.

Dieser aber musste innerhalb des bestehenden Rechtsrahmens agieren, was häufig auch hieß, dass zunächst keine Predigt in einer Pfarrkirche möglich war, weil die dortigen Geistlichen ihr Amt weiterhin versahen. In allen großen Städten konnte jedoch eine leer stehende Bettelordenskirche genutzt werden, die zugleich ausreichend Raum für ein großes Publikum bot.

5. Der Erlass städtischer Kirchenordnungen

Die Berufung eines lutherischen Predigers war allenfalls ein erster Schritt, weil nun dessen Rechte geklärt werden mussten, ebenso seine Finanzierung und seine Unterkunft – und ebenso mussten Regelungen getroffen werden, wie zukünftig in der Stadt bei religiösen Angelegenheiten Recht gesprochen werden sollte. Bei der Definition des Kirchenregiments machte die Stadt Braunschweig den Anfang, weil nach der Berufung von Heinrich Winkel 1527 ein monatelanger Diskussionsprozess um die zukünftige Ordnung kirchlicher Angelegenheiten in der Stadt begann. Um zu einvernehmlichen Regelungen zu kommen, bat der Rat der Stadt schließlich den Pfarrer der Stadtkirche von Wittenberg, Johannes Bugenhagen, der zugleich enger Vertrauter Luthers war, nach Braunschweig. Die Frage der Fixierung der neuen Kirchenordnung wurde zu diesem Zeitpunkt auch in Wittenberg und am sächsischen Hof diskutiert, so dass Bugenhagen innerhalb kurzer Zeit einen Entwurf abfassen konnte, der schließlich nach einer erneuten Diskussionsrunde als Kirchenordnung der Stadt vom Rat verabschiedet wurde. Diese

stand ganz in der Tradition städtischen Willkürenrechts, nach dem die Stadt als Schwurgemeinschaft das Recht hatte, ihr Recht durch Übereinkunft weiterzuentwickeln.

In sieben Kapiteln wurden zukünftige Regelungen dargestellt und im Stil von Predigten hergeleitet. Diese galten der christlichen Lehre, der Liturgie und ihren Abläufen, dem Amt der Prediger in der Stadt, dem Amt des Superintendenten und seines Adiutors, der Schule sowie dem Armen- und dem Schatzkasten. Viele Grundaussagen stammten von Luther und wurden ergänzend und sehr ausführlich aus der Bibel abgeleitet. Die Ordnung schuf damit ein theologisches Fundament und definierte die Sakramente und ihren Empfang sowie die Liturgie der Gottesdienste samt allen Einzelheiten. Indem zukünftig die Verkündung des Wortes Gottes im Zentrum der Gottesdienste stehen sollte, fiel den Predigern große Bedeutung zu, deren Auswahl und Berufung sowie Kontrolle durch das neu geschaffene Amt des Superintendenten bestimmt wurden.

In vielem führte die Ordnung die zuvor bestehenden Rechtsstrukturen fort, denn weiterhin wählten die Inhaber des Patronats einen Kandidaten für die Stelle eines Predigers resp. Pfarrers aus, der nach seiner Prüfung durch den Superintendenten der Gemeinde präsentiert und schließlich ordiniert wurde. Dem vom Rat und von den Kastenherren einzusetzenden Superintendenten fiel zukünftig große Bedeutung zu. Die Finanzierung der Geistlichen aus einem aus den Pfründen, Rechten und Stiftungen neu geschaffenen Fonds des Schatzkastens wurde definiert. Ergänzend wurden Vorschriften für die christlichen Schulen und die Armenfürsorge vereinbart: Während die Schulen die Voraussetzung für ein breites Verständnis der Bibel legen sollten, wies der neu geschaffene Armenkasten der Caritas eine wichtige Funktion für das soziale und christliche Miteinander zu und war ein Angebot an die Armen der Stadt, die Einführung des neuen Glaubens und damit die Politik des Rates zu unterstützen. Alle genannten Bereiche unterstanden zukünftig dem Rat der Stadt, dessen überragende Macht bereits in der Vorrede bestätigt wurde: Die Ordnung war im Druck sofort für alle verfügbar, und alle mussten sich an diese von nun an halten, was mit der Strafandrohung bewehrt wurde, dass Verstöße mit der Ausweisung aus der Stadt geahndet wurden. Diesem entsprechend war fortan jeder Bewohner der Stadt gehalten, Verstöße gegen die Kirchenordnung zur Anzeige zu bringen, was die Weitergabe von Irrlehren ebenso umfasste wie Verstöße gegen das Eherecht. Berührte solches das weltliche Recht, so konnte der Rat Rechenschaft fordern und Strafen verhängen. Bei allem sonstigen Fehlverhalten sollten die Prediger und der Superintendent zunächst das Gespräch

suchen, doch am Ende drohte stets der Ausschluss von den Sakramenten.

In rascher Folge erließen nun auch die übrigen Städte (Goslar 1528, Einbeck vermutlich 1529, Göttingen 1530/31, Lüneburg 1531, Bremen 1534, Hannover 1535/36, Osterode 1537, Northeim 1539, Osnabrück 1543, Hildesheim 1542) Kirchenordnungen, die ebenfalls auf mehr oder weniger langwierigen Aushandlungsprozessen beruhten und denen teilweise erhebliche und an bürgerkriegsähnliche Zustände grenzende Auseinandersetzungen vorangingen. Schnell entwickelte sich Johannes Bugenhagen zum bedeutendsten Fachmann für Kirchenordnungen, der auch die Hamburger, Lübecker und Hildesheimer Ordnungen verfasste und an der Bremer Ordnung mitwirkte. Für Norddeutschland schufen auch Urbanus Rhegius (Lüneburg, Hannover), Antonius Corvinus (Northeim) und Nikolaus von Amsdorf (Goslar) wegweisende Kirchenordnungen.

Alle Kirchenordnungen basierten auf dem Konsens der Bürgergemeinde, was aber eben auch hieß, dass der Rat einen Konsens in der Stadt unter Wahrung seiner Prärogativen und damit der Vorrechte der städtischen Elite schuf. Damit gewann er erheblich an Einfluss und fungierte zukünftig als rechtlicher und religiöser Normgeber – und als solcher ließ er nun Institutionen, Kompetenzzuweisungen und Regelungen entlang anderswo bereits bekannter Muster weiterentwickeln und etablieren. Anders als manche theologische Argumentation der Zeit wollte eine Kirchenordnung pragmatische Lösungen schaffen – und eben aus diesem Grund hatte Luther einen seiner Vertrauten entsandt, nämlich um dem neuen Glauben und dem damit notwendig verknüpften Kirchenregiment in einer norddeutschen Großstadt zum Durchbruch zu verhelfen; eine Strategie, die letztlich aufging. Gezielt ergriffen besonders die Stadt Bremen, noch mehr die Stadt Hildesheim die sich ihnen bietende Chance, das Regiment des jeweiligen geistlichen Landesherrn abzuschütteln.

Doch alle Kirchenordnungen enthielten auch Regelungslücken. Zu ihnen gehörte beispielsweise die Frage, wie die Stadt mit den Klöstern innerhalb wie außerhalb ihrer Mauern umgehen sollte. Die lutherischen Geistlichen sollten zwar eine gute Qualifikation nachweisen, doch dass hiermit ein Universitätsstudium verknüpft wurde, entwickelte sich erst im weiteren Verlauf des 16. und 17. Jahrhunderts. Auch wurde zwar in Braunschweig wie anderswo eine Übertragung von Stiftungen an den Gemeinen Kasten oder Armenkasten gefordert, doch rechtlich war solches nur möglich, wenn sich die Stifterfamilien nicht verweigerten. Ebenfalls war nicht geklärt, ob Bruderschaften zukünftig Bestand haben sollten, denn einerseits wurde die von diesen praktizierte Werkfrömmigkeit abgelehnt, doch andererseits wurden beispielsweise karitative Werke weiterhin gesellschaftlich geschätzt. Die Kirchenordnungen schufen also einen ersten normativen Rahmen, der nun fortentwickelt werden musste.

6. Religiöse Homogenität

Der Konsens, auf dem Kirchenordnungen basierten, bedeutete keine Homogenität im Glauben und in den Formen der Frömmigkeit. Der Grad der Umsetzung der Kirchenordnungen schwankte von Stadt zu Stadt und ist in vielem noch Desiderat der Forschung. So wurde beispielsweise die Bremer Kirchenordnung von 1534 niemals formal außer Kraft gesetzt, doch wurde sie auch niemals vollständig umgesetzt. Keineswegs verschwanden in den norddeutschen Städten die bisherigen Geistlichen: In Emden, Bremen und vielen weiteren Städten wurden teilweise über Jahrzehnte hinweg katholische Messen und lutherische Predigtgottesdienste – teilweise in denselben Kirchen – gehalten. Zwar wurden in manchen Kirchen Seitenaltäre entfernt, aber die Lettner blieben bestehen – im Hildesheimer Dom wurde sogar ein neuer Lettner errichtet. Bestanden in einer Stadt eine katholische und eine lutherische Schule, so waren Auseinandersetzungen zwischen den Schülern an der Tagesordnung. Gleichzeitig aber mussten sich altgläubige Geistliche mancherorts aus Angst vor Angriffen verkleiden oder verbergen. Vikare setzten auch unter der neuen Kirchenordnung ihre Tätigkeit fort und behielten ihre Pfründen, was durch den Einfluss der Stifterfamilien begünstigt wurde. Häufig verblieben die Pfarrer und weiteren geistlichen Amtsträger im Amt, bezogen ihre Einkommen und nutzten auch die zur Pfründe gehörenden Häuser, so dass lutherische Prediger nicht im Pfarrhaus unterkommen konnten. Allerdings nutzte der Rat die sich ihm bietenden Möglichkeiten und ließ beispielsweise in vielen Städten den Kirchenschatz der Klöster beschlagnahmen – in Lübeck wurde das liturgische Gerät bis auf zwei Messkelche und Patenen pro Kirche zur

Finanzierung eines Krieges gegen Dänemark eingeschmolzen. Die Klöster, die mangels Neueintritten verfielen, verloren ihre Bedeutung als Konfliktherde.

Einheitlichkeit in den Formen der Frömmigkeit zu erzielen nahm viel Zeit in Anspruch. Alle Städte im Fürstentum Braunschweig-Wolfenbüttel mussten bis zum Tod Herzog Heinrichs des Jüngeren immer wieder erfahren, dass dieser am alten Glauben festhielt und die hiermit verknüpften Rechte auch durchzusetzen versuchte, was beispielsweise zu dem Konflikt führte, ob während der Fastenzeit in der Stadt geschlachtet werden durfte. Solche Auseinandersetzungen verstärkten die Tendenz zur konfessionellen Abgrenzung: In manchen Städten mussten die Bürger per Eid versichern, keine altgläubigen Schriften oder auch Werke Zwinglis zu besitzen. In Braunschweig existierte mit dem Dom St. Blasius ein altgläubiges Zentrum mitten in der Stadt, das direkt dem Landesherrn unterstand, sodass die Stadt 1530 beschloss, dass ausgewiesen werde, wer dreimal wegen eines unerlaubten Besuchs des Domes bestraft worden wäre. Doch zentral waren die Bemühungen, die Kirchenordnung vollständig umzusetzen, was dazu führte, dass das Streben nach Homogenität mit der Entwicklung einer spezifischen Bekenntniskultur einherging. Politisch half, dass altgläubige Ratsherren nach und nach aus dem Rat ausschieden und durch Anhänger des lutherischen Glaubens ersetzt wurden. In Städten wie Hildesheim, in denen die sich immer stärker ausbildenden Konfessionen aufeinanderprallten, wurde sogar in Hausinschriften über die Wirren und den Verlust der Einheit geklagt. Manche Bürger bekannten sich demonstrativ zum lutherischen Glauben, indem sie beispielsweise die Devise *Verbum Domini manet in aeternum* (1 Petrus 1,25 und Jesaja 40,8) auf Hausbalken anbringen ließen (Abb. 1).

Abb. 1: Hausbalkeninschrift »VERbVM DOMINI MANET IN ETERNVM« (das Wort des Herrn bleibt in Ewigkeit). Einbeck, Tiedexer Straße 20a. (Foto: Rainer Ertel)

Gegen Ende des 16. Jahrhunderts kam es noch einmal zu einer zweiten Welle von Kirchenordnungen in den norddeutschen Städten, wobei Orte wie Buxtehude 1552, Emden 1594, später Stade 1620 als kleine Territorialstädte dem Vorbild größerer Orte folgten. In Nordwestdeutschland gab es zeitgleich insbesondere in lutherischen Städten und Territorien eine Tendenz zur Hinwendung zum Calvinismus. In Bremen wurden der lutherische Rat und die lutherischen Prediger vertrieben und eine calvinistische Ordnung erlassen. In Emden hatten sich in Folge der Auseinandersetzungen mit den vergleichsweise schwachen Landesfürsten bereits früh genossenschaftliche Tendenzen in der Kirche gebildet. Nachdem Johannes a Lasco 1554 mit dem Emder Katechismus eine theologische Grundlage abseits des Luthertums Wittenberger Prägung geschaffen hatte, beschloss die Emder Synode 1571 eine Kirchenordnung, die nicht nur für die reformierten Kirchengemeinden in Ostfriesland, sondern auch für zahlreiche weitere Gemeinden wie Aachen, Wesel, Antwerpen oder Amsterdam gelten sollte, was auch hieß, dass von nun an in diversen ostfriesischen Gemeinden lutherische und reformierte Gemeinden nebeneinander existierten. Hatten die Städte somit in Folge des Aufkommens des lutherischen Glaubens nach religiöser Homogenität unter geänderten Vorzeichen gestrebt, so begann sich nun eine konfessionelle Pluralität als Möglichkeit abzuzeichnen.

7. Fazit

Die Städte in Norddeutschland wandten sich im Verlauf des 16. Jahrhunderts in ihrer ganz überwiegenden Mehrheit – allerdings keineswegs zeitgleich – dem lutherischen Glauben zu. Es ging dabei aber nicht nur um theologisch fundierte Prozesse der Erneuerung der Kirche, der maßgeblich von Luther und weiteren Professoren der Universität Wittenberg angestoßen und vorangetrieben worden war. Tatsächlich standen diese Prozesse auch in einem symbiotischen Verhältnis zu wesentlich komplexeren politischen, gesellschaftlichen und ökonomischen Entwicklungen der Macht- und Herrschaftsverhältnisse in den Kommunen. Ihre Folgen führten zu langanhaltenden religiösen Änderungen einschließlich der Herausbildung von Konfessionen, und zugleich waren sie untrennbar mit kulturellen Wandlungsprozessen verknüpft, die sie beschleunigten und veränderten und von denen sie tiefgreifend beeinflusst wurden.

Literatur (in Auswahl)

Blickle, Peter: Gemeindereformation, Die Menschen des 16. Jahrhunderts auf dem Weg zum Heil. München 1985.

Brüdermann, Stefan: Norddeutscher Hegemoniekampf (1491–1523). In: Jarck, Horst-Rüdiger/Schildt, Gerhard (Hrsg.): Die Braunschweigische Landesgeschichte. Jahrtausendrückblick einer Region. Braunschweig 2000, 444–447.

Dürr, Renate: Politische Kultur in der Frühen Neuzeit. Kirchenräume in Hildesheimer Stadt- und Landgemeinden 1550-1750. Quellen und Forschungen zur Reformationsgeschichte 77, Gütersloh 2006.

Gauger, Maike/Weichert, Lukas: 100 Jahre lutherische Geistlichkeit in den welfischen Territorien. In: Jahrbuch der Gesellschaft für niedersächsische Kirchengeschichte 112, 2014, 27–36.

Jannasch, Wilhelm: Reformationsgeschichte Lübecks. Vom Petersablaß bis zum Augsburger Reichstag 1515–1530. Veröffentlichungen zur Geschichte der Hansestadt Lübeck, Lübeck 1958.

Jürgens, Klaus: Das Zeitalter der Reformation im Lande Braunschweig. In: Weber, Friedrich/Hoffmann, Birgit/Engelking, Hans-Jürgen (Hrsg.): Von der Taufe der Sachsen zur Kirche in Niedersachsen. Geschichte der Evangelisch-Lutherischen Landeskirche in Braunschweig. Braunschweig 2010, 129–179.

Jürgens, Klaus: Um Gottes Ehre und unser aller Seelen Seligkeit. Die Reformation in der Stadt Braunschweig von den Anfängen bis zur Annahme der Kirchenordnung 1528., In: Landeskirchenamt Wolfenbüttel (Hrsg.): Die Geschichte der Reformation in der Stadt Braunschweig, Beiträge von Klaus Jürgens/Wolfgang A. Jünke. Quellen und Beiträge zur Geschichte der Evangelisch-lutherischen Landeskirche in Braunschweigt 13, Wolfenbüttel 2003, 7–82.

Kappelhoff, Bernd: Die Reformation in Emden. In: Jahrbuch der Gesellschaft für Bildende Kunst und vaterländische Altertümer zu Emden 57, Aurich 1977, 64–143.

Klingebiel, Thomas: Die Hildesheimer Reformation des Jahres 1542 und die Stadtgeschichte. Eine Ortsbestimmung. In: Hildesheimer Jahrbuch für Stadt und Stift Hildesheim 63, 1992, 59–84.

Krumwiede, Hans-Walter: Kirchengeschichte Niedersachsens. Bd. 1: Von der Sachsenmission bis zum Ende des Reiches 1806. Göttingen 1995.

Krumwiede, Hans-Walter: Zur Entstehung des landesherrlichen Kirchenregimentes in Kursachsen und Braunschweig-Wolfenbüttel. In: Studien zur Kirchengeschichte Niedersachsens 16, Göttingen 1967.

Moeller, Bernd: Reichsstadt und Reformation. Gütersloh 1962.

Mörke, Olaf: Rat und Bürger in der Reformation. Soziale Gruppen und kirchlicher Wandel in den welfischen Hansestädten Lüneburg, Braunschweig, Göttingen. Hildesheim 1983.

Müller, Siegfried: Stadt, Kirche und Reformation. Das Beispiel der Landstadt

Hannover. Hannover 1987.

Postel, Rainer: Die Reformation in Hamburg: 1517–1528. Gütersloh 1986.

Reitemeier, Arnd: Die Pfarrgemeinde im späten Mittelalter. In: Bünz, Enno/ Fouquet, Gerhard (Hrsg.): Die Pfarrei im späten Mittelalter. Vorträge und Forschungen 77. Ostfildern 2013, 341–375.

Reitemeier, Arnd: Einfluss und Funktion der „Gemeinden" in Norddeutschland bei der Einführung der Reformation. In: Jahrbuch der Gesellschaft für niedersächsische Kirchengeschichte 107, 2009, 53–77.

Reitemeier, Arnd: Pfarrkirchen in der Stadt des späten Mittelalters: Politik, Wirtschaft und Verwaltung. In: Beihefte der Vierteljahrschrift für Sozial- und Wirtschaftsgeschichte 177. Stuttgart 2005.

Reitemeier, Arnd: Kirchspiele und Viertel als „vertikale Einheiten" der Stadt des späten Mittelalters. In: Blätter für Deutsche Landesgeschichte 141/142 (2005/2006), 603–640.

Sehling, Emil: Die evangelischen Kirchenordnungen des XVI. Jahrhunderts, Band VII: Niedersachsen. II. Hälfte: Die ausserwelfischen Lande. 2. Halbband, 1. Teil: Stift Hildesheim, Stadt Hildesheim, Grafschaft Oldenburg und Herrschaft Jever. Bearbeitet von Anneliese Sprengler-Ruppenthal, Tübingen 1980.

von Boetticher, Manfred: Niedersachsen im 16. Jahrhundert (1500–1618). In: von Boetticher, Manfred/van den Heuvel, Christine (Hrsg.): Politik, Wirtschaft und Gesellschaft von der Reformation bis zum Beginn des 19. Jahrhunderts. Geschichte Niedersachsen, 3,1. Veröffentlichungen der Historischen Kommission für Niedersachsen und Bremen XXXVI, 3, 1, Hannover 1998, 21–116.

Die Reformation und ihre religiöse Innenseite am Beispiel Oldenburg

Rolf Schäfer

Da die Reformation überall verschieden verlaufen ist, kann die religiöse Innenseite, die über ihre theologischen Grundlagen Auskunft gibt, am besten anhand eines Beispiels beschrieben werden. Die Reformationsgeschichte der Grafschaft Oldenburg-Delmenhorst und der Herrschaft Jever stellt die geschichtliche Anschauung dafür bereit, wie in diesem konkreten Fall das reformatorische Anliegen Gestalt angenommen hat.

1. Einleitung

Die geografischen Grenzen der Evangelisch-Lutherischen Kirche in Oldenburg stammen aus dem 19. Jahrhundert. Sie entsprechen den Grenzen des Herzogtums Oldenburg, das zusammen mit dem Fürstentum Eutin (heute Schleswig-Holstein) und dem Fürstentum Birkenfeld (heute Rheinland-Pfalz) das Großherzogtum Oldenburg bildete (Eckhardt/Schmidt 1987, 271–331; 549–636). Die kleinen Territorien, die im Laufe der Zeit in der größeren Einheit des Herzogtums Oldenburg aufgegangen waren, hatten jeweils ihre eigene Geschichte und waren im 16. Jahrhundert auf ganz unterschiedliche Weise in das Geschehen der Reformation einbezogen worden. Glückliche Zufälle haben bei zwei dieser Territorien für einen ausreichenden Quellenbestand gesorgt, der es erlaubt, tiefer in die Vorgänge hineinzublicken.

Um die Grafschaft Oldenburg-Delmenhorst, die sich ungefähr mit den heutigen Landkreisen Oldenburg, Ammerland und Wesermarsch sowie den kreisfreien Städten Oldenburg und Delmenhorst deckt, hat sich der erste Superintendent Hermann Hamelmann als Reformationshistoriker verdient gemacht (Schäfer 2005, 246). Er kam zwar erst 1573 nach Oldenburg, nutzte dann aber als Visitator die ihm gebotenen Gelegenheiten, durch Aktenstudium und persönliche Begegnungen mit noch lebenden Zeugen oder ihren Nachfahren so viele Einzelheiten wie möglich über die Reformation in den Grafschaften Oldenburg und Delmenhorst und in der Herrschaft Jever in Erfahrung zu bringen.

1575 erbte der Oldenburgische Graf die friesische Herrschaft Jever, die den nördlichen Teil des heutigen Kreises Friesland einschließlich des Gebietes der erst im 19. Jahrhundert entstandenen Stadt Wilhelmshaven umfasste. Hermann Hamelmann erhielt vom Grafen den Auftrag, das jeverländische Kirchenwesen neu zu ordnen und die in der Grafschaft Oldenburg geltende Kirchenordnung einzuführen. Auch bei seinem Aufenthalt in Jever machte Hamelmann die Nachfahren der Personen ausfindig, die zur Zeit der Reformation maßgeblich gewesen waren, und fragte sie nach ihren Erinnerungen.

In kleinen Monographien über die einzelnen Gebiete (Hamelmann 1586) und in seinem »Oldenburgisch Chronikon« (Hamelmann 1599) fasste er dann seine Erkenntnisse zusammen. Da er Zugang zu älteren Urkunden und Akten hatte, die später verloren gingen, sind seine Schriften nicht nur als Darstellungen zu werten, sondern unter gewissen Vorbehalten auch als Quellen.

Eine Quelle eigener Art für die Reformation findet sich in der Herrschaft Jever: die 1548 gesammelten Bekenntnisse von 23 jeverländischen Pastoren. Diese Bekenntnisse geben Einblick in das Wirken und Denken der überwiegend in den Dörfern tätigen Prediger, die vor die Frage gestellt waren, ob sie das von Kaiser und Reich verfügte Augsburger Interim annehmen oder an der Reformation festhalten wollten. Von selbst hätten die Pfarrer in ländlichen Kirchspielen nicht zur Feder gegriffen, um ein persönliches Bekenntnis oder eine Darstellung ihres Glaubens zu Papier zu bringen. In der Herrschaft Jever mussten sie es auf Befehl der Obrigkeit tun.

Hinzu kam, dass diese Bekenntnisse aufbewahrt wurden und bis heute erhalten blieben (Schäfer 2012). Dadurch entstand ein deutschlandweit einmaliges und vollständiges Gesamtbild von der Pastorenschaft eines zwar kleinen, aber geschlossenen Territoriums – von ihrer Vorbildung, ihrer Herkunft und ihrer Predigtweise. Zugleich erfahren wir aus ihren Bekenntnissen, was ihnen in ihrer Amtsführung wichtig war. Da die damals unmittelbar drängende Frage darin bestand, ob die von Wittenberg ausgehende Änderung des Gottesdienstes zugunsten der Einführung des Interims rückgängig gemacht werden sollte, geben die Pastorenbekenntnisse auch Antwort auf die Frage, was im Jeverland 1548 als Wesen der Reformation angesehen wurde.

2. Die Reformation in der Grafschaft Oldenburg

1526 starb in Oldenburg Graf Johann V. (geb. 1460). Obwohl sich die Reformation um diese Zeit bei den Nachbarn Bremen und Ostfriesland schon bemerkbar gemacht hatte, deutete in der Grafschaft Oldenburg noch nichts auf einen Wandel hin. Es war eine ganz andere Sorge, die das Grafenhaus bewegte: Graf Johann V. verpflichtete seine Söhne auf dem Sterbebett, die früher zu Oldenburg gehörige Grafschaft Delmenhorst zurückzugewinnen. Der Bischof von Münster hatte nämlich 1482 Burg und Grafschaft Delmenhorst erobert und sie seinem Hochstift eingegliedert.

Über die religiöse Lage in der Grafschaft zum Beginn des 16. Jahrhunderts sind nur wenige Einzelheiten bekannt. Vom Kollegiatstift und seiner Schule an der Oldenburger St. Lamberti-Kirche, die zugleich Pfarrkirche der Stadt war, gingen keine nennenswerten Einflüsse aus. Auch die Zeit, als das Benediktinerkloster in Rastede durch sein Skriptorium von sich reden gemacht hatte, lag weit zurück. Nur von einer einzigen überdurchschnittlich gebildeten Persönlichkeit sind uns genügend Nachrichten überliefert, so dass wir uns ein Bild von ihrem Werdegang und ihrer Wirksamkeit machen können: Johannes Schiphower (1463 bis mindestens 1521; Eckermann 1989). Aus Meppen gebürtig trat er mit etwa 15 Jahren in das Kloster der Augustiner-Eremiten in Osnabrück ein, studierte Theologie und empfing mit 21 Jahren die Priesterweihe. Anschließend schickte ihn der Orden für weitere fünf Jahre zum Studium nach Italien, wo er vom Humanismus stark angeregt wurde. Nach verschiedenen anderen Verwendungen durch den Orden wurde er im Jahr 1500 Leiter (terminarius) der Oldenburger Außenstelle der Osnabrücker Augustiner. Hier wirkte er nicht nur als Beichtvater des Grafen und als Lehrer seiner Söhne, sondern auch als Prediger an der St.-Lamberti-Kirche. Mit Ausnahme einer Chronik des Grafenhauses blieben seine eigenen theologischen Werke nicht erhalten. Aber in seinem Nachlass finden sich mehrere Bände mit Musterpredigten des Osnabrücker Ordenstheologen Gottschalk Hollen († 1481), an denen sich Schiphower offenbar bei seinen eigenen Predigten orientierte (Eckermann 1967). Hollen legte als Volksprediger darauf Wert, den Laien eine an die Sakramente gebundene Frömmigkeit nahezubringen. Dies scheint auch für Schiphower ein Schwerpunkt seiner Wirksamkeit gewesen zu sein. Zumindest zeigt dies die Reaktion des von ihm geprägten Grafenhauses auf den ersten Versuch, den Messgottesdienst zu reformieren. Aus Hamelmanns Berichten ist zu erschließen, dass dieser Versuch, mit dem die Reformation in Oldenburg begann, im Jahre 1527 stattgefunden hat (Schäfer 2005: 204–212). Ein Geistlicher an der Oldenburger St.-Lamberti-Kirche namens Walter Renzelmann fing beim Messgottesdienst der Gemeinde an, deutsche Psalmen und die Luther-Lieder »Nun bitten wir den Heiligen Geist« sowie »Wir

glauben all an einen Gott« zu singen. Renzelmann nahm offenbar als einer der Vikare im Kollegiatstift die Aufgabe des Pfarrers (plebanus) wahr, hatte Luthers 1526 erschienene Schrift »Deutsche Messe« (Luther 1883 ff., Band 19, S.72–113) in der Hand und richtete an ihr den Gemeindegottesdienst aus. Schiphower lebte 1527 wohl nicht mehr, da von seiner Reaktion auf die Änderung der Gottesdienstordnung an seiner Predigtkirche nichts bekannt ist. Auf jeden Fall aber griff der Dekan des Kollegiatstifts ein und wandte sich an den regierenden Grafen Johann VI. und dessen verwitwete Mutter, Gräfin Anna geb. Fürstin von Anhalt, die zusammen für die Entfernung Renzelmanns aus Oldenburg sorgten. Da dieser allerdings eine feste Pfründe innehatte, die man ihm nicht einfach wegnehmen konnte, versetzte man ihn als Pfarrer nach Schwei (Wesermarsch).

In der Änderung des Messgottesdienstes durch die Übernahme von Luthers »Deutscher Messe« lag nun allerdings eine so gründliche Abkehr von der bisher gepflegten Frömmigkeit, dass die harte Reaktion von Kollegiatstift und Grafenhaus verständlich ist. Obwohl der zum Bußsakrament gehörige Ablass, der in Wittenberg den unmittelbaren Anlass zur Reformation gegeben hatte, etwas anderes ist als das am Altar vollzogene Sakrament der Messe, stimmen doch ihre Wirkungen überein, sodass die Abschaffung des Ablasses mit der Änderung bei der Messe verglichen werden kann.

Der Ablass, der in Wittenberg strittig war, hatte den Sinn, die nach dem Tode im Jenseits im Fegefeuer noch fälligen Sündenstrafen zu verkürzen oder zu erlassen. Eine solche Verkürzung schrieb man – wenn auch nicht im selben Umfang – der Messe zu, in der nach damaligem Glauben der Opfertod Christi unblutig durch den Priester am Altar wiederholt wurde. Die aus diesem Opfer folgende erlösende Wirkung konnte durch Messstiftungen anderer Menschen – Lebenden oder Toten – zugewandt werden. Zwar gab es in Oldenburg auch Ablässe im engeren Sinn, die durch Urkunden verliehen wurden. Dass jedoch die Messen in der religiösen Praxis viel wichtiger waren als die eigentlichen Ablässe, zeigt sich an der Zunahme der Messpriester in der Grafschaft Oldenburg im 14. und 15. Jahrhundert (Goens 1927, 69–80). Diese Zunahme war möglich durch die vermehrten Messstiftungen zugunsten einzelner Personen. So konnten immer mehr Messpriester angestellt werden, deren Aufgabe darin bestand, für die Stifter Messopfer darzubringen und dadurch ihre schmerzhafte Zeit der Reinigung im Fegefeuer zu verkürzen.

Damit ist nun auch erklärlich, warum Renzelmanns Änderung der lateinischen mittelalterlichen Messe diese Ablassfunktion zerstörte. Das unblutige Opfer Christi am Altar setzte die traditionelle lateinische Messliturgie voraus. Die Elemente Brot und Wein wurden durch die geflüsterten Konsekrationsworte, die in die Opfergebete des sog. Messkanons eingebettet waren, in Leib und Blut Christi verwandelt, so dass der Priester sie Gott als verdienstliches Opfer darbringen konnte. Luthers »Deutsche Messe« strich jedoch den Messkanon und ließ die Einsetzungsworte laut in deutscher Sprache lesen. Dadurch verlor die Messe ihren Opfercharakter zugunsten der in den Einsetzungsworten verkündigten Sündenvergebung.

Dass Renzelmann nicht einfach davongejagt wurde und dass man seinetwegen die bisherige Kapelle in Schwei zur Pfarrstelle erhob,

weist darauf hin, dass in der Grafenfamilie Uneinigkeit bestand und dass Renzelmanns Versetzung wegen Streit entstanden war. Offenbar fand Renzelmann einen Beschützer im dritten Sohn der Gräfin Anna: Graf Christoph (1504–1566). Dieser war, wie es häufig bei nachgeborenen Söhnen regierender Familien geschah, für die geistliche Laufbahn bestimmt worden und hatte durch Schiphower die Grundlage einer humanistischen Bildung empfangen. Mit fünf Jahren erhielt er seine erste Domherrenstelle in Bremen, wurde mit zehn Jahren zum Subdiakon geweiht und nutzte dann weitere Pfründen in Köln dazu, an der dortigen Universität Vorlesungen zu besuchen und seine Kenntnisse zu vertiefen. Da er sich mehrere Jahre in Köln aufhielt, ist anzunehmen, dass er von dort genauere Informationen über Luther und Sympathien für die Reformation mitbrachte (Schäfer 2009).

Am Gottesdienst an St. Lamberti blieb nach der Versetzung Renzelmanns zunächst alles beim Alten. 1528 jedoch kehrte der aus Rodenkirchen gebürtige Magister Ummius Ulricus gen. Ilksen aus Wittenberg, wo er bei Luther und Melanchthon studiert hatte, in seine Heimat zurück. Da er akademisch ausgewiesen war, sah Graf Christoph nun eine Gelegenheit, den Gottesdienst an St. Lamberti zu verändern. Als Prediger wirkte dort als Nachfolger Schiphowers immer noch ein Augustiner aus der Terminei. Durch eine öffentlichkeitswirksame Disputation, zu der Magister Ummius den Mönch herausforderte, sollte nach dem Willen von Graf Christoph über das künftige Kanzelrecht entschieden werden. Weil der Mönch zum festgesetzten Termin nicht erschien, erklärte sich Magister Ummius als Sieger, bestieg die Kanzel und hielt die erste evangelische Predigt in Oldenburg.

Da jedoch weder der Augustinerpater noch das Stiftskapitel die Rechtsauffassung von Graf Christoph und Magister Ummius teilten, letzterer aber auf seinem Kanzelrecht beharrte, kam es zu Tumulten und Handgreiflichkeiten. Gleichzeitig brach im Grafenhaus der offene Machtkampf aus. Graf Johann VI. und seine Mutter verteidigten den alten Gottesdienst, Graf Christoph und der jüngste Bruder Anton wollten das Neue. 1529 trat Graf Johann schließlich zurück und überließ Graf Anton (1505–1573) die Regierung. Damit war auch entschieden, dass in Oldenburg die Reformation durchgeführt wurde. Was dabei im Einzelnen wie vollständig geschah, ist wegen mangelnder Quellen weithin unbekannt. Die Mitglieder des Kollegiatstifts, die sich gegen die Neuerung sträubten, durften ihr Pfründen behalten und weiterhin im Chor, der ihnen vorbehalten blieb, zwar nicht die Messe, aber die Horen lesen. Im Kirchenschiff hielt Magister Ummius den Gottesdienst für die Gemeinde im Sinne der Reformation mit Predigt und Abendmahl.

Etwa gleichzeitig mit den Vorgängen in der Stadt Oldenburg um Renzelmann und Ummius gab es auch Reformationsversuche in Esenshamm (Butjadingen) und Rodenkirchen (Stadland). Man kann davon ausgehen, dass bis 1529 die Mehrzahl der Kirchspiele der Grafschaft Oldenburg zur Reformation übergegangen war. Graf Anton ließ die kirchlichen Angelegenheiten durch seinen Kanzler Nikolaus Vogt verwalten, der vorher Pfarrer von Wardenburg gewesen war, zu seiner Besoldung diese Pfründe behielt und nun neben seinen Hauptaufgaben die Pflichten eines Superintendenten erledigte. Eine Kirchenordnung, die auf die Einheitlichkeit der Lehre, der Gottesdienste, der Schule und der Verwaltung des Kirchenvermögens hingewirkt hätte, gab es zu Lebzeiten Antons so wenig wie eine Visitation der Kirchspiele. Er ließ zwar die Geistlichen auf das Augsburgische Bekenntnis vereidigen und geriet deswegen mit seinem Bruder Christoph in Streit, der gegen Ende seines Lebens dem Calvinismus zuneigte. Nach außen aber vermied er allzu deutliche Zeichen, dass er in seinem Territorium die Reformation durchgeführt hatte, weil er wohl seine Belehnung durch den Kaiser nicht gefährden wollte.

Charakteristisch für ihn ist sein Verhalten im Schmalkaldischen Krieg 1547, im Zuge dessen der Kaiser nach den süddeutschen nun auch die norddeutschen Territorien mit Gewalt zwingen wollte, die Reformation rückgängig zu machen (Schäfer 2005, 224–231). Als er die Hansestadt Bremen belagern ließ, verpflichtete sich Graf Anton, die kaiserlichen Truppen dabei zu unterstützen. Er war dabei freilich sehr zögerlich, weil ihm wichtiger war, im Rücken des Belagerungsheeres die Burg Delmenhorst im Handstreich zu erobern. Dies gelang, womit auch die Grafschaft Delmenhorst wieder mit der Grafschaft Oldenburg vereinigt und das Versprechen eingelöst war, das Graf Johann V. vor 21 Jahren auf dem Totenbett seinen Söhnen abgenommen hatte.

Für die Reformation der Grafschaft Delmenhorst brauchte Graf Anton nicht zu sorgen, da sie schon durch den Münsterschen Bischof Franz von Waldeck vollzogen worden war (Schäfer 2005, 222). Dieser hatte 1543 begonnen, seine Hochstifte Münster, Minden und Osnabrück in ein weltliches Territorium umzuwandeln und in ihnen die Reformation durchführen zu lassen. Von ihm beauftragt setzte der Lübecker Superintendent Hermann Bonnus (1504–1548) in Delmenhorst die Osnabrücker Landkirchenordnung in Geltung und führte Oliver Marsmann als ersten evangelischen Pfarrer ein.

Die 1599 erschienene, vom gräflichen Hof überarbeitete Hamelmannsche Chronik fasst das Urteil über den 1573 verstorbenen Grafen mit den Worten zusammen: »Er ist ein verständiger, vernünftiger und ernsthafter Herr gewesen« (Hamelmann 1599, 392). Es ist wohl kein Zufall, dass das Adjektiv »fromm« dabei fehlt. Angefangen von seiner Übernahme der Herrschaft bis zum Augsburger Religionsfrieden 1555, durch den die Gefahr gebannt wurde, die vom Augsburger Interim 1548 ausging, musste er alle Kraft einsetzen, seine Herrschaft zu sichern. Dem diente auch die Einziehung der Pfründen, die für den evangelischen Gottesdienst nicht mehr benötigt wurden. Es wäre übertrieben, in Graf Anton nur den Kirchenräuber zu sehen. Die Gelegenheit, Teile des Kirchenguts zu säkularisieren, kam ihm zweifellos gelegen, war aber nicht das beherrschende Motiv für die Durchführung der Reformation. Denn was das kirchliche Vermögen anging, hielt er sich im großen Ganzen durchaus an die Regeln, die Luther 1523 in der Vorrede zur »Ordnung eines gemeinen Kastens«, der sogenannten »Leisniger Kastenordnung«, aufgestellt hatte (Luther 1883 ff., Band 12, 11–15). Der Augsburger Religionsfriede 1555 beendete die Gefährdung seiner Herrschaft durch das Interim und machte die Tarnung nach außen überflüssig. Damit wäre es möglich gewesen, wie in anderen evangelischen Territorien eine Kirchenordnung zu erlassen und eine kirchliche Aufsicht einzurichten. Dass es zu Lebzeiten von Graf Anton nicht dazu kam, lag wohl teils in dem Streit mit Graf Christoph begründet, der in seinem letzten Lebensabschnitt als Provisor in dem aufgelösten Kloster Rastede lebte und immer offener mit den Reformierten in Ostfriesland sympathisierte, teils auch in der Unbeweglichkeit des Alters, weshalb Graf Anton von der Hamelmannschen Chronik euphemistisch als »ernsthafter Herr« charakterisiert wurde.

Da die Ordnung der kirchlichen und schulischen Verhältnisse immer dringlicher wurde, beauftragten die Söhne Graf Antons I. – nämlich die Grafen Johann VII. und Anton II. – unmittelbar nach dem Tode ihres Vaters die Theologen Nicolaus Selnecker (Leipzig) und Hermann Hamelmann (Gandersheim) mit der Abfassung einer Kirchenordnung. Diese trat am 13. Juli 1573 in Kraft. Ein Konsistorium wurde als leitende Kirchenbehörde eingerichtet und Hermann Hamelmann zum Superintendenten der Doppelgrafschaft berufen. Damit war der Prozess der Reformation in Oldenburg und Delmenhorst endlich abgeschlossen.

3. Die Reformation in der Herrschaft Jever

Im Jahre 1527, also etwa um dieselbe Zeit, als der Priester Walter Renzelmann in Oldenburg den Messgottesdienst veränderte, führte auch in Jever Hinrich Kremer, der Pfarrer an der dortigen Pfarrkirche St. Cyriakus, Luthers »Deutsche Messe« ein mit evangelischer Predigt, deutschem Gesang und Austeilung des Abendmahls mit Brot und Wein. Ferner berichtet Hamelmann, dass Kremer zum Ärger der regierenden Fräulein im Schloss und der Jeverschen Bürger geheiratet habe. Dies ist vermutlich so zu verstehen, dass er seine Haushälterin ehelichte und seine Kinder legitimierte, was wiederum bei den Bürgern die Befürchtung auslöste, dass er die Privatisierung und Vererbung der Pfarrpfründe beabsichtigen könnte (Schäfer 2005, 212-219 und 231–236).

Von anderen Gründen gegen die Reformation Kremers waren die regierenden Fräulein bewegt. Die Töchter des Häuptlings Edo Wiemken des Jüngeren († 1511) Froichen Anna (1499–1536) und Froichen Maria (1500–1575) waren eifrige Besucherinnen der Messe. Ein Kollegiatstift am Ort der Grablege des regierenden Hauses konnte sich das kleine Jeverland nicht leisten, sodass die Gedächtnismessen für Edo Wiemken und die anderen Vorfahren durch den Pfarrer und seine Vikare an der St.-Cyriakus-Kirche gelesen werden mussten. Wenn nun dort durch die Einführung der Deutschen Messe das Messopfer für Tote und Lebendige eingestellt wurde, widersprach das dem Willen der Stifter und Patrone und kam nach dem üblichen Glauben, den offenbar auch die Fräulein teilten, einer Enteignung der armen Seele im Fegefeuer gleich. Neben diesem religiösen Grund gab es einen politischen. Die Grafen von Ostfriesland beanspruchten die Herrschaft über die ganze von Friesen bewohnte Küste bis zur Wesermündung und damit auch über das Jeverland. Edo Wiemken war es lange Zeit gelungen, die Ostfriesen auf Abstand zu halten. Nach seinem Tod versuchten diese, das Jeverland durch ein Heiratsversprechen zwischen Graf Enno II. und Fräulein Maria an sich zu bringen. Doch noch ehe es zur Eheschließung kam,

änderte Graf Enno seinen Plan. Er erschien 1527 mit Gefolge in Jever, angeblich zu einem Besuch. Nachdem er freundlich empfangen worden war, nahm er die Burg im Handstreich ein, entmachtete die Fräulein, ließ sich durch die Jeverländer als Landesherr huldigen und setzte den Ostfriesen Boing von Oldersum als seinen Stellvertreter in Jever ein.

Damit änderten sich auch die religionspolitischen Bedingungen. Da in Ostfriesland die Reformation schon Einzug gehalten hatte, fand Pfarrer Hinrich Kremer, als er die »Deutsche Messe« einführte, bei Graf Enno nicht nur Schutz gegen die jeverländische Kritik, sondern auch Unterstützung, indem aus Ostfriesland einige evangelische Prediger ins Jeverland entsandt wurden.

Die ostfriesische Herrschaft dauerte vier Jahre und endete damit, dass der Drost Boing von Oldersum dem Grafen Enno 1531 den Gehorsam aufkündigte und Fräulein Maria ihre Stellung als Herrin des Jeverlandes zurückgab. Allerdings bedeutete dies keine Rückkehr zum mittelalterlichen Gottesdienst. Offenkundig hatte Boing von Oldersum als militärisches Oberhaupt des kleinen Ländchens seine reformatorische Gesinnung, die er schon mitgebracht hatte, nicht geändert. Er erhielt Unterstützung durch Remmer von Seediek, einen Vertreter der jeverländischen bäuerlichen Oberschicht, auf dessen Rat Fräulein Maria hörte. Remmer hatte an der artistischen Fakultät in Rostock studiert und verwaltete nach seiner Priesterweihe den noch verbliebenen Rest des kirchlichen Vermögens seines Heimatkirchspiels Seediek, dessen Kirche samt dem größeren Teil der Gemarkung bei der Antoni-Flut 1511 im Jadebusen versunken war. Die humanistischen Anregungen, die Remmer aus Rostock mitbrachte, hatten ihn auf die Schriften der Wittenberger Reformatoren geführt und ihn für die Reformation gewonnen. 1531 machte Fräulein Maria ihn zum Leiter ihrer Kanzlei, zu dessen Amt auch die Sorge für das Kirchenwesen gehörte. 1532 wurde durch einen Erlass dann die Reformation der ganzen Herrschaft Jever verfügt.

Die Grafen von Ostfriesland waren mit dieser Entwicklung nicht einverstanden, sondern versuchten ihr Ziel der Annexion des Jeverlandes weiterhin mit allen Mitteln zu erreichen. Dabei diente ihnen nun als zusätzliche Begründung, dass Boing von Oldersum durch seinen Abfall von Graf Enno II. diesem gegenüber das Treuegelübde des Vasallen gebrochen und sich der Felonie (Bruch der Lehnstreue) schuldig gemacht hatte. Um sich der Ostfriesen ein für alle Male zu erwehren, trug Fräulein Maria 1532 ihre Herrschaft Kaiser Karl V. in seiner Eigenschaft als Herzog von Burgund zum Lehen auf.

Die Abhängigkeit vom Kaiser als ihrem Lehnsherrn trug zunächst durchaus die erwarteten Früchte, indem die Grafen von Ostfriesland sich ruhig verhalten mussten. Zugleich aber trat die Notwendigkeit ein, gegenüber der Lehnsherrschaft in Brüssel den Anschein zu wahren, das Jeverland sei von der Reformation unberührt geblieben. Dafür ein Beispiel: Im Frühjahr 1548, also 16 Jahre nach der Durchführung der Reformation in ihrer Herrschaft, ließ Fräulein Maria brieflich beim kaiserlichen Statthalter von Groningen anfragen, wie sie bei einem (offensichtlich lutherischen) Pastor verfahren solle, der Unkraut in ihrem Lande säe, woraufhin der Statthalter ihr gutgläubig unter Hinweis auf schon versandte päpstliche und kaiserliche Vorschriften zweckdienliche Ratschläge für Gegenmaßnahmen erteilte. Wenig später trat jedoch in Jever der Ernstfall

ein. Der Kaiser hatte im Schmalkaldischen Krieg nach seinem Sieg über das protestantische Heer bei Mühlberg (1547) den Geharnischten Reichstag nach Augsburg einberufen, um die Reformation durch ein Reichsgesetz rückgängig zu machen.

Im August 1548 überbrachte ein Kurier ein Schreiben des Kaisers auch nach Jever mit dem Befehl, die beiliegende »Erklärung und Ordnung« unter Strafandrohung einzuführen. Der vollständige und offizielle Titel der deutschen Fassung dieser »Erklärung und Ordnung« lautete: »Der Römischen Kaiserlichen Majestät Erklärung, wie es der Religion halben im heiligen Reich bis zum Austrag des [all]gemeinen Concilii gehalten werden soll, auf dem Reichstag zu Augsburg, den 15. Mai im 1548. Jahr publiziert und eröffnet und von [all]gemeinen Ständen angenommen« (Mehlhausen 1996, 16). Dieser umständliche Titel war, wie ersichtlich, schon der kaiserlichen Kanzlei zu lang. Noch kürzer war der in der folgenden öffentlichen Diskussion übliche lateinische Name »Interim« (von »interim« = inzwischen), d. h. inzwischen gültig bis zur Entscheidung eines allgemeinen Konzils.

Das Interim kam der Reformation bei der Lehre von der Rechtfertigung etwas entgegen, widersprach ihr aber desto heftiger bei der Lehre von der Kirche und von den Sakramenten. Hier verlangte das Interim bis auf zwei kleine Zugeständnisse (Priesterehe, Laienkelch) eine vollständige Rückkehr zur altgläubigen Ordnung von Kirche und Gottesdienst. Fräulein Maria antwortete zunächst hinhaltend, »dass sie das Buch Interim ihren Pastoren unterbreiten werde«. Dies geschah so, dass sie die Pastoren nach vollbrachter Erntearbeit auf den Montag, den 12. November 1548, nach Jever ins Schloss einberief.

Hier legte ihnen Fräulein Maria nach Hamelmanns Bericht »persönlich das Buch Interim im Namen der kaiserlichen Majestät zur Annahme vor, indem sie hinzusetzte, dass man der höchsten Obrigkeit gehorchen müsse, vollends jetzt, nachdem der ruhmreiche Sieger sich ganz Deutschland unterworfen habe und jenes unter Drohungen befehle« (Schäfer 2012, 12 f.).

Da die Pastoren sich Bedenkzeit erbaten, gab ihnen Fräulein Maria die Aufgabe mit nach Hause, dass jeder Einzelne ein schriftliches Bekenntnis verfassen und darin Stellung nehmen sollte in Bezug 1. auf das Interim, 2. auf die Glaubensartikel, 3. auf die Sakramente und 4. auf die – in der jeweiligen Gemeinde – herkömmlichen Zeremonien. Da von dem Buch Interim, dessen deutsche und lateinische Fassung jeweils knapp 70 Seiten stark war, nur jeweils etwa vier lateinische und vier deutsche Exemplare vorhanden waren, konnten nicht alle Pastoren einen Text bekommen. Dessen ungeachtet sollten die Pastoren in drei Wochen wieder nach Jever kommen, ihr Bekenntnis mitbringen und ihre Entscheidung mitteilen.

Am 3. Dezember 1548 versammelten sich die Pastoren erneut im Jeverschen Schloss. Ihr Sprecher – der Niederländer Anton von Mecheln, ein gelehrter Augustinermönch, der wegen seiner lutherischen Gesinnung aus Wesel ausgewiesen worden war und im jeverländischen Wüppels eine Pfarrstelle erhalten hatte – erklärte, dass man nach Christi Gebot dem Kaiser geben müsse, was des Kaisers ist, aber Gott, was Gottes ist. Deshalb habe man dem Kaiser in zeitlichen Dingen zu gehorchen, nicht aber in der Sache des Heils. Nach Hamelmanns Bericht nahm die Pastorenversammlung dann folgenden weiteren Verlauf:

»Fräulein Maria ließ durch Remmer von Seediek antworten, dass ihr zwar die Antwort der Pastoren gefalle. Indessen wolle sie – da sie und ihre Länder nun einmal in der Hand des Kaisers seien – doch verhüten, dass aus solcher Nichtachtung des kaiserlichen Befehls irgend eine Gefahr erwüchse. Ob sie auch dies mit Gleichmut tragen würden? Da antwortete der größte Teil, sie befehlen die Sache dem Herrn Jesus und wollten eher was auch immer auf sich nehmen als im kleinsten unter Beleidigung Gottes den Menschen willfahren. Sie bewiesen sogleich, wie jenes kaiserliche Buch, das sog. Interim, Lehren enthalte, die mit dem Wort Gottes ganz unvereinbar sind« (Schäfer 2012, 15 f.).

Damit war die Entscheidung gefallen, das Interim unbeachtet zu lassen. Die im letzten Satz erwähnten Bekenntnisse oder Stellungnahmen der Pastoren, von denen ein Drittel in lateinischer, zwei Drittel in niederdeutscher Sprache verfasst waren, ließ Fräulein Maria einsammeln. Sie wurden in der Kanzlei nicht nur aufbewahrt, sondern zwecks besserer Lesbarkeit durch Hermannus Heronis, den Pastor von Hohenkirchen, ins Reine geschrieben. Möglicherweise sollten sie, falls ein kaiserlicher Beamter aus Brüssel zur Kontrolle auftauchte, als Entschuldigungsgrund dafür dienen, dass das Interim nicht durchgeführt worden war. Vier Jahre hielt diese Gefahr an und war erst beseitigt, als 1552 der sogenannte »Fürstenaufstand« zur Rücknahme des Interims führte und 1555 der Augsburger Religionsfriede dafür sorgte, dass Territorien wie die Grafschaft Oldenburg-Delmenhorst und die Herrschaft Jever nicht mehr gezwungen werden konnten, die Reformation rückgängig zu machen.

4. Die religiöse Innenseite der Reformation

Wie schwierig es ist, das Wesen der Reformation den heute Lebenden verständlich zu machen, zeigt die Vorbereitung des Reformationsjubiläums 2017. Frühere Jubiläen konnten noch davon ausgehen, dass Luther am 31. Oktober 1517 seine 95 Thesen gegen den Ablass an der Türe der Wittenberger Schlosskirche angeschlagen und damit das Manifest der Reformation veröffentlicht hatte. Heute dagegen wird die Tatsache, dass der Thesenanschlag überhaupt stattfand, ebenso erfolgreich bezweifelt wie der reformatorische Charakter der Thesen. Die darin zum Ausdruck kommende Unsicherheit behindert auch das Verständnis regionaler Vorgänge wie der Reformation in Oldenburg oder in Jever. Da es in der gebotenen Kürze nicht möglich ist, die angedeuteten Schwierigkeiten zu beseitigen, soll doch wenigstens danach gefragt werden, aus welchen inneren Motiven heraus die Zeitgenossen – in Oldenburg die Grafen Christoph und Anton, in Jever Fräulein Maria, Remmer von Seediek und die 23 Pastoren – die reformatorische Gestalt der Kirche bejaht haben.

Sicherlich gab es bei allen Beteiligten ein Bündel von Gründen für das Ja zur Reformation, sodass moderne Betrachter, die mit religiösen Regungen wenig anfangen, mit Leichtigkeit politische, finanzielle oder psychologische Ursachen geltend machen können, zumal ihnen dabei die Spärlichkeit der Quellen zu Hilfe kommt. Die Bekenntnisse der Jeverschen Pastoren indessen lassen sich nur verstehen, wenn man sie als religiöse Dokumente wertet, die auch dem heutigen Leser den Zugang zur Innenseite der Reformation freigeben. Wenigstens an einem Beispiel soll gezeigt werden, was die Reformen des Gottesdienstes in Oldenburg und Jever mit dem religiösen Erleben zu tun haben.

Oben wurde angedeutet, was die lateinische Messe des Mittelalters, die als unblutiges Opfer vom Priester dargebracht wurde, für die Jenseitshoffnung der damaligen Frommen bedeutete. Sie war das nächstgelegene und wichtigste Mittel, nach dem Tode die entsetzlichen Qualen, die zur Ableistung von Sündenstrafen im Fegefeuer bevorstanden, zu verkürzen. Niemand konnte genau sagen, wie lange diese Qualen dauern würden. Deswegen konnte der Fromme nur jede Möglichkeit, die die Kirche ihm dazu bot – Ablassbriefe, Stiftungen, Fasten, Gebete, Pilgerfahrten – dankbar wahrnehmen, allerdings ohne jemals gewiss zu sein, für sich selbst oder für andere genug getan zu haben. Diese Ungewissheit trieb das kirchliche Leben an und führte es zu den Höhen, die wir auf dem Gebiet der Kunst bis heute bewundern.

Eine große Rolle bei der Hoffnung, die Fegefeuerstrafe zu verkürzen, bot für die mittelalterlichen Frommen die möglichst häufig gehaltene Messe. Für die Messe wurden Altäre gebaut, Altarretabel geschnitzt und gemalt, Sakramentshäuschen errichtet, goldene Gefäße und Monstranzen angeschafft, Gewänder gestickt und jeder erdenkliche Aufwand in einem Maße getrieben, den wir nicht mehr begreifen, dessen Motiv aber wesentlich ist für das Verständnis dafür, wie es zur Reformation kam.

Die Ablasskampagne in den Erzbistümern Magdeburg und Mainz, welche Luther 1517 kritisierte, war nur eine zeitlich und räumlich begrenzte Einzelmaßnahme unter den

Ablassmöglichkeiten, die von der Kirche angeboten wurden. Den eigentlich normalen, alltäglichen, viel umfangreicheren und sich stetig steigernden Zugang zum Ablass, der über Jahrhunderte offen stand, bot dagegen das Messopfer. Damit erklärt sich der Aufwand, den die Messe im 14. und 15. Jahrhundert auslöste.

Luther schrieb dazu in seinem »Sermon vom Neuen Testament, das ist von der heiligen Messe« (1520): »Fragen wir: Was geschieht denn durch die Messe, die für die Seelen im Fegefeuer gehalten werden, da doch nun eine so solche starke Gewohnheit eingerissen ist, Seelmessen zu stiften, und fürwahr viele Bücher hierüber gemacht wurden. Antwort: Gewohnheit hin, Gewohnheit her. Gottes Wort muss vorgehen und fest bleiben, dass die Messe nichts anderes denn ein Testament und Sakrament Gottes sei, welches weder ein gutes Werk noch ein Opfer sein kann« (Luther 1883 ff., Band 6, 370 f.). Unter »Testament« verstand Luther den unwiderruflich letzten Willen Jesu, den er in den Einsetzungsworten aussprach und anschließend mit seinem Tod bekräftigte, nämlich das Wort zum Kelch, mit dem er die Sündenvergebung zusagte. Mit Sakrament bezeichnete Luther das Siegel und Wahrzeichen, das Gott bei jeder Messe dem Testament dadurch hinzufügte, dass unter Brot und Wein der Leib und das Blut Christi gegenwärtig waren als Beglaubigung des Testaments. Mit dieser Deutung der Messe, die Luther mit den neutestamentlichen Einsetzungsberichten begründete, machte er klar, dass die Messe kein Opfer war, dessen Effekt durch Wiederholung vervielfacht werden konnte. Vielmehr stiftete sie die mit göttlicher Autorität zugesagte Vergebung der Sünden und Strafen auf Grund des ein für alle Mal geschehenen Kreuzesopfers Jesu, dessen in der Messe gedacht wurde.

Es war deswegen kein Zufall, dass sowohl in Oldenburg als auch im Jeverland die Reformation mit einer Änderung der Messliturgie einsetzte. Einen Streit um den Ablass im engeren Sinne wie in Wittenberg hat es in Oldenburg wohl deshalb nie gegeben, weil es nur wenige Gelegenheiten gab, ihn zu erwerben. Umso mehr Hoffnung setzte man auf die im Jenseits wirkende Heilkraft des in allen Kirchen und Kapellen dargebrachten Messopfers. Allerdings brachte das Messopfer immer nur einen Teilablass ein. Dieser verkürzte zwar die Fegefeuerstrafe. Deren Dauer war begrenzt, sodass von »zeitlichen Strafen« die Rede war. Wie lange sie aber tatsächlich zu erdulden waren, blieb unbekannt, sodass es auch bei größten Anstrengungen immer nur bei der ungewissen Hoffnung blieb, dass die dargebrachten Opfer und andere noch hinzugefügte guten Werke ausreichen möchten.

Dieser Hoffnung, die nie zur Gewissheit werden konnte, setzte die Wittenberger Reformation die einfache, schlichte und uneingeschränkte Heilsgewissheit entgegen. Gemäß der Bibel als dem göttlichen Wort handelte es sich bei Jesu Einsetzung der Messe (des Abendmahls) nicht um ein Gott dargebrachtes Opfer, sondern um die definitive Zueignung der Sündenvergebung an die Jünger, besiegelt durch die sakramentale Handlung. Da zudem die Bibel als göttliches Wort von einem Fegefeuer nichts wusste, ist die Furcht davor auch noch ganz unbegründet. Damit fiel die beunruhigende Ungewissheit weg, die bei der Messopferfrömmigkeit zu immer neuen Anstrengungen antrieb.

Walter Renzelmann in Oldenburg und Hinrich Kremer in Jever entschieden sich auf Grund von Luthers Nachweisen dafür, die Messe ihrer mittelalterlichen Umdeutung als Opfer zu entkleiden und sie gemäß der biblischen Einsetzung (Stiftung) als Abendmahl zu begehen, bei dem die gewisse und uneingeschränkte Vergebung der Sünden empfangen wurde. Diese Reform der Messe war von so durchschlagendem Erfolg, dass die oldenburgische und jeverländische Pfarrerschaft ihr nirgendwo widersprochen hat. Auch ist nirgendwo ein Protest der Gemeindeglieder gegen die Streichung der Seelmessen überliefert. Wenn auch weiterhin – in reduziertem Maße – Stiftungen gemacht wurden, dann nicht um der Seelen Seligkeit willen, sondern aus Dankbarkeit gegen Gott.

Literatur

Eckermann, Willigis: Gottschalk Hollen OESA (†1481). Leben, Werk und Sakramentslehre. Würzburg 1967.

Eckermann, Willigis: Johannes Schiphower. In: Kuropka, Joachim; Eckermann, Willigis: Oldenburger Profile. Cloppenburg 1989, 9-34.

Eckhardt, Albrecht; Schmidt, Heinrich (Hrsg): Geschichte des Landes Oldenburg. Oldenburg 1987.

Goens, Hermann: Die Einziehung der Kirchengüter während der Reformationszeit im evangelischen Gebiet des Herzogtums Oldenburg. In: Oldenburger Jahrbuch 31, 1927, 7–116.

Hamelmann, Hermann: Pars prima historiae ecclesiasticae renati euangelii per Inferiorem Saxonicam et Westphaliam. O. O. 1586.

Hamelmann, Hermann: Oldenburgisch Chronikon. Oldenburg 1599.

Luther, Martin: D. Martin Luthers Werke. Weimar 1883 ff.

Mehlhausen, Joachim (Hrsg.): Das Augsburger Interim. 2. Auflage, Neukirchen-Vluyn 1996.

Schäfer, Rolf: Oldenburgische Kirchengeschichte. 2. Auflage, Oldenburg 2005.

Schäfer, Rolf: Graf Christoph in Rastede. In: Kusch, Michael (Hrsg.): Rasteder Sternstunden. Oldenburg 2009, 57-77.

Schäfer, Rolf (Hrsg.): Die Jeverschen Pastorenbekenntnisse 1548 anlässlich des Augsburger Interim. Tübingen 2012.

(Die Zitate wurden in Sprache und Zeichensetzung modernisiert.)

Reformation und kirchliches Bauen. Das Beispiel der Celler Schlosskapelle als Gesamtkunstwerk der Reformationszeit

Juliane Schmieglitz-Otten

Mit der Celler Schlosskapelle besitzt das Land Niedersachsen den wohl bedeutendsten Kirchenraum, dessen Ausstattung und Bildprogramm Zeugnis des umfassenden reformatorischen Umwälzungsprozesses ist – und zwar sowohl mit Blick auf eine erneuerte Glaubensgrundlage als auch hinsichtlich eines neuen fürstlichen Herrschaftsverständnisses.

1. Einleitung

Bereits 1485 wurde in der Celler Residenz, Sitz der im Fürstentum Lüneburg regierenden Herzöge von Braunschweig-Lüneburg, eine Kapelle geweiht. Sie ist gelegen am südlichen Ende des Ostflügels der im 17. Jahrhundert zu einer Vierflügelanlage zusammengefassten Schlossbauten (Abb. 1).

Abb. 1: Die Vierflügelanlage des Celler Schlosses.

Dieser Saalbau mit einer Größe von rund 14 Meter Länge und 9 Meter Breite gab den architektonischen Rahmen vor, für den Herzog Wilhelm der Jüngere in den Jahren 1565 bis 1576 eine vollständig neue und bis heute ohne wesentliche Veränderungen erhaltene Ausstattung schaffen ließ. Die Celler Schlosskapelle ist somit kein Neubau und reiht sich deshalb ein in die Mehrheit der Kirchbauten der ersten nachreformatorischen Zeit, in der überwiegend »katholische« Gotteshäuser übernommen und in Erscheinungsbild und Ausstattung an die neuen Bedürfnisse angepasst wurden. Doch ihre ganz frei eingebaute Ausstattung – Emporen und erhöhte Kanzel eingeschlossen – lassen sie in einer Reihe mit den landesherrlichen Schlosskirchen und -kapellen der Zeit stehen, die zu Trägern neuer konzeptioneller Ideen wurden und dem protestantischen Kirchenbau im 16. Jahrhundert wesentliche Impulse gaben. Konzeptionell ist sie durchaus in einem Zug mit den ersten protestantischen Schlosskapellen in Neuburg an der Donau (1543) und der von Luther selbst geweihten Kapelle auf Schloss Hartenfels in Torgau (1544) zu sehen. Unter den erhaltenen Schlosskapellen dieser frühen Zeit darf daneben auch die innerhalb des ehemaligen welfischen Herrschaftsgebietes gelegene Schlosskapelle in Gifhorn (1547) nicht vergessen werden.

Allen ist gemeinsam, dass sie den Ansprüchen an einen lutherischen Gottesdienst insofern Rechnung tragen, als sie dem Rückbezug auf das Evangelium (»solo scriptura«), einen theologischen Grundsatz der Reformation, Ausdruck geben. Die Stellung der Kanzel als Ort der Verkündigung ist erhöht und durch besondere Ausgestaltung hervorgehoben. Dem Bedarf an vermehrtem Sitzplatz für die Gemeinde, die der nun in den Mittelpunkt des Gottedienstes rückenden Predigt konzentriert folgen sollte, wird durch den Einbau von ein- oder zweigeschossigen Emporen Rechnung getragen.

Unter diesen erhaltenen Schlosskapellen nimmt Celle aus drei Gründen eine besondere Stellung ein:

1. Ihre überaus reiche Renaissanceausstattung ist ohne wesentliche Veränderungen oder Verluste erhalten geblieben.

2. Die Qualität der künstlerischen Ausstattung ist in weiten Teilen herausragend, denn ein Großteil der Gemälde stammt aus der Werkstatt des damals bedeutendsten Antwerpener Malers, Marten de Vos.

3. Fülle und Vielfalt der Ausstattung sind einmalig und umfassen neben den Gemälden auch die Ausmalung der Gewölbe, dazu hervorragende Steinmetzarbeiten sowie zahlreiche weitere Zierelemente wie Schmuckfriese, figürliche Applikationen, Gehänge und anderes mehr. (Abb. 2)

Abb. 2: Blick auf die Nord- und Ostwand der Schlosskapelle.

Mit der Celler Schlosskapelle ist somit ein bislang viel zu wenig beachtetes »Gesamtkunstwerk der Reformationszeit« erhalten geblieben. Ihm auf die Spur zu kommen ist allerdings nicht einfach, denn der Fülle an objekthafter Hinterlassenschaft steht nahezu Leere in Bezug auf eine schriftliche Überlieferung entgegen. So sind bislang Quellen zur Beauftragung und Ausführung der Ausstattung sowie insbesondere der spannenden Frage nach möglichen Vorgaben für das vorhandene Bildprogramm nicht bekannt. Wer sich der Celler Schlosskapelle verstehend nähern will, darf dies nicht eindimensional tun und in ihr weder allein einen Sakralraum noch ein museales Kunstgebilde jener Zeit sehen. Als Kapelle einer Residenz war sie eingebunden in die Herrschaftsarchitektur der Residenz, sie war Teil landesherrlicher Selbstdarstellung – eines Fürsten, der durch die Reformation eine neue Rolle übernommen hatte: die des obersten Kirchenherrn.

2. Residenzstadt Celle

Celle, bis 1705 Residenz des zeitweise größten und einnahmestärksten der drei welfischen Teilfürstentümer, war Ausgangspunkt früher und wesentlicher reformatorischer Impulse – die Celler Fürsten standen in vorderster Reihe der Reformationsfürsten im Reich. Herzog Ernst, gemeinsam mit seinem Bruder Otto durch Erziehung und Theologiestudium in Wittenberg früh lutherisch geprägt, nahm an den Reichstagen in Speyer 1526 und 1529 teil und gehörte zu den Unterzeichnern der »Confessio Augustana«. Ebenfalls 1530 holte er den Reformator Urbanus Rhegius nach Celle und machte ihn zum Superintendenten im Fürstentum Lüneburg. Während hier die Reformation schon 1527 offiziell eingeführt war, ging es nun um deren Durchsetzung, bei der die Einführung von Kirchenordnungen und der Ausbau von Verwaltungsstrukturen Hand in Hand gingen. Als einige Jahre nach Ernsts Tod sein Sohn Wilhelm der Jüngere 1559 die Regierung übernahm, baute dieser die Strukturen zur Zentralisierung und landesherrlichen Verwaltung weiter aus.

Mit der eindrucksvollen Ausgestaltung der Kapelle in seiner Residenz setzte Herzog Wilhelm schließlich in mehrfacher Hinsicht ein Zeichen: Ranganspruch der welfischen Dynastie gegenüber den Fürstendynastien des Reiches, Behauptung im Kreise innerwelfischer Konkurrenz,[1] Zeichen der Vereinnahmung des sakralen Raumes für herrschaftsrepräsentative Zwecke und schließlich ein Zeichen seiner eigenen Frömmigkeit. Dass diese Ebenen – die nach moderner Denkart vielleicht einer außenpolitischen und einer innenpolitischen Sicht, einer überregionalen und einer kommunalen, einer nach außen gerichteten und einer persönlich-inneren Ebene entsprächen – eben nicht voneinander zu trennen sind, ist geradezu charakteristisch für die Zeit, um die es hier geht. Der Fürst war beständig sichtbare Gestalt des »Staates«, seine Herrschaft bezog sich nicht nur auf das Territorium, sondern auch auf das eigene Haus, die Dynastie. Selbstverständlich war er auch »Mensch« mit persönlichen Neigungen, Stärken,

Schwächen und Gebrechen,[2] in erster Linie aber doch ein »Staatswesen«.

Darum bliebe es unzulänglich, die so besondere Ausstattung der Celler Schlosskapelle mit Begriffen von »Macht/Propaganda« oder »persönlicher Frömmigkeit« zu erfassen. Herrschaftliche Repräsentation im Selbstverständnis eines Fürsten als Vertreter Gottes auf Erden war nie ein Ausdruck allein politischer Macht, sondern immer auch von dessen Gottesgnadentum und Heiligkeit. Wenn im Folgenden die Begriffe »Macht« und Frömmigkeit« gebraucht werden, dann um in der Kürze der Darstellung eine für den heutigen Leser fassbare Vorstellung der beiden Pole zu geben, zwischen denen sich die eigentliche Bedeutung des Beschriebenen ansiedelt.

3. Zwischen Macht und Frömmigkeit

Die Celler Schlosskapelle mit ihrer auf relativ kleinem Raum versammelten Bilderfülle (Gemälde, Figuren, Reliefarbeiten, Dekorationselemente) beeindruckt und überfordert zugleich. Eine Orientierung und Strukturierung wird erst demjenigen möglich, der lange in ihr verweilen kann. Sie fasziniert heutige Besucher und wirft zugleich fast immer die Frage auf, warum gerade ein solch »bildstrotzender« Raum Ausdruck protestantischer Frömmigkeit sein kann.

Als Kapelle in einem Residenzschloss nimmt dieser Kirchenraum eine besondere Stellung ein. Anders als die Celler Gemeindekirche St. Marien (die mit ihren Epitaphien, fürstlichen Stiftungen und vor allem mit der herrschaftlichen Grablege zwar auch wesentliche Zeichen landesherrlicher Repräsentation birgt, aber diese eben für alle sichtbar zur Schau stellt) war die Schlosskapelle nur dem Hof und seinen Gästen zugänglich. Somit war sie in ganz besonderer Weise ein Raum »landesherrlicher Propaganda« und Ausdruck fürstlicher Magnifizenz, der Darstellung von Rang und Ruhm des Herrscherhauses. Die hochrangige Heiratsverbindung Herzog Wilhelms mit Dorothea von Dänemark, einer Tochter Christians III., ist in diesem Kontext zu sehen. Die königliche Abstammung der Braut wie auch ihre Herkunft aus einem sich schon früh zum Protestantismus bekennenden Reich machen deutlich, dass neben der Rang- auch die Konfessionsfrage zunehmend fester Bestandteil dynastischen Denkens geworden war.

So ließen sich Wilhelm und Dorothea auf den Altarflügeln links und rechts der Kreuzigungsszene als Stifter darstellen (Abb. 3). Während die Kreuzigung sowie die beiden Altarflügel-Außenseiten Marten de Vos (1532–1603) zugeschrieben werden, wurden die beiden Stifterbilder vermutlich von Ludger tom Ring d. J. (1535–1592) gemalt. Die Art ihrer Darstellung – im Profil, in andächtiger Haltung betend – entspricht einerseits noch der mittelalterlichen Tradition. Andererseits ist die Größe der Figuren auffällig: Beide sind mindestens ebenso groß wie die Figuren der Kreuzigungsszene wiedergegeben. Sie sind nicht in das biblische Geschehen

Abb. 3: Wilhelm der Jüngere von Braunschweig –Lüneburg und seine Gemahlin Dorothea. Altarflügel, verm. Ludger tom Ring.

integriert, sondern erscheinen deutlich in ihrer eigenen herrschaftlichen Sphäre: vor einem stilisierten Renaissancegarten,[3] unter einer Architektur mit Säulen und Baldachin, im Hintergrund Wilhelms die fürstliche Residenz Celle, im Hintergrund Dorotheas das Gifhorner Schloss.[4] Weitere Herrschaftsattribute schmücken die Darstellung: Fürstenhut und weiße Handschuhe, Jagdhunde, Pfau und Truthahn als höfische Statussymbole, kostbare Vasen mit Blumen, die Mariensymbolik und den Vanitas-Gedanken assoziieren

59

lassen. Herrschaftszeichen tragen auch die Engel oben auf dem Altar rechts und links der Christusfigur: Die Schilde in ihren Händen zeigen die Wappen des Hauses Braunschweig-Lüneburg und das dänische Wappen Dorotheas.

Mit dem Einbau einer Empore an der Nord- sowie einer Doppelempore an der Westseite entsprach die Architektur der Celler Schlosskapelle einerseits den neuen Anforderungen an einen für den lutherischen Gottesdienst tauglichen Kirchenraum: Die Emporen schufen mehr Sitzplätze, um den längeren Gottesdiensten und der Predigt aufmerksam folgen zu können.[5] Andererseits waren diese Emporen hier fast ausschließlich der Familie des Landesherrn selbst vorbehalten. Während die Herzogin mit den Kindern im Herrschaftsstand auf der Doppelempore an der Westseite

ihren Sitz hatte – in früherer Zeit möglicherweise Sitz der gesamten Familie[6] – , war der Platz des Herzogs spätestens seit 1560/65 in einer eigenen Prieche an der Nordseite (Abb. 4). Beide Herrschaftsstände sind vollständig verglast, sodass sie einen eigenen, von der übrigen Hofgemeinde abgetrennten Bereich sichtbar nach außen markieren. Sie waren unabhängig vom Zugang zur Kapelle im Erdgeschoss erreichbar. Die in der Hofkapelle geltende Sitzordnung folgte den gleichen Prämissen, denen alle Bereiche unterworfen waren, in denen sich die Landesherrschaft in Bezug auf ihre Umgebung darstellte: hierarchisch nach Rang und Geschlechtern geordnet. Der Herrschaftsstand des Herzogs ist noch einmal deutlich herausgehoben. Von einem Ziborium gekrönt, ist sein Platz thronähnlich inszeniert und der gesamte

Abb. 4: Der verglaste Herrschaftsstand des Herzogs auf der Nordempore.

Stand durch geschnitzte Medaillons auf dem oberen Abschluss prächtig verziert.[7] Noch entscheidender aber ist die Position seines Sitzes: Der Herzog schaute nicht zentral auf den Altar, sondern seine Blickrichtung ist der lutherischen Liturgie entsprechend auf die Kanzel gerichtet. Und auch hier sind die Rangverhältnisse eindeutig nach außen hin sichtbar: Der Herrschaftsstand des Fürsten ist höher angeordnet als die Kanzel, so dass der Prediger zu ihm aufschauen musste. Wenngleich der Stand der Herzogin gegenüber der »Pole-Position« ihres Gemahls etwas abfiel, so ist doch auch ihr Platz mit deutlicher Nähe zur Kanzel angelegt, denn ihr Herrschaftsstand liegt nicht mittig auf der Westempore, sondern an deren Südseite, sodass sie Altar und Kanzel gleichermaßen im Blick hatte (Abb. 5). Leider ist für die Celler Schlosskapelle keine Sitzordnung überliefert, doch es ist davon auszugehen, dass die weiteren Plätze Rang und Geschlecht entsprechend vergeben waren: die Frauen im Bereich der Westempore, die männlichen Mitglieder des Hofes in nach Position gestaffeltem Abstand zum Fürsten bis hinunter zum Kirchengestühl im Kirchenschiff.

Abb. 5: Blick aus dem Herrschaftsstand der Herzogin auf der Westempore.

4. Ein neues Herrschaftsverständnis

Wenn man sich eine Vorstellung von Herzog Wilhelms Selbstbild als Fürst machen will, so lohnt ein Blick in den Herrschaftsstand, auf das Bildprogramm, das nur für ihn sichtbar, aber für alle außerhalb dieser Empore nicht zu sehen war. Dabei kann die Frage nicht beantwortet werden, inwieweit dieses Bildprogramm von ihm allein, unter Beratung von Theologen im herzoglichen Umfeld,[8] unter Einbeziehung seines immerhin bis 1569 mit ihm gemeinsam regierenden Bruders Heinrich oder auch unter Einflussnahme seiner Gemahlin Dorothea,[9] einer überzeugten Protestantin, festgelegt wurde. Bisher sind keine Primär- oder Sekundärquellen bekannt, die hierüber Auskunft geben könnten. Somit bleibt nur der Blick auf die Bilder selbst.

Unmittelbar hinter und neben seinem Sitz finden sich die biblischen Könige David (zweimal) und Salomo. Die Wahl dieser beiden »Vorbilder« lag durchaus in der mittelalterlichen Tradition: Salomo war wegen seiner Weisheit und Macht geschätzt, David für seine Ehrhaftigkeit. Die für Kaiser Otto I. im 10. Jahrhundert angefertigte Reichskrone zeigt die beiden Könige auf zwei ihrer Bildplatten als Leitsterne einer verantwortungsvollen Regierungskunst. Interessanterweise ist in der Kapelle aber ein Gemälde ausgewählt, das Salomo gerade nicht als weisen, seine Untertanen schützenden und verantwortungsvoll leitenden König darstellt, im Gegenteil: »Der Götzendienst Salomo« weist auf die Fehlbarkeiten des großen Königs hin, denen auch dieser erliegen kann. Mit dem Bild des »Hauptmann von Kapernaum« wird wiederum auf einen uneingeschränkten Glauben an die göttliche Gnade und auf Demut als Voraus-

setzung verwiesen. Es sind also nicht in erster Linie die großen Tugenden, die hier gepriesen werden, sondern vielmehr die Erkenntnis der eigenen Fehlbarkeit in Verbindung mit der Bereitschaft zur Reue und zur Unterwerfung unter die Gnade Gottes. Bei einem zwar in der Auswahl der »Idole« durchaus in der Tradition stehenden Bildprogramm klingen in deren besonderer Zusammenstellung hier doch eben eigene, »lutherische« Töne an.

Eine bislang viel zu wenig beachtete Gemäldegruppe ist diejenige, die sich im Blickfeld Herzog Wilhelms befindet, genau gegenüber seinem Herrschaftsstand, rechts neben der Kanzel: Monumentale Personifikationen von »fides« und »caritas« rahmen das in ihrer Mitte angebrachte Bild des Jüngsten Gerichts ein (Abb. 6).

Dass der rechte Glaube sich nicht in sich selbst erschöpfen darf, sondern sich in einem daraus abgeleiteten Handeln erweisen muss,

Abb. 6: »Weltgericht« und »Werke der Barmherzigkeit« neben der Kanzel.

wird mit Blick auf das Weltgericht zur Mahnung an das Gewissen des Einzelnen.[10] Als ob diese Forderung mit Beispielen veranschaulicht werden soll, finden sich darunter an der Empore die Werke der Barmherzigkeit, davon sechs frontal zum Kircheninneren ausgerichtet, das siebte, die Totenbestattung – sie wird erst nach Matthäus überliefert –, ist an der Brüstungsseite, also nicht auf den ersten Blick sichtbar, angebracht.

Wie sehr die Werke dieser Gruppe in Beziehung zueinander gesehen werden müssen, wird deutlich, wenn man auf die ihnen zugrundeliegenden Bibelstellen schaut: Die sechs Werke der Barmherzigkeit – Speisung der Hungrigen, Tränkung der Durstigen, Beherbergung der Fremden, Kleidung der Nackten, Pflege der Kranken, Besuch der Gefangenen – sind in ihrer Folge Teil der letzten großen Predigt, die Jesus auf dem Ölberg vor seinen Jüngern gehalten haben soll (Matthäus, 24,25), die sogenannte Endzeitrede. Darin ging es um eben jenes Thema, welches im Gemälde darüber zu sehen ist, das Weltgericht. Die Lehre von den guten Werken war gerade während der Reformation Gegenstand theologischen Streits, denn Luther vertrat die Ansicht, dass Barmherzigkeit nicht im Gedanken der Belohnung für gute Werke gründet (»Werkgerechtigkeit«), sondern im echten Mitgefühl für die Notleidenden. Seit dem 11. Jahrhundert gibt es bildliche Darstellungen der Werke der Barmherzigkeit, die zu einem beliebten Thema vor allem kirchlicher Kunst wurden.[11]

Wieder ist es hier in der Celler Schlosskapelle nicht das Bildthema selbst, sondern dessen besondere Einbindung in einen ganz einmaligen Kontext: Wer sich die Darstellungen genau ansieht, kann auf allen Bildern eine Figur entdecken, die durch variierende, aber doch immer fürstliche Attribute gekennzeichnet ist: einen roten Umhang, eine rote Kopfbedeckung oder Hermelinbesatz an der Kleidung. Die so herausgehobene Person trägt immer einen langen Bart, und stets ist sie es, welche die barmherzige Handlung selbst aktiv ausführt. Und hinter dem Handelnden steht Christus (vorweggenommen als auferstandener Menschensohn) und schlägt damit bildlich die Brücke zur Endzeitrede: »Was ihr getan habt einem von diesen meinen geringsten Brüdern, das habt ihr mir getan« (Matthäus 25, 40). Interessanterweise – und dies sei nur am Rande bemerkt – steht Christus nicht hinter den Notleidenden, sondern hinter der fürstlichen Figur. Ob darin nun Herzog Wilhelm selbst, ein Stellvertreter oder schlicht »der Fürstenstand« gesehen werden kann, bleibt offen. An der besonderen Kennzeichnung dieser Figur besteht jedoch kein Zweifel (Abb. 7). Mit dieser Darstellung bleibt die lutherische Forderung nach Barmherzigkeit aus Mitgefühl nicht einfach frei im Raum stehen. Sie richtet sich nicht nur an

Abb.7: »Tränkung der Durstigen«, Detail aus den »Werken der Barmherzigkeit«.

andere, sondern meint vor allen Dingen den Fürsten(stand) selbst, der mit gutem Beispiel voranzugehen habe, sie appelliert an die Verantwortung des gläubigen Fürsten. Wer hierin aus heutiger Sicht reine Propaganda sieht – Werbung in eigener Sache – , der verkennt, wie sehr ein Fürst, der die an ihn gestellte Pflicht tatsächlich annahm, daran gebunden war, sein Bild und die Wahrnehmung seiner Person (und damit seiner Familie, seiner Dynastie, seiner Untertanen) zu steuern. Er tat dies nicht um seiner selbst, sondern um der Funktion willen, die er in einem System einnahm, das auf Ehre, Rang und nun auch auf dem wahren Glauben beruhte.

5. Herzog Wilhelm der Jüngere

Dass Wilhelm der Jüngere in diesem Sinne ein frommer Mann war, wird in den wenigen biografischen Aufzeichnungen[12] über ihn immer wieder betont. Auch wenn diese Biografien zumeist eine obrigkeitsverherrlichende Tendenz haben, so wird doch deutlich, dass es hier um mehr geht als um standardisierte Floskeln des Fürstenlobs. Wilhelm schien – wie zuvor seinem Vater – ernsthaft daran gelegen zu sein, nicht nur ein guter Landesherr, sondern auch ein gestaltender oberster Kirchenherr zu sein. Als er 1559 gemeinsam mit seinem Bruder Heinrich die Regierung im Fürstentum Lüneburg übernommen hatte, war die erste Phase der Reformation bereits abgeschlossen, und der Augsburger Religionsfriede hatte zu einem gewissen Ausgleich zwischen den Altgläubigen und den protestierenden Reformern geführt. Die Auseinandersetzungen, die daraufhin stärker in den Vordergrund rückten, waren eher innerprotestantischer Art.

Nach Wilhelms Eheschließung mit Dorothea 1561 gingen beide Brüder daran, die neu gewonnene Rolle als »Summus episcopus« umzusetzen. Der Zugriff auf den Sakralbereich bedeutete nicht nur einen finanziellen Zugewinn, sondern vor allem auch eine wesentliche Stärkung der Stellung des Landesfürsten, indem die Errichtung eines landesherrlichen Kirchenregiments ein tragendes Element im sukzessiven Aufbau einer »modernen« Verwaltungsorganisation wurde. Wie sehr Kirchen- und Landespolitik dabei Hand in Hand gingen, zeigen die in den Folgejahren rasch aufeinander erlassenen Ordnungen (1562 Erlass einer Kanzleiordnung, 1563 Beginn der Ausarbeitung einer neuen Kirchenordnung, 1564 Hofgerichtsordnung, Polizeiordnung, Kirchenordnung, Einrichtung eines Landeskonsistoriums als die Behörde des Fürstentums, die sich mit kirchlichen Angelegenheiten zu befassen hatte). Und schließlich erschien 1576 – Wilhelm regierte bereits seit 1569 allein – , im Jahr der Vollendung der Kapellen-Neuausstattung, das »Corpus Doctrinae Wilhelminum«, ein Bekenntnisbuch, das die sogenannten symbolischen Bücher umfasste, also programmatische Schriften wie das Glaubensbekenntnis, den kleinen lutherischen Katechismus oder das Augsburger Bekenntnis.

Die Ausgestaltung der Schlosskapelle verlief also parallel zur Neuordnung des »Staats«- und Kirchenwesens – sie ist die bildlich-räumliche Gestaltung des durch den

Fürsten besetzten Kirchenraums, sozusagen das Raum gewordene Korrelat zu einer neuen Verwaltungs- und Landesordnung.

Als Fürst, der anordnete, wie der wahre Glaube in seinem Herrschaftsbereich gelebt werden sollte, zeigt sich Wilhelm auch in der Kapelle selbst. Ein kleines Giebelfeld, der Weltgerichts- und Barmherzigkeitsgruppe gegenüber und damit unmittelbar unter dem herzoglichen Sitzplatz positioniert, zeigt einen Fürsten, der seinen Kindern aus der Bibel vorliest. Dieses Bild ist in der Literatur häufig als eine Darstellung Wilhelms und seiner Kinder angesehen worden – was jedoch nicht stimmen kann, denn sowohl die Anzahl der Kinder wie auch die Verteilung der Geschlechter stimmen nicht mit den Fakten überein. Wie man sieht, war das aber auch nicht entscheidend. Vielmehr ging es, wie in den Gemälden der Werke der Barmherzigkeit, um den Fürsten an sich, um generelles fürstliches Selbstverständnis (Abb. 8).

Als »summus episcopus« hatte der Landesherr die formale Handhabe, auch die Schul-

Abb. 8: Gemälde im Giebelfeld an der Nordseite mit dem aus der Bibel vorlesenden Fürsten.

organisation in die Hand zu nehmen. Denn die Kirchenordnung umfasste zugleich die Ordnung des Schulwesens, und die ersten Schulordnungen waren Bestandteil der Kirchenordnung.[13] Diese Übernahme des Fürsorgeprinzips durch den Landesherrn wird heruntergebrochen bis auf die persönliche Ebene selbst, indem der Fürst auch in seinem eigenen Umfeld, seiner Familie, als vorbildlicher (d. h. sich auf die Bibel beziehender) Landesvater erscheint.

6. Eine lutherische Kapelle

Von den ursprünglich sieben Sakramenten erkannte Luther nur die beiden auch tatsächlich in der Bibel erwähnten an, die Taufe und das Abendmahl. Beide finden sich in der Schlosskapelle an zentraler Stelle, und zwar an Gemälden links und rechts vom Altar, das Abendmahl gleich noch in einer weiteren Darstellung als bemaltes Steinrelief am Aufgang zur Kanzel.

Die lutherische alleinige Anerkennung der Schrift als Gottes Wort und die sich daraus ableitende hohe Bedeutung, die dem Wort

und seiner Verkündigung zukommt, zeigt sich nicht nur in der herausgehobenen Stellung der Kanzel. Auch ist fast jedes Gemälde mit einer eigenen Schrifttafel versehen, auf welcher das dazugehörige Bibelzitat in deutscher Sprache zu lesen ist. Dazu kommen eine Vielzahl weiterer Texte, unterschiedliche Schriftfahnen und -tafeln, das Glaubensbekenntnis, namentliche Bezeichnungen der dargestellten Apostel und Propheten. Programmatisch und von stark lehrhaftem Charakter ist auch ein Gemälde, das sich an zentraler Stelle, direkt neben dem Eingang der Kapelle befindet, die »Allegorie der christlichen Kirche«. Es hebt sich durch die Starrheit seiner Figuren und eine besonders starke Einbindung von Texten vom Charakter der übrigen Gemälde ab: Eine weiß gekleidete Frau als Allegorie der christlichen Kirche sitzt in der Mitte des Bildes, in der Hand hält sie die Heilige Schrift (Abb. 9). Sie ist von Anfechtungen umgeben, der Verschwendungssucht (luxuria), dem Reichtum, dem Tod und einer Figur, deren Bedeutung sich erst bei genauerem Hinschauen erschließt: Es ist ein ebenfalls weiß gekleideter Engel mit einem freundlichen Gesicht, unter dessen Gewand jedoch ein Teufelsschwanz herausschaut. In seiner Hand hält er das »Interim«. Karl V. hatte diese Kompromissschrift 1548 auf dem sogenannten »geharnischten« Reichstag in Augsburg durchgesetzt. Mit ihr versuchte er, die Religionsfrage in seinem Sinne zu regeln – »Interim« deshalb, weil dieses Reichsgesetz für eine Übergangszeit die kirchlichen Verhältnisse regeln sollte, bis ein allgemeines Konzil endgültig über die – wie der Kaiser es erwartete – Wiedereingliederung der Protestanten in die katholische Kirche entschieden hätte.

Dieses »Interim« stieß jedoch sowohl auf protestantischer wie auf katholischer Seite auf Ablehnung. Zu tief waren mittlerweile die theologischen Gräben. Das Papier bestand aus 26 Artikeln, die vorrangig Fragen des praktischen Glaubensvollzugs sowie Zeremonien und die Praxis der Sakramente betrafen. Als Zugeständnis an die Protestanten wurden nur der Laienkelch und die Priesterehe anerkannt, insgesamt blieb jedoch die katholische Lehre in ihren Grundfesten unangetastet. Auf dem allgemeinen Landtag lehnten die Lüne-

burger Landstände – wie auch die in etlichen anderen Territorien – diese der Zeit nicht mehr angemessene Regelung ab. Nach einem Aufstand der protestantischen Fürsten musste Karl V. das »Interim« wieder zurücknehmen, und so kam es 1555 zum Augsburger Religionsfrieden und der formalen Anerkennung der Reformation, der gegenseitigen Duldung von Altgläubigen und Anhängern der »Confessio Augustana« – und damit zur Anerkennung der Kirchenspaltung.

Das »Interim« in Form einer teuflischen Truggestalt zu verkörpern entsprach einer weit verbreiteten protestantischen Polemik. Sie korrespondiert mit dem Bild im Giebelfeld darüber, auf dem die erste Versuchung Jesu durch den Teufel dargestellt ist. Dieser Teufel erscheint hier in der Figur eines Dominikanermönchs und ist eine Anspielung auf den berüchtigten Ablassprediger Johann Tetzel, der auch fünfzig Jahre nach seinem Tod noch

Abb. 9: »Allegorie der christlichen Kirche«, Gemälde neben dem Eingang an der Nordseite.

in Erinnerung war.[14] Auch der von Herzog Wilhelm zum Kirchenrat ernannte Superintendent Martin Chemnitz veröffentlichte in den 1560er Jahren, also zur Planungszeit der Kapelle, eine Schrift, in der er unter anderem den Ablass erörtert und den »sonderlichen Taugenichts« erwähnt (Bock 1997, 207 f.). Gemeinsam mit diesem Giebelbild wird hier die »Allegorie der christlichen Kirche« zum Zeichen des Sieges der Reformation über alle realen Gegner und gegenüber allen Anfechtungen, selbst über den Tod, die Endlichkeit, hinaus.[15] So schaut die Figur der Kirche unbeirrt nach vorn, gestützt auf die Heilige Schrift.

7. »So predigt Gott das Evangelium auch durch die Musik« (Martin Luther)

Noch ein letzter Aspekt sei genannt, der in der Celler Schlosskapelle einen ganz besonderen Ausdruck gefunden hat. Zu den beiden zentralen Elementen Sakrament (Altar) und Verkündigung (Kanzel) gehört im Rahmen der lutherischen Liturgie die Musik als Lobpreis Gottes (Orgel). Ihre Bedeutung offenbart sich nicht zuletzt in der Position der oberhalb der Kanzel angebrachten Orgel. Der Musik als Ausgestaltung des Wortes, besonders in der (gemeinschaftlich) gesungenen Form, kam durch die Reformation eine ganz neue Bedeutung zu. Die Orgel der Celler Schlosskapelle, von der lediglich das Gehäuse weitgehend original erhalten ist, zählt zu den bedeutendsten Fragmenten einer Renaissanceorgel in Nordwestdeutschland. Während die besonders aufwendige Bemalung auf die Ausstattungszeit der Kapelle um 1570 zurückgeht, wurde das Instrument in seinem Inneren um die Mitte des 17. Jahrhunderts umgebaut. In dieser Zeit war Wolfgang Weßnitzer, Schüler des herausragenden Hamburger Organisten Heinrich Scheidemann, in Celle als Hoforganist tätig.[16] Das eindrucksvolle Äußere lässt in seinem Bildreichtum erahnen, welche

Abb. 10: Renaissanceorgel mit geöffnetem Prospekt.

neue Bedeutung der Musik als Ausdruck des sich bekennenden Menschen beigemessen wurde: Musik als Ausdruck der Freude und als Lobpreis, als aus innerer Überzeugung getragener und in der Musik verkündeter Glaube. Spielfreude und Lust am musikalischen Gotteslob bestimmen thematisch die Gestaltung. Geöffnet zeigen die Flügel: »Die Verkündigung« und die »Anbetung der Hirten« sowie die »Anbetung der Könige« und die »Flucht nach Ägypten«. Der Engel über der Verkündigungsszene hält das Spruchband »Ehre sei Gott in der Höhe«. Dieser Aufruf wird in die Tat umgesetzt, wenn sich die Flügel der Orgel schließen: Zahlreiche Engel bevölkern den äußeren Orgelprospekt und führen, umrahmt von Fabelwesen, Tieren, Akanthusranken und Blattwerk, die Streich-, Blas- und Zupfinstrumente der damaligen Zeit vor.

Das Thema des Lobpreises durch Musik kommt jedoch nicht nur im Umfeld der Orgel zum Ausdruck, es zieht sich durch die gesamte Kapelle hindurch: Insgesamt 26 steinerne Engelshalbplastiken sind entlang den Emporen angebracht. Sie spielen 22 verschiedene Musikinstrumente der damaligen Zeit und bilden neben den musizierenden Engeln in der Begräbniskapelle des Freiberger Doms heute ein einzigartiges musikwissenschaftliches Zeugnis (Abb. 11).

Abb. 11: Trommelnder und Blasender Renaissance-Putto.

8. Der Künstler: Marten de Vos

Von den insgesamt 76 Gemälden in der Celler Schlosskapelle sind 24 Marten de Vos, einem der erfolgreichsten Antwerpener Künstler seiner Zeit, zugeschrieben. Weitere 25 sind seiner Werkstatt zugeordnet (Zweite 1980, 119 ff.). So ist es nicht nur die ungemeine Quantität an Arbeiten, sondern auch die besondere Qualität der Werke, welche die Celler Schlosskapelle zu einem wirklichen Kleinod machen.[17]

So wie weltlich-herrschaftlicher und sakraler Ausdruck hier untrennbar miteinander verbunden sind, so ist auch die äußere Pracht der Bilderfülle und der Ausstattungsreichtum nicht allein als Ausdruck herrschaftlicher Selbstdarstellung zu verstehen. Die Wahl eines künstlerisch anspruchsvollen und erfolgreichen Malers wie Marten de Vos mit seiner Werkstatt weist auch auf ein neues, »reformatorisches« Verständnis von Kunst hin. Bildende Kunst hatte durchaus auch in protestantischer Zeit große Bedeutung, und gerade die Reformation hatte zu ihr einen neuen Zugang eröffnet – die Werke Cranachs oder Dürers weisen in eben jene Richtung. Mit Blick auf die anspruchsvolle Ausgestaltung der Celler Schlosskapelle meint dies: Erst ein anspruchsvoll, ausdrucksstark und zugleich feinfühlig arbeitender Künstler wie de Vos konnte ein solch überzeugendes Bildprogramm schaffen, das dem neu begründeten Verhältnis des Menschen zu Gott, dem neuen unmittelbaren Bekenntnis, Ausdruck gab (Abb. 12).

Abb. 12: Selbstbildnis Marten de Vos (Ausschnitt aus der »Sintflut«).

Wenngleich die Gesamtgestaltung, deren Realisierung sich über zehn Jahre hinzog, Brüche und unterschiedliche künstlerische Qualitäten aufweist, so sprechen doch gerade die zentralen und programmatisch ausgereiftesten Elemente für einen bewussten Gestaltungsauftrag. Hier lässt sich wie kaum anderswo auf engstem Ort eindrücklich nachvollziehen, wie sehr die reformatorische Bewegung gesamtgesellschaftlicher Aufbruch und Neuorientierung sowohl auf theologischem wie auf politischem Gebiet war.

9. Konservatorische Problematik

Trotz ihrer Besonderheit ist die Celler Schlosskapelle in weiten Teilen nicht im öffentlichen Bewusstsein, denn der so vielfältig und kostbar ausgestattete Raum ist in hohem Maße gefährdet und deshalb nur sehr eingeschränkt zugänglich. Eine Ausstattung mit derart unterschiedlichen Materialien und mit vielen Nischen, die kaum gleichmäßig zu klimatisieren sind, ist besonders empfindlich; das hatte sich bereits im 19. Jahrhundert, lange vor Beginn einer touristischen Nutzung, gezeigt. Im 20. Jahrhundert wurde die Problematik jedoch prekär. Schon in den 1980er Jahren hatten sich erhebliche statische Probleme bemerkbar gemacht. Bedingt durch Geländeverschiebungen im Untergrund drohte sogar Einsturzgefahr. Das Niedersächsische Landesamt für Denkmalpflege führte daraufhin eine umfassende statische Ertüchtigung sowie eine Stabilisierung der Gewölbekuppel durch. Eine anschließende touristische Übernutzung – bis zu 50.000 Besucher gingen jährlich bei jedem Wetter, auch mit regennasser oder feuchter Kleidung, hindurch – in Verbindung mit einem durch die Baumaßnahmen veränderten Raumklima führte zu dramatischen Schäden an den auf Holz gemalten Kunstwerken. Darum wurde 1995 ein verglaster Bereich unterhalb der Westempore für die Besucher abgetrennt, die so ins Kircheninnere schauen, diese jedoch nicht mehr betreten und damit auch nicht mehr erleben können. Die geschädigten Holztafelgemälde wurden 1998 umfassend restauriert und konserviert und stehen seither in einem regelmäßigen Monitoring.

Der Wunsch, diesen einmaligen Kunstschatz doch vielleicht wieder zugänglich zu machen, gab den Anstoß für die Bildung einer Arbeitsgruppe aus Vertretern des Niedersächsischen Landesamtes für Denkmalpflege, dem Staatlichen Baumanagement Lüneburger Heide, der Stadt und des Ev.-luth. Kirchenkreises Celle, der Landeskirche und Fachleuten der Bereiche Bauphysik, Klimatechnik, Holzforschung, Mikrobiologie und Restaurierung. Ziel ist es, im Rahmen einer Machbarkeitsstudie eine langfristig konservatorisch zufriedenstellende Lösung zu erarbeiten. Im Rahmen eines Forschungsprojektes des Bomann-Museums Celle/Residenzmuseum im Celler Schloss mit der Hochschule Hannover, Fakultät III für Medien, Information und Design, wurde ein dreidimensionales Modell der Schlosskapelle entwickelt, an dem künftig Ergebnisse aus diesem interdisziplinären Austausch dokumentiert und zur Diskussion gestellt werden können. Vor allem aber soll es eines ermöglichen: Das Kennenlernen und die Wertschätzung dieses einzigartigen Gesamtkunstwerkes sowie die Freude an seiner Schönheit und Besonderheit.

Abbildungen

Alle Abbildungen © Residenzmuseum im Celler Schloss. Foto: Fotostudio Loeper, Celle.

Anmerkungen

1 Diesen vertritt Burghard Bock, der in der Ausstattung der Celler Schlosskapelle ein »Konkurrenzunternehmen« zu derjenigen in Wolfenbüttel sieht. Bock 1997, 192 f.

2 Die hieraus im Falle ernsthafter Krankheit entstehende mögliche Regierungsunfähigkeit stellte für dieses Herrschaftssystem ein kaum zu lösendes Problem dar, wie man gerade am Beispiel Wilhelms sehen kann. Auf seine ab 1577 einsetzende Geisteskrankheit soll jedoch in diesem Zusammenhang nicht weiter eingegangen werden.

3 Diese Darstellung gehört zu den frühesten bildlichen Rezeptionen der italienischen Renaissance-Gartenkunst. Vgl. Remington 2015, 51 f.

4 Das unter Wilhelms Vater, Herzog Ernst, und dessen Bruder Otto erbaute Gifhorner Schloss überließ Ernst 1539 seinem jüngsten Bruder Franz als Erbabfindung. Mit dessen Tod zehn Jahre später fiel die durch Franz gegründete Herrschaft an Celle zurück.

5 Emporen an sich sind durchaus auch schon vor der Reformation bekannt gewesen, besonders in größeren Stadtkirchen, wo mehr Menschen untergebracht und vor allem einem differenzierten sozialen Gefüge entsprechend platziert sein sollten.

6 Die genaue Datierung der Westempore ist umstritten: Einige Autoren sehen sie (oder einen Vorläufer) bereits in vorreformatorischer Zeit angelegt, mit Abschluss der spätgotischen Bauphase 1485. Andere datieren ihren Einbau zu Beginn der Kapellenneugestaltung um 1560/65.

7 Heiko Lass sieht darin eine Fortsetzung der steinernen Medaillons am einstigen Torhaus und an der später abgebrochenen Galerie, somit also eine Einbindung in ein Gesamtprogramm von Herrschaftsarchitektur im Residenzschloss (Laß 2012, 30). Zur verbindenden Klammer zwischen dem außen- und dem innenräumlichen Bildkonzept in Schloss und Kapelle Torgau siehe Müller 2015, 159 f.

8 In Frage kommen z. B. Martin Ondermark,

Prediger an der Stadtkirche St. Marien, der Superintendent Martin Chemnitz oder der Hofprediger Wilhelm von Kleve aus Utrecht.

9 Dorothea war fest im lutherischen Glauben verwurzelt und konsequent protestantisch erzogen worden. Ihr Vater Christian III. ließ in der Residenz Koldinghus die erste lutherische Kapelle Skandinaviens einrichten.

10 Der über der »fides« angebrachte Spruch »DER GERECHTE WIRD SEINES GLAUBENS LEBEN« wird in Röm. 1,17 zitiert, einem Text, der laut Luthers Selbstzeugnis von 1545 zu den wesentlichen Auslösern seiner reformatorischen Gedanken wurde. Vgl. Bock 2003, 234, Anm. 263.

11 So z. B. Frans II Francken (Deutsches Historisches Museum Berlin), oder eine Darstellung aus dem Umkreis Pieter Brueghels, Cornelis de Wael (Musei di Strada Nuova, Genua).

12 Heimbürger 1857, Hoogeweg 1903.

13 Wie sehr beides miteinander verwoben war, liest man in der Kirchenordnung von 1564 im Artikel zu Visitationen, wo in Fragen der Besoldung, Versorgung und vor allem der Aufgabenbeschreibung kein Unterschied zwischen Pastoren und Schulmeistern gemacht wird: »Von underhaltung der pastorn und kirchendiener, auch schulmeister und schulgesellen, küster, auch der pfarrherrn und küster heuser«. Vgl. Sehling 1955, 538 ff.

14 So sprach sich Luther in seiner Schrift von »Wider Hans Worst«, einer 1541 veröffentlichten scharfen Kritik an dem katholischen Wolfenbütteler Herzog Heinrich, noch einmal heftig gegen den Sündenablass aus und prangerte Tetzels Auftreten und seine Ablasspredigten an.

15 B. Bock hingegen sieht in dieser Darstellung ein Zeugnis der Bedrohung, der die noch junge Landeskirche ausgesetzt war.

16 Einen gravierenden Umbau erfuhr die Orgel 1865 durch Heinrich Vieth aus Celle, der die Orgel dem Zeitgeschmack des 19. Jahrhunderts anpasste. Noch einschneidender aber war der Versuch einer Re-Barockisierung des

Klangbildes der Orgel 1957 – offenbar ohne Kenntnis der ursprünglichen Klangideen.

17 Schellenberg 2012, 86 und 96 ff.

Literatur

Bock, Burghard: »In diesen letzten böse Zeiten«. Lutherische Ausstattung des 16. Jahrhunderts in der Celler Schlosskapelle. In: Jahrbuch der Gesellschaft für niedersächsische Kirchengeschichte 95, 1997, 155–268.

Bock, Burghard: Bilder mit Bedeutung. Lutherische Theologie um 1570 in der Ausstattung der Celler Schlosskapelle. Celle 2003.

Heimbürger, Heinrich Christian: Wilhelm der Jüngere, Herzog von Braunschweig-Lüneburg und Stammvater des Hauses Hannover. Ein Lebens- und Zeitbild nach ungedruckten und gedruckten Quellen dargestellt. Celle 1857.

Hofrichter, Hartmut (Hrsg.): Burg- und Schlosskapellen. Veröffentlichungen der deutschen Burgenvereinigung e.V., Reihe B: Schriften 3. Stuttgart 1995.

Hoogeweg, Heinrich: Fürst und Hof zu Celle während der Krankheit Wilhelm's des Jüngeren (1573–1592). In: Zeitschrift des Historischen Vereins für Niedersachsen 67, 1902, 348–442.

Laß, Heiko: Die Celler Schlosskapelle als Monument landesherrlicher Selbstdarstellung. In: Juliane Schmieglitz-Otten (Bearb.): Die Celler Schlosskapelle. Kunstwelten, Politikwelten, Glaubenswelten. Celle 2012, 15–43.

Müller, Matthias: Die Konfessionalisierung höfischer Innenräume. In: Syndram, Dirk/Wirth, Yvonne/Zerbe, Doreen (Hrsg.): Luther und die Fürsten. Selbstdarstellung und Selbstverständnis im Zeitalter der Reformation. Aufsatzband. Dresden 2015, 139–157.

Remington, Vanessa: Painting Paradise. The Art of the Garden. London 2015.

Schellenberg, Kathrin: Kleinod in Celle. Kunsthistorische Einblicke in die Schlosskapelle. In: Juliane Schmieglitz-Otten (Bearb.): Die Celler Schlosskapelle. Kunstwelten, Politikwelten, Glaubenswelten. Celle 2012, 83–121.

Schmieglitz-Otten, Juliane (Bearb.): Die Celler Schlosskapelle. Kunstwelten, Politikwelten, Glaubenswelten. Celle 2012.

Sehling, Emil: Die evangelischen Kirchenordnungen des XVI. Jahrhunderts. Bd. 6, 1. Teil Die Welfischen Lande. 1. Halbband: Die Fürstentümer Wolfenbüttel und Lüneburg mit den Städten Braunschweig und Lüneburg. Tübingen 1955.

Zweite, Armin: Studien zu Marten de Vos. Ein Beitrag zur Geschichte der Antwerpener Malerei in der zweiten Hälfte des 16. Jahrhunderts. Berlin 1980.

Herzensmacht und Gottesgabe – Christuszeugnis und Geistesklang: Musik und Gesang aus der Perspektive lutherischer Reformation

Jochen Arnold

Für Luther gehört die Musik zu den segensreichen Gaben der Schöpfung, ist aber nicht nur Gabe Gottes, sondern auch Aufgabe für den Menschen. Sie kann und darf ihn begeistern, setzt aber als Kunst eine sorgfältige Ausbildung voraus und schafft Beziehung. Die reformatorischen Äußerungen zur Musik schreiben darüber hinaus dem Evangelium selbst eine musikalische Qualität und innere Verwandtschaft zur Musik zu. Für die evangelische Kirche bezeugt Musik Christus – ja, Christus bezeugt sich selbst durch sie. Aber Christusklänge bleiben nicht in Kirchenmauern stecken; sie dringen hinaus in die Welt, laden ein zum Glauben und begleiten in allen Situationen des Lebens. Ja mehr noch: Sie geben Anlass zu Hoffnung, dass auch in der Ewigkeit noch gesungen und musiziert werden wird.

1. Herzensmacht

Was sind die prägendsten Ereignisse und Erzeugnisse der Reformation? Viele denken wahrscheinlich zuerst an den berühmten Thesenanschlag von 1517 oder an den Reichstag zu Worms 1521. Anderen kommt zuerst Luthers Bibelübersetzung in den Sinn, ein Unternehmen, das sich bekanntlich über mehr als zehn Jahre hinzog. Wieder andere mögen die Veröffentlichung der reformatorischen Hauptschriften (1520/21) als besonders prägend empfinden.

Mindestens genauso bedeutsam dürfte jedoch, flankiert von der enormen Wirkung des Buchdrucks, die musikalische Bewegung der Reformation gewesen sein. Luther brachte die frohe Botschaft nicht nur predigend und schreibend, sondern auch singend unters Volk. Und dies natürlich nicht nur als Einzelner, sondern gemeinsam mit vielen Anderen. Schon früh suchte er auch unter seinen Freunden Mitstreiter dafür, oder besser: Mitdichter. An Spalatin warb er 1523 darum und legte wohl ein Beispiel seines neuen Liedes »Aus tiefer Not schrei ich zu dir« (Nachdichtung von Psalm 130, vgl. Evangelisches Gesangbuch 299) bei: »Ich habe im Sinn nach dem Vorbild der Propheten und der alten Kirchenväter volkssprachliche Psalmen für die Gemeinde zu machen, geistliche Lieder, damit das Wort Gottes auch durch den Gesang unter den Leuten bleibe. [...] Ich möchte aber, dass die höfischen Modewörter vermieden und stattdessen, entsprechend dem Fassungsvermögen des Volkes, ganz einfache und volkstümliche, aber dennoch treffende und geeignete Worte gewählt werden, und dann der Sinn klar und möglichst nahe dem Psalmtexte wiedergegeben werde. Man muss daher frei verfahren, und wenn man einmal den Sinn erfasst hat, die Wörter dahinten lassen und mit anderen passenden Wörtern übersetzen.« (WA Br 3, 220 modernisiert von Markus Jenny).

Warum vertraute sich Luther der Musik und ihrer Wirkung an? 1538 nennt er die Musica eine »Herrin und Regiererin des menschlichen Hertzen« und beschreibt das Potenzial der Musik so: »Nun sollte ich auch von dieser edlen Kunst Nutz sagen, welcher so groß ist, dass ihn keiner, er sei [noch] so beredt, als er wolle, genugsam erzählen mag, [...] dass nach dem heiligen Wort Gottes nichts so billig und so hoch zu rühmen und zu loben sei, als eben die Musica, nämlich aus der Ursache, dass sie aller Bewegung des menschlichen Herzen [...] eine Regiererin und so mächtig und gewaltig ist, dass durch oft Menschen [...] regiert und überwunden werden. Denn nichts ist auf Erden kräftiger, die Traurigen fröhlich, die Fröhlichen traurig, die Verzagten beherzt zu stimmen, [...] denn die Musica« (WA 50, 371).

Mit diesen Äußerungen, in denen er die Musik gleich nach der Heiligen Schrift bzw. auf Augenhöhe mit der Theologie (vgl. WA 30 / 2, 696) einordnet, nimmt Luther nicht nur Einsichten der modernen Musiktherapie und Neurologie vorweg, sondern trifft damit auch

etwas, was fast alle Menschen heute benennen, wenn sie darauf angesprochen werden, warum sie Musik hören: Musik berührt und begeistert. Sie verwandelt Menschen durch ihre emotionale Wirkung.

Wie geschieht es, dass Musik Gefühle auslöst? Der Neuropsychologe Kurt Goldstein spricht von sog. »Thrills« und meint damit ein »feines, nervöses Zittern, welches durch intensive Gefühle oder Erregung (Freude, Angst etc.) verursacht wird und ein leichtes Schauern oder Kribbeln durch den ganzen Körper schickt« (Bossinger 2006, 171). Die neuere empirische Forschung testet in diesem Zusammenhang den »Gänsehaut-Effekt«: Über die Messung des Hautwiderstands bzw. Puls und Herzfrequenz können bestimmte musikalische Ereignisse in ihrer emotionalen Wirkung überprüft werden. Interessanterweise entsteht die Gänsehaut immer wieder an denselben Stellen einer Musik, egal ob sie von Bach, Mozart, Elton John oder AC/DC ist. Wichtig ist: Menschen müssen in ihren Hörgewohnheiten entsprechend sozialisiert sein.

Doch welche Gefühle sind es, die durch die Musik ausgelöst werden oder die Musik ausdrücken kann? Martin Bucer schreibt, dass »Musik und Gesang von Gott geordnet und nicht allein ganz lustig und anmutig, sondern auch wunderkräftig und gewaltig« sind. »Des Menschen Art und Natur« sei nämlich »so gestaltet, dass ihn zu allerlei Anmütigkeit, es seien Freude, Leid, Liebe, Zorn, geistliche Andacht usw., nichts so gewaltig bewegt als artiger Musicgesang und Saitenspiel aus wahrer Kunst auf solche Anmütigkeiten und Affektion gerichtet.« (Martin Bucer, Vorrede zum Straßburger Gesangbuch von 1541, zit. n. Möller 2000, 90).

Auch bei Luther finden sich solche Äußerungen. In seiner zweiten Psaltervorrede (1528) schreibt er: »Denn ein menschlich Herz ist wie ein Schiff auf einem wilden Meer, welches die Sturmwinde von den vier Orten der Welt treiben. Hier stößt Furcht und Sorge vor zukünftigem Unfall; dort fähret Grämen her und Traurigkeit von gegenwärtigem Übel. Hier weht Hoffnung und Vermessenheit von zukünftigem Glück; dort bläset her Sicherheit und Freude in gegenwärtigen Gütern. Denn wer in Furcht und Not steckt, redet ganz anders von Unfall, als der in Freuden schwebt. Und wer in Freuden schwebt, redet und singet ganz anders, als der in Furcht steckt.... [Hvh. JA]« (WA DB 100/102).

Vier Gefühlsräume liegen einander gegenüber wie Licht und Schatten: Freude und Trauer, bezogen auf die Gegenwart, sowie Hoffnung und Angst im Blick auf die Zukunft. Dies könnte bis heute eine Spur sein, die psychologische Wirkung der Musik näher zu bestimmen. Man denke nur an Musik zum Begräbnis oder Glückwunschmusiken bei einem Fest, aber auch an einschlägige Filmmusiken, in denen oft Trauer und Freude, Schrecken und Zuversicht (vgl. etwa »Psycho«, »König der Löwen«, »Titanic« o.ä.) kontrastiert werden und klangvoll Bilder unterstreichen.

Wie geschieht das? Freude wird durch ein rasches Tempo (Allegro meint freudig), zuweilen eine tänzerische Taktart (3 /4- oder 6 / 8-Takt), Melodiebewegungen mit größeren Sprüngen (z.B. Quart, Quint, Oktav) und meist auch eine helle Tonalität (z.B. D-Dur; E-Dur) ausgedrückt. Charakteristisch ist auch eine strahlende bzw. »königliche« Besetzung

(z.B. Trompeten, Pauken usw.). Trauer wird dagegen oft durch ein langsam-schreitendes Tempo (vgl. Trauermarsch), tiefe Lagen, eine lineare, zuweilen auch chromatische Melodiebewegung und eine dunkle Tonalität (z.B. c-Moll; f-Moll usw.) vermittelt. Oft korrespondiert auch dies mit einer einschlägigen Instrumentierung (z.B. klagende Oboen, tiefe Streicher usw.). Schrecken wird vielfach durch den pointierten Einsatz der Perkussionsinstrumente oder Tremoli der Streicher (hohe Lage) hervorgerufen, ein weites und noch längst nicht ausgelotetes Feld der Forschung.

Doch was hat Musik mit Religion zu tun? Gibt es eine Verbindung und falls ja, wie lässt sie sich beschreiben? Dieser Frage soll im Folgenden aus reformatorischer Perspektive nachgegangen werden, wohl wissend, dass etwa der Züricher Reformator H. Zwingli nicht nur die Orgel des Grossmünsters 1528 entfernen ließ, sondern auch bis 1598 den gottesdienstlichen Gesang untersagte, obwohl er selbst acht Instrumente gespielt haben soll und auch zuhause mit seinen Kindern musizierte. Leider begründete Zwingli dies nirgendwo ausführlich. Als Erklärung werden vielfach die Abhängigkeit von Erasmus, eine einseitige Augustin-Rezeption oder auch eine Rücksichtnahme gegenüber der Schweizer Täuferbewegung angegeben. Eine Aussage Zwinglis (Züricher Disputatio von 1523) lautet, es sei »wider aller menschen vernunft, dass man in grossem getös und getön sinnig oder andächtig sye«, womit deutlich wird, dass sein Andachtsbegriff signifikant mit Stille bei Gebet und Wort verbunden war.

2. Gottesgabe und Menschenkunst

2.1 Klingende Schöpfung – beziehungsreiches Geschenk

Für Luther dagegen gehörte die Musik zu den segensreichsten Gaben der Schöpfung. In seiner Vorrede zu den Symphoniae Iucundae von Georg Rhau (1538) bezeichnete er sie als »Heil bringende und fröhliche Kreatur« und beschreibt die Welt als klingende Schöpfung: »ICH wollte von Herzen gern diese schöne und köstliche Gabe Gottes, die freie Kunst der Musica, hoch loben und preisen. [...] Erstens [...] weil diese Kunst von Anfang der Welt allen Kreaturen von Gott gegeben und von Anfang mit allen geschaffen ist, denn da ist mitnichten nichts in der Welt, das nicht ein Schall und Laut von sich gebe« (WA 50, 371). Die Welt ist erfüllt von Musik, nichts in ihr ist ohne Klang und Kunde (vgl. Psalm 19,2-4). Wer aufmerksam in sie »hineinhorcht«, wird in einen Klangraum gezogen, den der Schöpfer selbst für uns eröffnet. Die »musica mundana« (Weltenmusik) ist überall. Für die Musiktheoretiker des Mittelalters und die Theologen der Reformation, ja bis ins 18. Jahrhundert hinein, war es unstrittig, dass der Musik unmittelbare Spuren der Transzendenz innewohnen und sie somit ein klingender Spiegel der Schöpfungsordnung und des ewigen Gottes sei.

Luther hat sich die Musica sogar als Person vorgestellt, die einem Engel gleich Menschen an die Hand nimmt und in die Natur führt, um dort die Schönheit der Schöpfung und den lieblichen Gesang der Vögel zu entdecken. Ein Beispiel dafür ist seine »Vorrede für alle guten Gesangbücher« von 1538. In ihm lässt er Frau Musica selbst singen (Möller 2000, 84 f.; vgl. auch EG 319):

»Vor allen Freuden auf Erden
Kann niemand kein feiner werden.
Denn die ich geb mit meinem Singen
Und mit manchem süßen Klingen.
Hie kann nicht sein ein böser Mut
Wo da singen Gesellen gut.
Hie bleibt kein Zorn, Zank, Hass noch Neid
Weichen muss alles Herzeleid.[...]
Die beste Zeit im Jahr ist mein
Da singen alle Vögelein
Himmel und Erden ist der voll
Viel gut Gesang der lautet wohl.
Voran die liebe Nachtigal
Macht alles fröhlich überall.
Mit ihrem lieblichen Gesang
Des muss sie haben immer Dank.
Vielmehr der liebe Herre Gott
Der sie also geschaffen hat
Zu sein die rechte Sängerin.
Der Musica ein Meisterin.«

Mit diesen Ausführungen hebt Luther ganz auf den Beziehungsreichtum der Musik ab, den es immer wieder neu wahrzunehmen und zu entdecken gilt: Die Musik eröffnet einen neuen Zugang zur Welt als klingende Welt: Die singenden Vögel sind ein Geschenk schon am frühen Morgen, bevor wir aufstehen. Wir erleben uns selbst singend selbst als klingende Wesen (»persona« kommt von lat. »personare« = durchklingen). Beim Musizieren entsteht eine Brücke, eine Verbindung ganz besonderer Art zu anderen Menschen. Man schwingt sich ein auf eine Tonhöhe, folgt demselben Takt usw. Wir werden neu zum Hören befähigt. Menschen, die musikalisch gefördert werden, gehen achtsam miteinander um, ihr Sozialverhalten verändert sich. Zuletzt vermitteln Klang und Rhythmus eine Idee vom Erfindungsreichtum des Schöpfers selbst. Luther nimmt dabei keine stilistischen Eingrenzungen der Musik vor. Als liebliche Musica ist alles denkbar: vom Gesang der Nachtigall über ein schlichtes Kinderlied oder Volkslied bis hin zur kunstvollen Instrumental- und Vokalmusik.

2.2 Performative Kunst – kultureller Auftrag

Doch ist die Musik nicht nur Gabe Gottes, sondern auch Aufgabe des Menschen. Der Mensch singt und musiziert aktiv für sich und für andere. Musik ist wie Tanz und Theater eine performative Kunst, eine Kunst, die zur Aufführung gelangen will, also nicht nur ein Notenpapier schmückt. Sie ist deshalb stets zu entwickeln und zu pflegen.

Luther und sein Torgauer Kantor Johann Walter haben im Gegensatz zu den Schweizer Reformatoren auch die Instrumentalmusik geschätzt und sich dabei immer wieder auf die Bibel bezogen. Schon auf ihren ersten Seiten ist von einem umherziehenden Barden namens Jubal (1. Mose 4, 21) die Rede: »Von Jubal sind hergekommen alle Leier- und Flötenspieler« (vgl. dazu Seidel 2009, 936). Johann Walter (GA VI, 1970, 154) widmete ihm ein Gedicht:

»So hat Gott bald, bei Adams Zeit
die Musica, zur Lust und Freud
dem Jubal künstlich offenbart,
der hat der Geiger, Pfeifer Art
erfunden und sein Söhn' gelehrt,

dadurch die Kunst sich weit gemehrt.«

Mit diesem Gedicht, das den ersten Musiker in der Bibel besingt, sind vier zentrale Aspekte benannt, die das Musikverständnis der lutherischen Reformation beschreiben:

a) Musik ist eine kunstvolle Erfindung Gottes, sie offenbart den Ideenreichtum des Schöpfers.

b) Musik dient dem Menschen zur Lust und zur Freude, sie kann und darf begeistern.

c) Musik bedarf als Kunst der sorgfältigen Ausbildung.

d) Musik wird von Generation zu Generation weitergegeben, sie eröffnet Beziehung.

Der letzte Aspekt beschreibt musikalische Ausbildung und Praxis als ein personales Beziehungsgeschehen. Walter macht deutlich, dass musikalische Bildung – und dies ist heute unter Pädagogen und Neurologen unumstritten – dann gelingt, wenn eine gute persönliche Beziehung vorhanden und eine »fröhliche« (angstfreie) Atmosphäre gegeben ist.

Göttliche Gabe und menschliche Kunst korrespondieren also trefflich miteinander. Luther schreibt dazu präzise: »Wo aber die natürliche Musica durch die Kunst geschärft und poliert wird, da sieht und erkennt man [...] mit großer Verwunderung die große und vollkommene Weisheit Gottes in seinem wunderbaren Werk der Musica [...]« (WA 50, 372). Diese Spur finden wir bis ins 18. Jahrhundert, etwa bei dem Musiktheoretiker Andreas Werckmeister, den auch J.S. Bach sehr schätzte. Er schrieb: »Weil nun die Music ein ordentliches und deutliches Wesen und solcher Gestalt nichts anders als ein Formular der Ordnung der Weisheit Gottes ist, so muß ja ein Mensch, wenn er nicht einer grimmigen Bestie gleich ist, billig zur Freude bewogen werden, wann ihm die Ordnung und Weisheit seines gütigen Schöpfers durch solche Numeros sonoros ins Gehör und folgends ins Herz und ins Gemüte geführt wird« (Werckmeister 1707, 24).

Auch in anderen Äußerungen Luthers entdecken wir eine ausgesprochene Kenntnis und Begeisterung für kunstvolle (Kirchen-)Musik, was etwa in der Hochschätzung Luthers für Josquin Desprez zu sehen ist. Dies kann als eine Ermutigung zu anspruchsvoller, innovativer Kirchenmusik aufgenommen werden, die Kompositionsregeln souverän beherrscht, ohne dass damit eine starre Festlegung auf eine bestimmte Technik oder Stilistik verbunden wäre.

Die schöpfungstheologische Verortung der Musik als Kunstform ordnet den kulturellen Auftrag der Kirchenmusik im weitesten Kontext ein, den man sich denken kann. Eine Gesellschaft ohne Musikerinnen und Musiker ist ein Unding! Schule, Universität und Kirche folgen dem Schöpfungsauftrag, wenn sie dafür sorgen, dass Musiker und Musikerinnen anständig ausgebildet werden und einen Dienst in Kirche und Gesellschaft leisten, indem sie (junge) Menschen an die Kunst der Musik heranführen und sie zum Singen und Musizieren animieren.

2.3 Singen und Sagen – Bilden und Erinnern

Ein zentraler Aspekt menschlichen Musizierens besteht freilich darin, dass wir nicht nur mit Instrumenten, sondern mit unserem Körper und der menschlichen Stimme spezifische (wieder erkennbare) Klänge, ja konkrete Töne und Melodien erzeugen. Auffällig ist dabei, dass wir nicht nur wie ein Vogel zwitschern können, sondern schon beim Singen eines einfachen Liedes ein bestimmter Text zur Aufführung kommt. Stimmklang, Tonhöhe bzw. Melodie, Harmonie und Rhythmus der Musik gehen dabei mit der Sprache eine intime Verbindung ein. Martin Luther beschrieb diese Tendenz der Musik zur Sprache so: »In den unvernünftigen Tieren aber, Saitenspielen und andern Instrumenten, da hört man allein den Laut und Klang, ohne Rede und Wort. Dem Menschen aber ist allein vor den andern Kreaturen die Stimme (vox) mit der Rede (sermo) gegeben« (WA 50, 372).

Der ästhetische »Idealfall von Musik« ist demnach das Zusammenklingen von Wort und Ton in der Vokalmusik. Die Schönheit des Klangs und die Klarheit des Wortes verbinden sich. Johannes Block (2002, 24) schreibt: »Theologie wird unter Gesang getrieben und kommt unter Gesang zum Verstehen.« Deshalb lag das Singen den Reformatoren sehr am Herzen. Philipp Melanchthon schreibt in seiner Vorrede zu Georg Rhaus Officia de nativitate (1544; nach Möller 2000, 123): »Deshalb lasst uns dem Beispiel derer folgen, die die Musik nicht verachten, ja, mehr noch, lasst uns den Eifer zum Singen anfeuern und die Jugend und das Volk durch beispielhafte und liebliche Lieder einladen, damit sie durch musikalische Beschäftigung zum Nachdenken über Gott entflammt werden!«

Angesichts einer vielfach diagnostizierten »Krise des Singens« gilt es daher, die Bemühungen um eine Kultur des Singens zu stärken und intensivieren. Dass allein im Bereich der EKD im Jahr 2012 ca. 400.000 Menschen in Chören sangen, ist ermutigend. Die Zahl der Kinderchöre wächst, Aktionen wie »Klasse wir singen« gibt es an vielen Orten.

Beim gemeinsamen Singen erfahren Kinder oft einen regelrechten »Sozialisationsschub«. Darüber hinaus stärkt das Singen die Entwicklung der Sprechstimme und fördert das Sprachvermögen. Durch Musik und Gesang können auch religiöse Erfahrungen ausgedrückt und vergegenwärtigt werden.

2.4. Soli Deo Gloria

Für alle Reformatoren besitzt der Gesang allerdings noch eine weitere, gleichsam »letzte« Qualität. An ihr eigentliches Ziel kommt sie erst im Lobpreis Gottes. Luther meint: Die mit der Stimme vereinigte Rede sei dem Menschen dazu gegeben, »dass er sollt können und wissen, Gott mit Gesängen und Worten [verbo et Musica] zugleich zu loben, nämlich mit dem hellen klingenden Predigen und Rühmen von Gottes Güte und Gnade, in denen schöne Worte und lieblicher Klang zugleich gehört werden« (WA 50, 373). Und Calvin schreibt in seiner Einführung des Psalmengesangs (1542): »Wahrhaftig, wir wissen aus Erfahrung, dass das Singen große Kraft und Wirkung hat, die Herzen der Menschen zu bewegen und zu entflammen, so dass sie Gott mit heiligerem und glühenderem Eifer anrufen und loben« (Möller 2000, 95, Übersetzung von Markus Jenny).

Der Schönheit des Gesangs entspricht das theologische Ideal des gesungenen Lobs durch den Menschen, wie sie etwa in der Überschrift der biblischen Psalmen zum Ausdruck kommt: »Tehillim« (Lobpreisungen). Damit gelangt die Musik an ihr eigentliches Ziel, das Soli Deo Gloria: Der Mensch gibt Gott, vereint mit der ganzen Schöpfung

das zurück, was er von ihm empfangen hat. Luther dichtet dazu in seinem Lied der Frau Musica (EG 319, 4; vgl. Möller 2000, 85):

»Dem singt und springt sie [die Nachtigall]
Tag und Nacht
Seins Lobes sie nicht müde macht.
Den ehrt und lobt auch mein Gesang
und sagt ihm ein ewigen Dank.«

Was folgt daraus? Walter Blankenburg (1974, 39) forderte deshalb eine Neuorientierung der Kirche und der Theologie: »Daß die Kirche der Gegenwart eine Theologie benötigt, in der die Theologen die Musik entdecken, weil sie in ihr auf die Herrlichkeit Gottes stoßen, das ist geradezu eine Lebensfrage; denn eine Kirche ohne doxologische Theologie ist eine kranke Kirche.«

Fassen wir bis hierher zusammen: Der Musikbegriff der lutherischen Reformatoren ist theologisch denkbar weit gefasst (vgl. Krummacher 1994, 20) und für ein (noch ausstehendes) Konzept »weisheitlicher Musiktheorie« im Kontext der Weltreligionen ebenso geeignet wie für ein musikalisches Programm spiritueller Lebenskunst (vgl. Arnold 2008).

79

3. Klingendes Christuszeugnis

Die reformatorischen Äußerungen zur Musik lassen sich nicht auf eine allgemeine Beschreibung des Singens und Musizierens im Alltag beschränken. Sie behaupten noch mehr. Sie schreiben dem Evangelium eine musikalische Qualität, ja eine innere Verwandtschaft mit der Musik zu, die an vielen einschlägigen Äußerungen Luthers deutlich wird.

In seiner berühmten »Vorrede zum Septembertestament« (1522) schreibt er: »Evangelion ist ein griechisch Wort, und heißt auf deutsch gute Botschaft, gute Mär, gute Neuzeitung, gut Geschrei, davon man singet, saget und fröhlich ist« (WA DB 6, 2). Charakteristisch ist die Verknüpfung von Form und Inhalt im Blick auf die Bestimmung des Evangeliums: Der frohen Botschaft entspricht eine fröhliche Form der Mitteilung: Gehalt und Gestalt lassen sich nicht voneinander ablösen. Im Hintergrund steht dabei ein qualifiziertes Verständnis von Singen und Sagen (Spielmannsformel), das für die Menschen des 16. Jahrhunderts leicht nachvollziehbar war. Der Spielmann erzählte Neuigkeiten in verständlicher Sprache und rührte auch kräftig an den Emotionen. Singen und Sagen ist kein bloßes Lesen eines papiernen Schriftwortes oder einer bloßen Partitur, sondern beschreibt eine lebendige performance, die auf die Freude derer zielt, die davon hören. Luther schreibt in seiner Vorrede zum Babstschen Gesangbuch (1545): »Singet dem Herrn ein neues Lied. Singet dem HERRN alle Welt. Denn Gott hat unser Herz und Mut fröhlich gemacht durch seinen lieben Sohn, welchen er für uns gegeben hat zur Erlösung von Sünden, Tod und Teufel. Wer solches mit ernst glaubt, der kann's nicht lassen, er muss fröhlich und mit Lust davon singen und sagen, dass es andere auch hören und herzukommen« (WA 35, 477).

Der österliche Bezug ist unverkennbar. Es geht Luther um ein Singen, das einerseits in den Psalmen (vgl. Psalm 98) wurzelt und andererseits klar mit dem Christusereignis verknüpft ist. Der einladende, ja missionarische Charakter ist dabei nicht zu überhören. Hier sind wir am Herzschlag eines evangelischen Verständnisses der Musik angelangt: Das neue Lied gibt Zeugnis von den letzten Dingen zwischen Himmel und Erde, Gott und Mensch. Durch Kreuz und Auferstehung sind uns der Himmel auf- und die Hölle zugeschlossen! Der »Sound des befreienden Evangeliums« dringt hinaus in die Welt, damit es auch andere hören und dazu kommen. Im Blick auf die freudige Emotion hebt Luther hier auf das mitteilende Subjekt ab. »Mit Lust«, also nicht als Pflichtübung nach Schema F, soll und kann es weitergesagt und gesungen werden, das Evangelium!

Für den christlichen Gottesdienst wesentlich ist, dass das Singen hier essentiell zur Verkündigung selbst gerechnet, also nicht nur als atmosphärische Begleitung betrachtet wird, wie Luther auch in einer Tischrede sagt: „So predigt Gott das Evangelium auch durch die Musik« (»Sicut praedicavit Deus evangelium etiam per Musicam" WA TR 2, 11, Nr. 1258).

Diese Position ist ein »lutherisches« Novum, da in anderen Kirchen über Jahrhunderte die Kirchenmusik (nur) als Trägerin von Gebet und Gottesverehrung verstanden wurde (vgl. das Augustin zugeschriebene Diktum: »Doppelt betet, wer singt!«). Ihre neutestamentliche Grundlage hat diese Position in einem pointierten Verständnis von Kolosser 3,16, einem Vers, den Luther 1534 folgendermaßen übersetzt hat:

»*Lasset das wort Christi vnter euch reichlich wonen*
Inn aller weisheit / leret vnd vermanet euch selbs
mit Psalmen und lobsengen und geistlichen lieblichen (das ist trostlichen / holdseligen / gnadenreichen) liedern
und singet dem Herrn inn ewrem Herzen.«

Die Interpunktion zwischen den beiden (partizipialen) Nebensätzen im griechischen Urtext ist grammatikalisch offen. Luther lehnt sich hier an die Parallele in Eph. 5, 19 an und versteht das Singen als ein äußerliches und inwendiges Geschehen, das sowohl eine öffentliche Verkündigungsdimension als auch spirituellen Charakter hat. Ähnlich übersetzt die Einheitsübersetzung: Das Wort Christi wohne reichlich unter euch. In aller Weisheit lehrt und lenkt einander mit Psalmen, Hymnen und geistgewirkten Liedern. Singt in euren Herzen anmutig vor Gott.

Auch wenn das Singen nicht auf den gottesdienstlichen Ort begrenzt gewesen ist, kommt es den Reformatoren auf die kerygmatische Funktion der musikalischen Formen an. Gottes Wort und die christliche Botschaft sind auf vielfache Weise musikalisch mit- und auszuteilen. In Psalmen, Hymnen (Lobgesängen) und vom Geist inspirierten Liedern bekommt das Evangelium eine facettenreiche Klanggestalt. Geistliche Lieder sind also nicht nur Träger der Klage und des Lobs der Christenheit – das sind und bleiben sie selbstverständlich auch! –, sondern verkündigen

Christus, ja mehr noch: Christus selbst ist es, der sich durch sie der Gemeinde mitteilt. Kirchenmusik ist daher für eine evangelische Kirche kein verzichtbares »Zwischending«: Sie bezeugt Christus, ja Christus bezeugt sich selbst durch sie.

Deshalb zählt Luther das geistliche Singen in seiner Schrift Von den Konziliis und Kirchen (1539) auch zu den sieben Heiltümern, an denen Kirche erkennbar ist: »Denn wo du siehst und hörst, dass man das Vaterunser betet und beten lernt, auch die Psalmen oder geistliche Lieder singt nach dem Wort Gottes und rechtem Glauben, [...] da wisse gewiss, dass da ein heilig christlich Volk Gottes sei« (WA 50, 641).

Trefflich lässt sich Luthers Theologie des gesungenen Evangeliums in seinem frühen »Nun freut euch, lieben Christen g'mein« (EG 341) studieren, in dessen Mitte die Rechtfertigungsbotschaft steht, ja das selbst in einer besonders gelungenen Form gesungene Kommunikation des Evangeliums ist. Auf den ersten Blick sieht dieses Lied aus wie ein subjektives »poetisches Glaubenszeugnis Luthers«, entpuppt sich aber bei näherem Hinsehen als exemplarisches Lied eines Menschen, der mit Gott selbst in Berührung kommt: »Wie im Credo spricht hier das Ich eines jeden Christen – ja, in den Strophen 2 und 3 das Ich eines jeden Menschen« (Bayer 2006, 194). Nach dem Aufgesang in Strophe 1, der die Gemeinde einlädt, sich auf die Glaubensgeschichte »mit Lust und Liebe« einzulassen, folgt ein dramatischer Tiefpunkt in den Strophen 2 und 3. Die hier beschriebene »Höllenfahrt der Selbsterkenntnis« stellt uns einen Menschen vor Augen, der an sich selbst und an Gott verzweifelt. Seine Gefühlslage ist nicht etwa die Freude oder die

Hoffnung, sondern pure Angst: »Die Angst mich zu verzweifeln trieb/dass nichts denn Sterben bei mir blieb/zur Höllen musst ich sinken.« Das Lied eröffnet dann jedoch in den Strophen 4–6 eine völlig überraschende Perspektive. Wir werden mit hinein genommen in die beziehungsreiche Welt des dreieinigen Gottes, werden Zeugen eines innergöttlichen Dialogs, ja dürfen gar einen Blick in sein erbarmendes Vaterherz tun:

»Da jammert Gott in Ewigkeit / Mein Elend
übermaßen; /
Er dacht an sein Barmherzigkeit, / er wollt mir
helfen lassen.
Er wandt zu mir das Vaterherz / Es war bei
ihm fürwahr kein Scherz, /
er ließ's sein Bestes kosten.
Er sprach zu seinem lieben Sohn: / ,›Die Zeit
ist hier zu erbarmen. /
Fahr hin meins Herzens werte Kron / und sei
das Heil dem Armen /
und hilf ihm aus der Sünden Not / erwürg für
ihn den bittern Tod /
und lass ihn mit dir leben.‹ «

Gleichsam das Herzstück der ganzen Dichtung ist dann die Begegnung des sündigen Menschen mit dem Mensch gewordenen Christus selbst (Strophe 7):

»Er sprach zu mir: Halt dich an mich, / es soll
dir jetzt gelingen; /

ich geb' mich selber ganz für dich, / da will ich
für dich ringen. /
Denn ich bin dein und du bist mein, / und wo
ich bleib, da sollst du sein; /
uns soll der Feind nicht scheiden.« (EG 341)

Es ist die Sprache der Liebe und eines innigen Vertrauens, die hier zum Ausdruck kommt, zugleich aber auch die kraftvolle Zuwendung eines Stärkeren, in dessen Hand man sich geborgen wissen darf. Hörende werden durch die Erzählung in Gottes Wort, Werk und Sein, ja in seine allmächtige Liebe hineingezogen. Sie hören die Botschaft des Evangeliums (vgl. Röm: 8, 38 f.): »Nichts kann dich von Gottes Liebe scheiden«.

Fassen wir zusammen: Wie kein anderes Medium ist die performative Kunst des gesungenen Wortes dazu geeignet, das Evangelium von Jesus Christus als frohe Kunde lebendig zu machen und damit menschliche Herzen zur Freude zu bewegen. Kommunikation des Evangeliums im Raum der Kirche geschieht im lebendigen Wechselspiel von Anrede und Antwort, von Klage, Verkündigung und Lob. Sie braucht die Musik, um die heilvolle und heilsame Kraft des Evangeliums in vielfacher Gestalt zum Klingen zu bringen. Damit sind wir bei der seelsorglich-therapeutischen Dimension (vgl. grundsätzlich Heymel 2004) der Musik angekommen, die Luther in der Regel geist-theologisch begründet.

4. Lebendiger Geistklang

»Ja der heilige Geist lobet und ehret selbst diese edle Kunst als seines eigenen Amts Werkzeug, indem er in der heiligen Schrift bezeuget, dass seine Gaben, die die Bewegung und den Anreiz zu allerlei Tugend und guten Werken, durch die Musica den Propheten gegeben werden. Wie wir denn im Propheten Elia sehen, welcher, so er weissagen soll, befiehlt er, dass man ihm ein Spielmann bringen soll. Und da der Spielmann auf der Saiten spielet, kam die Hand des HERRN auf ihn etc.« (WA 50, 372). Mit dieser Beschreibung bietet Luther eine »geistvolle«, gleichsam prophetische Bestimmung der Kirchenmusik. Gottes Geist ist das erste Subjekt, er macht sich die Musik und den Spielmann zu seinem Werkzeug und stellt damit natürliche Gaben von Menschen in seinen Dienst. Er vermittelt Werte (»reizt zur Tugend«), die zu einem gelingenden Leben anleiten, ein Anliegen, das besonders Calvin aufgenommen hat. Die Musik ist damit der Predigt gleich geordnet. Michael Heymel (2004, 105) schreibt: »Derselbe Heilige Geist, der [...] die Worte der Predigt in Gottes Wort verwandelt und dadurch Glauben weckt, ist auch in der Musik am Werk: im gesungenen Wort spricht Gott zu allen, die Seinem Wort mit aufgeschlossenem Herzen zuhören.« Er schließt sich damit an die Position Luthers an: »Singen nenne ich nicht allein das Tönen oder laute Schreien, sondern auch jede Predigt oder öffentliches Bekenntnis, wodurch vor der Welt frei gerühmt wird Gottes Werk, Rat, Gnade, Hilfe, Trost, Sieg und Heil etc. Denn solches Singen meinet der heilige Geist, wenn im Psalter und in der Schrift von Singen, Liedern, Psalmen gesagt wird [...]« (WA 31, I, 141 zu Ps. 118, 16-18).

Luther verzichtet damit auf einen eng eingegrenzten, bestimmte Instrumente, Texte oder Stile favorisierenden Kanon von Musikstücken, auch wenn frivole oder gesetzliche Texte bisweilen schroff kritisiert werden. Zentral für ihn ist, dass das geistliche Singen auf das Evangelium, mithin auf das Werk Gottes, wie es in der Schrift offenbart ist, bezogen bleibt: Damit kommen nochmals der Psalter als Sprach- und Lebensbuch geistlichen Singens in den Blick: Der Heilige Geist, schreibt Luther: »bereitet uns mit diesem Buch [der Psalmen] sowohl die Worte als auch die Affekte vor, mit denen wir den himmlischen Vater anreden und bitten sollen im Blick auf das, was er in den übrigen Büchern [der Schrift] zu tun und nachzuahmen gelehrt hat, damit keiner etwas vermissen kann, was ihm zu seinem Heil nötig ist« (WA 5, 23). Affekte sind also nicht nur menschliche Befindlichkeiten, sondern vom Geist gewirkte Gefühlsräume und lassen sich auch auf verschiedene Psalmengattungen beziehen.

»Wo findet man feinere Worte von Freuden, als die Lobpsalmen oder Dankpsalmen haben? Da siehest Du allen Heiligen ins Herz wie in schöne lustige Gärten, ja wie in den Himmel, wie feine, herzliche, lustige Blumen darinnen aufgehen von allerlei schönen, fröhlichen Gedanken gegen Gott und seine Wohltat. Und wo findest du tiefere, kläglichere, jämmerlichere Worte von Traurigkeit als die Klagepsalmen haben? Da siehst du abermal allen Heiligen ins Herz wie in den Tod, ja wie in die Hölle« (Luther, 2. Psaltervorrede; WA DB 10/1, 100, 102).

Psalmen, die in unterschiedlichsten Stilen – von der Gregorianik über das reformatorische Psalmlied, die barocke Psalmmotette oder romantische Psalmkantate usw. – vertont wurden, eröffnen Räume für unterschiedliche Lebenssituationen in Freude und Trauer, Angst und Hoffnung. Für das kirchenmusikalische Schaffen wurde der Psalter zur Inspirationsquelle schlechthin und damit zugleich zum Kraftort christlicher Spiritualität. Berühmt geworden ist dazu Calvins Vorrede zum Genfer Psalter von 1542/43: »Wir brauchen Lieder, die nicht nur anständig, sondern auch heilig sind, Lieder, die gleich Stacheln zum Bitten, zum Lob Gottes reizen, zum Nachdenken über seine Werke, damit wir ihn fürchten, ehren und preisen [...]. Darum, wir mögen suchen, wo wir wollen, wir werden keine besseren und dazu geeigneteren Lieder finden als die Psalmen Davids, die der Heilige Geist ihm eingegeben und gemacht hat. Und so sind wir, wenn wir sie singen gewiss, dass Gott uns die Worte in den Mund legt, als ob er selbst in uns sänge, um seine Ehre zu erhöhen« (Möller 2000, 96). Bis heute können die Psalmen als Schule der Poesie betrachtet werden und Musikerinnen wie Poeten dazu anregen, geistliche Lieder zu dichten: einfache Singsprüche und Kanons, aber auch Nachdichtungen ganzer Psalmen in zeitgenössischer Sprache bis hin zu Psalmkantaten und Gospels. Sie haben therapeutische und bisweilen gar ekstatische Kraft.

Damit sind wir bei einer zentralen Kategorie angekommen, die bereits mehrfach angeklungen ist: Luther schreibt dazu: »Wiederum bezeugt die Schrift, dass durch die Musica der Satan, welcher die Leute zu Untugend und Laster treibt, vertrieben werde, wie denn im Könige Saul angezeigt wird. Wenn über ihn der (böse) Geist Gottes kam, so

nahm David die Harfe und spielte mit seiner Hand, so erquicket sich Saul, und es wurde besser mit ihm, und der böse Geist wich von ihm. Darum haben die heiligen Väter und Propheten nicht vergebens das Wort Gottes in mancherlei Gesänge, Seitenspiele gebracht, davon wir köstliche Gesänge und Psalmen haben, welche sowohl mit Worten als auch mit Gesang und Klang die Herzen der Menschen bewegen« (WA 50, 371).

Auffallend ist, dass Luther den Topos des singenden und spielenden David in pointierter Weise gegen die Krankheit des Saul setzt. Auch seinen eigenen Anfechtungen ist er musikalisch begegnet. Auf der Coburg entdeckt er Ps. 118, 17: »Non moriar, sed vivam«, Worte, die ihm neu zum Trost werden. Luthers intuitives Gespür für musikalische Form und Sprache ist bemerkenswert und könnte mit neueren Ansätzen im Bereich der Musiktherapie gleichsam als »Selbstsorge« oder Resilienz ins Gespräch gebracht werden. Luther schildert seine Erfahrung selbst so: »Ich litt einmal sehr an Anfechtungen in meinem Garten am Lavendelbaum; dort sang ich den Hymnus: Christum wir sollen loben schon. Andernfalls wäre ich dort zugrunde gegangen« (WA TR 1, Nr. 243). Michael Heymel schreibt dazu: »Die Wahl des Weihnachtsliedes als Trostmittel ist aber auch in musikalischer Hinsicht aufschlussreich. Die viergliedrige Melodie (a-b-c-d) bewegt sich im dorischen (a-d) und mixolydischen (b-c) Modus, wechselt also zwischen den Affekten der Traurigkeit und der Heiterkeit [...]. Dies spricht dafür, dass Luther in seiner tentatio ein Lied gewählt hat, das ihn sowohl inhaltlich (als verbum) tröstend anspricht wie in der formalen Gestalt (als vox musicae) genau in seiner Stimmung berührt, um diese ins

Gegenteil umzukehren« (Heymel 2004, 118). Luther hat auch aktiv musikalische Seelsorge geübt. In dem Wissen, dass durch das aktive (instrumentale) Musizieren eine Katharsis einsetzen kann, die den Menschen neu zu sich und zu Gott finden lässt, schreibt er an den depressiven Organisten Matthias Weller einen Trostbrief, der mit dem berühmten Satz endet: »Aus, Teufel, ich muß itzt meinem Herrn Christo singen und spielen« (WA Br. 7, 104-106). Damit stellt Luther eine aktive, nicht rein rezeptive Form vor, die für den Geübten eine höchst geeignete Form der Therapie darstellt, und richtet sie zugleich auf Christus aus.

Martin Rößler beschreibt die therapeutische Bedeutung des gemeindlichen Singens so: Das »Lied verbindet die Einsamen mit der Gemeinde, die diese Lieder bei ihren Zusammenkünften singt und betet, ein Band zwischen einer sichtbaren und einer latenten Kirche« (Rößler 2006, 12). In der musikalischen Seelsorge partizipiert das allgemeine Priestertum am großen Schatz der singenden Gemeinde und ihrer Lieder.

Noch eine weitere Funktion der Kirchenmusik ist in Luthers Vorrede genannt. Es ist die der Bildung: »Darum will ich jedermann, und sonderlich den jungen Leuten, diese Kunst befohlen und sie hiermit vermahnet haben, das sie ihnen diese köstliche, nützliche und fröhliche Kreatur Gottes teuer, lieb und wert sein lassen, durch deren Erkenntnis und fleißige Übung sie böse Gedanken vertreiben und auch böse Gesellschaft und andere Untugend vermeiden können [...]« (WA 50, 373).

Damit kommt die Dimension geistlichreligiöser Orientierung durch Musik in den Blick. Dass Singen gut für den Menschen ist, ja namentlich Bildungs- und Entwicklungsprozesse (z.B. Sprachvermögen) fördert, wurde oben bereits betont und scheint heute unbestritten. Von daher ist es gut, wenn Netzwerke für Kinderchorarbeit entstehen, das Singen an Schulen und »Singschulen« angeregt wird usw. Den Reformatoren ging es allerdings um mehr: eine musikalische Vergegenwärtigung und Vergewisserung des Evangeliums. Nikolaus Herman (1518–1560) äußert sich dazu in seinen 1560 erschienenen »Sonntags-Evangelia«, Liedparaphrasen für das ganze Kirchenjahr: »Denselbigen lieben Kindern, der zarten Jugend, hab ich in Sonderheit hiermit dienen wollen, damit sie die Evangelia nicht allein hersagen, sondern auch singen lernten« (Möller 2000, 109).

Über Lieder können Inhalte des christlichen Glaubens viel leichter gelernt und besser memoriert werden als durch ein stures Einpauken von Lehrwissen. Dies gilt m.E. auch noch heute: Um dem christlichen Traditionsabbruch zu wehren, könnte das geistliche Lied, gleich in welcher Stilistik, ein geeignetes, gleichsam spielerisches Mittel sein, um das Evangelium auch im Unterricht zu vermitteln und einzuprägen. So könnten Kirche und Familie, Sonntags- und Alltagsspiritualität, Unterricht und Gottesdienst besser verbunden werden. Dazu passt ein Vorschlag, der, angeregt von den südwestdeutschen Landeskirchen, mittlerweile fast alle Kirchen der EKD erreicht hat. Eine sog. Kernliederliste soll dazu dienen, dass eine »eiserne Ration« von 33 zentralen Liedern in Kindergärten, Konfirmandenunterricht, Jugend- und Chorarbeit lebendig bleibt, damit im Gottesdienst und vor allem bei den Kasualien der Gesang nicht verstummt.

5. Himmelskunst

»Himmel und Erde werden vergehn./Aber die Musica bleibet besteh'n« singt der Volksmund. Dürfen wir, nach allem, was gesagt worden ist, auch diese kühne – wahrlich letzte – Behauptung aufstellen, dass die Musik im Unterschied zu allen anderen Künsten, ja im Gegensatz zu allem Geschaffenen unvergänglich sei und damit eine Bedeutung hat, die beinahe an das göttliche Wort (vgl. Mt. 24, 35) heranreicht? In der Johannesoffenbarung (vgl. Offb. 4, 8-11), bei etlichen Propheten (vgl. Jes. 25, 6-9) und in einschlägigen Psalmen (vgl. Ps. 96-98 u.ö.) können wir Spuren entdecken und wahrnehmen, wie Menschen in biblischer Zeit sich die Ewigkeit Gottes mit Lob und Musik vorgestellt haben. In Offenbarung 19,1 jubeln die Erlösten: »Halleluja. Das Heil und die Herrlichkeit und die Kraft sind unseres Gottes.« Auf diesen Hymnus nimmt Johann Walter Bezug, wenn er seinen Lobpreis der Musik dichtet (Johann Walter, Lob und Preis der löblichen Kunst Musica, zit. nach Möller 2000, 120 f.). Zahlreiche Motive des bisher Gesagten – Affektqualität, Seelsorge, Affinität zum Wort usw. – werden hier wunderbar gebündelt:

»Die Music ist ein himlisch kunst
Sie offenbart des geistes brunst
Kein kunst auf erd wird ir vergleicht
Aus gottes Reich sie nimmer weicht
Die music freud dem menschen bringt
all traurigkeit vom hertzen dringt [...]

solch tugend hat sie one zal
sie ist ein arzt inn leid und qual
alles was lebt hat Gott begabt
mit dieser kunst ir hertz gelabt [...]
die music mit Gott ewig bleibt
der andern künst sie all vertreibt
im himel nach dem jüngsten tag
wird sie erst gehen in rechter wag [...]
Do werden all Cantores sein
Gebrauchen dieser kunst allein
Sie werden all mit rhum und preis
Gott loben hoch mit gantzem fleiß.
Und dancken seiner grossen Gnad,
die er durch Christ erzeiget hat
sie singen all ein liedlein new
von gottes lieb und hoher trew
solchs singen ewig nicht vorgeht
wie inn Apocalipsi steht [...].«

In diesen Lobgesang des neuen Liedes uns schon hier und heute hinein zu nehmen, ist die Aufgabe und die große Verheißung der Kirchenmusik. Nicht zufällig trägt ein äußerst erfolgreicher Film von 2004 aus Schweden, der die vielfachen Qualitäten der Kirchenmusik rühmt, den vielsagenden Titel »Wie im Himmel«. Wer könnte sich etwas Schöneres vorstellen, als schon hier und jetzt durch die Klänge und den Gesang der Kirchenmusik einen »Himmel« zu erleben und zugleich Gott das zurückzugeben, was er uns durch die Musik geschenkt hat?

Literatur

Arnold, Jochen: Singen & musizieren. In: Peter Bubmann und Bernhard Sill (Hrsg.): Christliche Lebenskunst. Regensburg 2008, 103-110.

Bayer, Oswald: Theologie Luthers. Tübingen 2006.

Blankenburg, Walter: Johann Walters Gedanken über Musik und Theologie. In: Walter Blankenburg: Kirche und Musik (GA zur Geschichte der gottesdienstlichen Musik). Göttingen 1979, 31-39.

Block, Johannes: Verstehen durch Musik: Das gesungene Wort in der Theologie. Tübingen 2002.

Bossinger, Wolfgang: Die heilende Kraft des Singens. Battweiler 2006.

Bucer, Martin: Vorrede zum Straßburger Gesangbuch von 1541, zit. nach Möller 2000, 89-91.

Calvin, Johannes: La Forme des prières et chantz eccelésiastiques. In deutscher Übersetzung von Markus Jenny, zit. nach Möller 2000, 95-97.

Evangelisches Gesangbuch (EG): Ausgabe für die Evangelisch-Lutherischen Kirchen in Niedersachsen und die Bremische Evangelische Kirche. Göttingen, Hannover 1994, 2. Auflage 2014).

Goldstein, Arthur: Thrills in response to music and other stimuli. In: Physiological Psychology 8, 126-129.

Hermann, Nikolaus: Sonntags-Evangelia für Kinder und christliche Hausväter, zit. nach Möller 2000, 108 f.

Heymel, Michael: In der Nacht ist sein Lied bei mir. Seelsorge und Musik. Waltrop 2004.

Krummacher, Christoph: Musik als Praxis pietatis. Göttingen 1994.

Luther, Martin (D. Martin Luthers Werke): Weimarer Ausgabe (WA), 1883 ff.; (WA = Schriften/Werke; WA DB = Deutsche Bibel; WA TR = Tischreden; WA BR = Briefwechsel).

Melanchthon, Philipp: Vorrede zu Georg Rhaus Officia de nativitate (1544), zit. nach Möller 2000, 122 f.

Möller, Christian (Hrsg.): Kirchenlied und Gesangbuch. Tübingen 2000.

Rößler, Martin: Ein neues Lied wir heben an. In: Für den Gottesdienst [FDG] 64, 2006, 8-16.

Seidel, Hans: Musik und Musikinstrumente. In: Calwer Bibellexikon. Stuttgart 2009, 935-939.

Walter, Johann: Gesamtausgabe, Kassel 1970.

Werckmeister, Andreas: Musicalische Paradoxal-Discourse etc. Quedlinburg 1707.

Zwingli, Huldrych: Schriften. Im Auftrag des Zwinglivereins herausgegeben von Thomas Brunnschweiler und anderen, Band 2. Zürich 1995.

Die niedersächsischen Klöster in der Reformationszeit

Manfred von Boetticher

Für die Klöster in Niedersachsen bedeutete die Reformationszeit einen entscheidenden Einschnitt. In manchen Territorien wurden sie vollständig aufgehoben, in der Mehrzahl der Fälle blieben zumindest die Frauenklöster zunächst einmal als evangelische Einrichtungen bestehen. Fast überall gelang es der Landesherrschaft, den klösterlichen Besitz an sich zu ziehen.

1. Allgemeine Entwicklung

Für das überkommene Klosterleben bedeutete die Reformation im 16. Jahrhundert auch im niedersächsischen Raum einen zentralen Einschnitt – unabhängig davon, ob die Reformation in einem Territorium durch die Landesherrschaft vorangetrieben wurde oder nicht. Schon die konfessionelle Unruhe, die im zweiten Viertel des Jahrhunderts von den größeren und kleineren Städten ausging, ließ materielle Vermächtnisse an die Klöster zurückgehen und Neueintritte in die Klöster sinken. Die geistliche und kulturelle Führungsrolle, die die Klöster vielfach noch mit den Reformbewegungen des 15. Jahrhunderts eingenommen hatten, ging zu Ende. Von den über 350 klösterlichen Einrichtungen in Niedersachsen blieben nach den Jahrzehnten der Reformation nur noch ca. 50 bestehen (Krumwiede 1983, 105; im Einzelnen: Dolle 2012).

Zu unterscheiden ist bei der weiteren Entwicklung der Klöster weniger zwischen den verschiedenen Orden, sondern zwischen Männer- und Frauenklöstern: Soweit sie sich nicht auflösten, wurden die Mönchsklöster in der Regel in evangelische Konvente mit Präbenden für verdiente Geistliche und weltliche Beamte oder in Internatsschulen umgewandelt. Frauenklöster blieben als Versorgungsanstalten für unverheiratete Töchter des Adels und des städtischen Bürgertums bestehen; auch sie übernahmen vielfach Bildungsaufgaben bei der Erziehung von Mädchen.

Die Entscheidung über Fortbestehen oder Auflösung der Klöster, über die innere Ordnung und das christliche Zusammenleben ging mit der Reformation auf den Landesherrn über, der in den protestantischen Territorien die Kirchenhoheit übernahm (Boetticher, A. 2005, 223 ff.). Für die Klöster bedeutete dies vielfach den Abschluss einer Entwicklung, die sich bereits seit dem späten Mittelalter abgezeichnet hatte: den Aufbau eines fürstlichen Kirchenregiments, das letztlich auch bei katholischen Landesherren seine Fortsetzung fand. Bereits vor der Reformation hatten sich die Klöster in zunehmendem Maße landesherrlichen Forderungen gegenüber gesehen. Die Reformation eröffnete den Landesherren jedoch die Möglichkeit, unmittelbar auf das Klostergut zugreifen zu können – wobei dies in keiner Weise mit einer Aufhebung der Klöster als geistliche Einrichtungen verbunden sein musste und davon in den einzelnen Territorien in unterschiedlichem Maße Gebrauch gemacht wurde.

Wesentlichen Einfluss auf ein Fortbestehen der Frauenklöster nahm der landständische Adel, der unabhängig von der Reformation die bisherige Möglichkeit einer standesgemäßen Unterbringung seiner unverheirateten Frauen in den Klöstern erhalten sehen wollte (Boetticher, A. 2005, 227 ff.). So unterschiedlich die Forderungen der Stände in den jeweiligen Territorien auch realisiert wurden: In ihnen ist ein wesentlicher Grund für den Erhalt weiblicher Konvente zu sehen. In manchen Territorien gelang es dem Adel sogar, bei der Besetzung der Frauenklöster seine Vorrechte gegenüber der übrigen Bevölkerung sicherzustellen und als Voraussetzung für eine Aufnahme bestimmte Ahnenproben zu behaupten. Anderenorts wurde die landesherrliche Seite genötigt festzulegen, welcher Anteil der Konventsstellen adligen Bewerberinnen vorzubehalten war.

Wie im übrigen Deutschland versuchte auch in Niedersachsen die überwiegende Zahl evangelischer Landesherren, mit Klosterordnungen und Visitationen vor Ort in den Klös-

tern ein Fortbestehen des religiösen Lebens zu gewährleisten, allerdings nunmehr ausgerichtet auf Vorstellungen der Reformation: Das bisherige Klostergelübde wurde in Konkurrenz zur Taufe gesehen, die nicht in Frage gestellt werden durfte. Die Überzeugung eines besonders gottgefälligen Lebens der Konventualen galt nicht mehr; einen religiösen Vorrang des Klosterlebens konnte es nach lutherischer Auffassung nicht geben. Im Weiteren wurden vor allem die Abschaffung der Marienverehrung und Beseitigung jeden Heiligenkults gefordert, die bislang in den Klöstern üblichen Vigilien und Seelenmessen als »gotteslästerliche Gesänge« bezeichnet. Verboten wurde das Feiern der Messe in ihrer bisherigen Form; in der evangelischen Instruktion für die schaumburgischen Klöster hieß es ausdrücklich, das Messopfer als unblutige Wiederholung des Leidens Christi sei einzustellen, da dies eine Lästerung der Leiden Christi bedeute. Aus den Klosterkirchen verschwand der größte Teil des Kirchenschmucks, Reliquienschreine und liturgische Geräte. Daneben stand die Forderung, den bisherigen Habit abzulegen. Im Gegensatz zur früheren Ordenszeit wurde in den Klöstern auf die Klausur verzichtet. Mit Einführung der Reformation war für die Konventualen die Verpflichtung zur Ehelosigkeit aufgehoben. Für die Konventualinnen ergab sich ausdrücklich die Möglichkeit, aus dem Kloster auszuscheiden und zu heiraten. Wesentlichen Ausdrucksformen spätmittelalterlicher Frömmigkeit war damit die Grundlage entzogen.

Während die bisherigen Mönche, sei es weiterhin als Konventuale oder als weltliche Theologen, Berufe als Pastoren oder Lehrer fanden, galt damit für die Frauenklöster ein neues evangelisches Klosterleben. Es bestand die Verpflichtung, in den täglichen und wöchentlichen Gottesdiensten Predigten in deutscher Sprache zu hören. Dazu gehörten das Lesen der deutschen Lutherbibel und der deutsche Kirchengesang. Die Entbindung der Klosterfrauen von ihren Gelübden bedeutete kein Aufgeben der Verpflichtung, keusch zu leben und gegenüber der Leitung des Klosters Gehorsam zu zeigen. Wie immer wieder betont wurde, sollten die Klosterfrauen außerhalb der Gottesdienste und Gebete lesen, schreiben, spinnen, nähen oder sich der Erziehung von Kindern widmen.

Fast nirgends bedeuteten jedoch eine lutherische Visitation oder eine lutherische Kirchenordnung schlagartig die Einführung »der Reformation«. Die neuen Normen stießen vor allem in Frauenklöstern auf Widerstand, lieb gewordene Marienstatuen und Heiligenbilder wurden häufig vor den Visitatoren in Sicherheit gebracht. In einer Reihe von Klöstern war die neue Ordnung zum Teil von erbitterten Auseinandersetzungen begleitet und der Wandel zog sich Jahrzehnte lang hin. Bezeichnend ist vielfach das Festhalten an Ritualen, die den offiziellen Vorschriften nach längst hätten abgeschafft sein sollen. Den inneren Wandel brachte schließlich weniger ein landesherrliches Dekret als vielmehr der Eintritt bereits im Elternhaus evangelisch erzogener Konventualinnen. Erst Jahrzehnte nach der ersten lutherischen Visitation setzte sich in vielen Klöstern die lutherische Reformation wirklich durch – oder die Konvente hatten bis dahin ihre Substanz verloren und sich aufgelöst.

2. Die Klöster in einzelnen Territorien

2.1 Aufhebung von Klöstern in den ersten Jahren der Reformation

In den verschiedenen niedersächsischen Territorien wurde die Reformation zu unterschiedlichem Zeitpunkt und unter unterschiedlichen Bedingungen übernommen. Vor allem in den Städten begann der religiöse Wandel in der Regel eher als auf dem Land, ohne Zutun der Landesherren, und stellte eine spontane Bewegung dar (Krumwiede 1983, 109). Dabei lösten sich die meisten städtischen Klöster noch in der ersten Hälfte des 16. Jahrhunderts auf oder wurden aufgehoben; die Gebäude und das Vermögen wurden vom Rat eingezogen, schriftliche Überlieferung und Kunstschätze gingen zum großen Teil verloren.

Ähnlich ging es in Territorien zu, deren Landesherren sich in den ersten Jahren der Reformation zur neuen Lehre bekannten: Nach sächsischem und hessischem Vorbild bedeutete die Einführung der Reformation in den Grafschaften Oldenburg und Ostfriesland 1525 und 1528 bereits im zweiten Viertel des 16. Jahrhunderts das Ende für sämtliche Klöster; deren Besitzungen wurden von der Landesherrschaft eingezogen, die Konvente aufgehoben (Krumwiede 1983, 44, 47). Häufig erinnert hier heute nur noch wenig mehr als der Name an die mittelalterlichen geistlichen Einrichtungen.

2.2 Klosterreformen in der Grafschaft Hoya, im Fürstentum Lüneburg, in der Herrschaft Plesse und im Fürstentum Grubenhagen

Doch auch in den ersten Jahren der Reformation war die Einführung des Luthertums nicht überall mit einer Aufhebung der Klöster verbunden. In der Grafschaft Hoya bekannte sich Graf Jobst II. (1493–1545) bereits seit 1523 zur neuen Lehre und setzte in seinem Herrschaftsbereich seit 1525 die Reformation durch; die Klöster blieben zunächst unangetastet. Es dauerte bis 1538, bis das Stift Bassum in ein adliges evangelisches Damenstift umgewandelt war – unverkennbar im Interesse des Adels: Für eine Aufnahme in den Konvent wurden später zeitweilig 32 ritterbürtige Vorfahren gefordert. Heftiger war der Widerstand im Kloster Heiligenrode, das sich bis 1570 erfolgreich der lutherischen Lehre widersetzte. Erst nach dem Tode der altgläubigen Äbtissin war hier der Weg frei für die Reformation. Das Frauenkloster Nendorf wurde demgegenüber als Folge der Reformation aufgehoben.

Zu den ersten deutschen Territorien, in denen nach Einführung der Reformation der überwiegende Teil der Klöster erhalten blieb, gehört ebenfalls das Fürstentum Lüneburg. 1527 setzte Herzog Ernst der Bekenner (1497–1546; Abb. 1) gegenüber den Landständen das neue Kirchenwesen durch (Krumwiede 1983, 29 ff.). Während sich die Männerklöster rasch entleerten, sollten die Frauenklöster Ebstorf, Isenhagen, Lüne, Medingen, Walsrode und Wienhausen das lutherische Bekenntnis einführen (Brandis 2004). Schon 1523 hatte der Herzog von den Klöstern hohe Summen gefordert, nun verlangte er – wenn auch erfolglos – die Übergabe von Urkunden, Güterregistern und

Abb. 1: Herzog Ernst der Bekenner (Fantasie-Darstellung), Niedersächsisches Landesarchiv Wolfenbüttel: 50 Slg. 1 Nr. 1.

Kleinodien; einige Äbtissinnen entzogen sich den Zwangsmaßnahmen durch die Flucht. Seit 1528 begann die Landesherrschaft, den größten Teil der klösterlichen Besitzungen, das Propsteigut, zugunsten seiner Kammer einzuziehen. Die Maßnahme galt bei Widersetzlichkeit und erfolgte in unterschiedlichem Maße, insgesamt ging jedoch der größte Teil des Klosterguts in landesherrlichen Besitz über. Dennoch sollten die Frauenklöster, deren Unterhalt nunmehr der Herzog übernahm und denen evangelische Prediger zugewiesen wurden, bestehen bleiben. Dabei konnten sich die Konvente noch

Jahrzehnte der neuen Lehre widersetzen; im Einzelnen sind beträchtliche Unterschiede zu beobachten (Brosius 1980). Lange Zeit gab es ein Nebeneinander von altgläubigen und evangelischen Konventualinnen. Seit 1555 erfolgten evangelische Klosterordnungen, in einigen Klöstern wurden zwangsweise protestantische Äbtissinnen eingeführt, Altäre und Heiligenbilder zerstört. Als Erstes soll sich Isenhagen um 1540 zum Protestantismus bekannt haben, als letzte Klöster folgten Ebstorf 1565 und Wienhausen 1587. Solche Jahresangaben dürfen aber nicht darüber hinwegtäuschen, dass das neue Bekenntnis wohl erst nach dem Dreißigjährigen Krieg in allen »Heideklöstern« wirklich angenommen war. Größere Probleme hatte der Herzog mit der Übernahme des Männerklosters St. Michael in Lüneburg, in dem 1532 ein evangelischer Abt gewählt worden war, der von der Stadt gegen die Landesherrschaft unterstützt wurde (Ziegler 1991, 20). Das Kloster blieb ein evangelisches Männerstift und wurde erst 1656 in eine Ritterakademie umgewandelt.

Die Annahme der lutherischen Lehre durch einen Landesherren brauchte andererseits durchaus nicht den sofortigen Versuch einer Umgestaltung der Klöster zu bedeuten. So bekannten sich die Herren von Plesse seit 1536 zum Protestantismus, in dem zu ihrer Herrschaft gehörenden Kloster Höckelheim wurde die neue Lehre aber erst nach 1564, und auch dann nur ansatzweise, eingeführt. Nach dem Aussterben der Plesser Herren und dem Anfall des Territoriums an die Landgrafschaft Hessen kam es erst 1571 zu einem deutlichen Bruch; nach einer Visitation von 1576 wurde im Kloster das lutherische Bekenntnis kompromisslos durchgesetzt. Dennoch führte die hessische Landesherrschaft nach dem Aussterben des Konvents neue Konventualinnen ein, und erst mit dem Übertritt der Landgrafen zum reformierten Bekenntnis wurde das Kloster 1610 aufgehoben.

In ähnlicher Weise blieb das klösterliche Leben im Fürstentum Grubenhagen zunächst bestehen, auch wenn die Landesherren zu den ersten im Reich zählten, die sich dem evangelischen Bündnis anschlossen. Erst 1534 dürfte es beim Kloster Katlenburg mit der Einführung eines lutherischen Pfarrers zum Einzug des Klostervermögens gekommen sein, wobei Propst und Konvent zunächst weiter amtierten; 1558 ist der Konvent letztmalig bezeugt. Ähnlich erging es den Klöstern in Einbeck, die sich nach einer frühen Einführung der Reformation (Ziegler 1991, 21) erst im weiteren Verlauf des 16. Jahrhunderts auflösten (Dolle 2012, Bd. 1, 363 ff.).

2.3 Evangelische Klostervisitation im Fürstentum Calenberg-Göttingen und Klosterreform in der Grafschaft Schaumburg

Im welfischen Calenberg-Göttingen gelang es Herzogin Elisabeth (1510–1558) während der Vormundschaftsregierung für ihren unmündigen Sohn, in Übereinkunft mit den Landständen 1542 eine evangelische Kirchenordnung durchzusetzen. Im folgenden Jahr erfolgte eine Visitation, durch die in den Klöstern ihres Herrschaftsbereichs die Reformation eingeführt werden sollte. Bereits 1546 kam es jedoch zum Regierungsantritt ihres Nachfolgers Erich II. (1528–1584), der sich wieder zur römischen Kirche bekannte. Zwar wurde die Reformation auf Druck der Landstände nicht zurückgenommen, doch nahm die Landesherrschaft im Weiteren auf die konfessionelle Entwicklung in den einzelnen Konventen kaum mehr Einfluss (Boetticher, M. 2011). Durch finanzielle Auflagen und Verpfändungen wurden die Klöster unter Erich II. dagegen in wirtschaftlicher Hinsicht erheblich belastet; das Männerkloster Marienau wurde 1565 vom Landesherrn eingezogen. Unter solchen Bedingungen entfaltete sich vielfach ein monastisches Eigenleben, das in den einzelnen Klöstern für Jahrzehnte eine unterschiedliche Haltung zur neuen Lehre zuließ. Erst nach dem Anfall Calenbergs an das Fürstentum Wolfenbüttel 1584 erfolgte von Neuem eine allgemeine Ausrichtung auf die Reformation, in den Frauenklöstern mussten die Konvente die lutherische Lehre annehmen, lediglich das Männerkloster Bursfelde blieb noch Jahrzehnte katholisch (Dolle 2012, Bd. 1, 280 ff.); in Hilwartshausen, Mariengarten und Wiebrechtshausen hatte sich die Zahl der Konventualinnen soweit verringert, dass von einem klösterlichen Leben kaum mehr gesprochen werden konnte. Auch

in den übrigen Klöstern verschwanden weithin die Reste der Konvente in den Wirren des Dreißigjährigen Krieges.

Einen Sonderfall bildete das Stift Wunstorf, in dem Herzogin Elisabeth nacheinander zwei ihrer unmündigen Töchter als Äbtissinnen eingesetzt hatte. 1553 übernahm Erich II. hier die Funktion einer der Äbtissinnen, bereits im 16. Jahrhundert fielen die Klostergüter an die fürstliche Kammer, die folgenden Jahrhunderte überdauerte das Stift nach eigenem Recht (Dolle 2012, Bd. 3, 1578 f.).

In der damaligen Grafschaft Schaumburg wurde 1559 durch Graf Otto IV. (1544–1576) das lutherische Bekenntnis eingeführt, das Stift Fischbeck sowie die Klöster Obernkirchen und Rinteln hatten die Reformation anzunehmen. Nach längerem Widerstand erfolgte die Einführung der lutherischen Lehre 1563/64 in Fischbeck, in Obernkirchen nach 1565. Für Fischbeck konnte der Adel als Aufnahmebedingung eine Ahnenprobe von 16 ritterbürtigen Vorfahren durchsetzen. Nach 1647/48 blieben die Klöster auch unter hessischer Herrschaft erhalten. Das Frauenkloster Rinteln, das sich schon seit 1553 lutherischen Einflüssen geöffnet hatte, wurde dagegen 1563 aufgehoben (Dolle 2012, Bd. 3, 1321 ff.).

2.4 Klosterreform im Herrschaftsbereich Wolfenbüttel

Im welfischen Fürstentum Wolfenbüttel war 1542 der altgläubige Herzog Heinrich der Jüngere (1489–1568) durch die Truppen des Schmalkaldischen Bundes vertrieben, sein Land unter hessisch-sächsische Kontrolle gestellt worden. Sogleich setzte eine

evangelische Kirchenvisitation ein; in den Frauenklöstern des Fürstentums wurde die Reformation eingeführt, ebenso in dem unter Wolfenbütteler Herrschaft stehenden Reichsstift Gandersheim und in dem von diesem abhängigen Kloster Brunshausen. Nach der

Niederlage des Schmalkaldischen Bundes 1547 folgte eine Rekatholisierung. Erst die Einführung des lutherischen Bekenntnisses und die evangelische Kirchenordnung unter Herzog Julius (1528–1589) leitete 1569 erneut die Reformation in den Klöstern ein; lediglich der Konvent von Kemnade wurde aufgehoben. Als Schutzherr des Goslarer Klosters Neuwerk ordnete Herzog Julius dort 1570 gegen erheblichen Widerstand der Nonnen die Einführung der Reformation an. Das Reichsstift Gandersheim versuchte noch

zwei Jahrzehnte, sich der neuen Lehre und der Eingliederung ins Wolfenbütteler Territorium zu widersetzen, jedoch scheint der Konvent bis 1589 evangelisch geworden zu sein. Parallel dazu verlief die Entwicklung im Kloster Brunshausen, das sich in diesen Jahren ebenfalls zu einer evangelischen Institution wandelte. Auch das Heilig-Kreuz-Kloster in Braunschweig, das als eines der wenigen städtischen Klöster nicht aufgelöst worden war, hatte nun in wesentlichen Teilen die Wolfenbütteler Klosterordnung anzunehmen.

2.5 Reformation in der Schwebe: die Klöster der Hochstifte

Im Hochstift Osnabrück verbreiteten sich in der ersten Hälfte des 16. Jahrhunderts reformatorische Tendenzen ohne wesentliches Zutun der Landesherrschaft. Zwar hatte Bischof Franz von Waldeck (um 1492–1553) seit 1543 versucht, die Reformation einzuführen, musste aber seine Bestrebungen nach der Niederlage im Schmalkaldischen Krieg 1547 zurücknehmen. Die konfessionelle Zuordnung der Klöster blieb dadurch für längere Zeit unklar. In Börstel bildeten sich seit 1532 Mischformen heraus, wobei einerseits evangelisch gepredigt wurde, andererseits der römisch-katholische Ritus toleriert blieb. Erst am Ende des 16. Jahrhunderts wurden Gelübde und Ordenstracht abgeschafft. Als Reminiszenz an die besondere konfessionelle Situation blieben zwei Präbenden katholischen Bewerberinnen vorbehalten. Ebenfalls erst am Ende des 16. Jahrhunderts scheint sich die Reformation im Frauenkloster Bersenbrück durchgesetzt zu haben, auch wenn hier die äußere Form des Konventslebens weithin bestehen blieb. Im 17.

Jahrhundert folgten erbitterte Auseinandersetzungen um die konfessionelle Zugehörigkeit, bis der Konvent schließlich aufgehoben wurde und die Präbenden an nominelle Stiftsdamen beider Konfessionen fielen. In den Frauenklöstern Oesede und Rulle überwog in der ersten Hälfte bzw. am Ende des 16. Jahrhunderts ebenfalls das evangelische Bekenntnis, Anfang des 17. Jahrhunderts setzte sich in beiden Klöstern wieder die katholische Konfession durch (Dolle 2012, Bd. 3, 1119 ff., 1329 ff.).

Auch im Erzstift Bremen begann sich in der ersten Hälfte des 16. Jahrhunderts die Reformation vor allem von den Städten her auszubreiten. Die Landesherren standen der Entwicklung ablehnend oder befürwortend gegenüber, versuchten aber nicht, ordnend in den Zustand der Klöster einzugreifen. Während einige Konvente beim alten Ritus verblieben, setzte sich im Kloster Osterholz allmählich die Reformation durch; einige Konventualinnen blieben beim bisherigen Beichtvater, andere bestellten einen evangelischen Geistlichen. Mit der Wahl des ersten evangelischen Propstes war 1550 der Übergang zum Protestantismus vollzogen. Nach dem Dreißigjährigen Krieg wurde der evangelische Konvent 1650 durch die schwedischen Landesherren aufgehoben. Erheblich länger versuchte das Kloster Neuenwalde, den neuen Tendenzen zu widerstehen. Erst 1571 war hier mit der Wahl der ersten evangelischen Domina der Übergang zum Protestantismus abgeschlossen, möglicherweise dauerte es aber auch bis zum Dreißigjährigen Krieg, bis die letzte Konventualin die neue Konfession angenommen hatte. Als evangelische Institution wurde das Kloster von den Schweden übernommen und 1683 der bremischen Ritterschaft übertragen.

Das Hochstift Hildesheim hatte als Ergebnis der Stiftsfehde 1523 den größten Teil seines Territoriums an die welfischen Nachbarn verloren. Im Gegensatz zu den innerhalb von Hildesheim und in unmittelbarer Nähe zur Stadt liegenden Stiftern und Klöstern, die unverändert beim alten Glauben blieben, teilten die an die Fürstentümer Calenberg und Wolfenbüttel übergegangenen Konvente das Schicksal der welfischen Klöster. Seit 1569 bzw. 1584 galt für sie die Wolfenbütteler Klosterordnung. Durch die Wiederherstellung des »Großen Stifts« 1643 kamen die so genannten »Feldklöster« Derneburg, Dorstadt, Escherde, Grauhof, Heiningen, Riechenberg, Ringelheim und Wöltingerode wieder unter Hildesheimer Herrschaft, in den Klosteranlagen wurden katholische Konvente – teilweise neuer Orden – restituiert (Reden-Dohna 1997, 282).

3. Das Aufkommen einer zentralen Klosterverwaltung

3.1 Die Wolfenbütteler Klosterordnung und Entstehung der Wolfenbütteler »Klosterratsstube«

Die von Herzog Julius – nach Württemberger Vorbild (Vollrath 2012, 350) – 1569 festgelegte Klosterordnung und die ihr folgenden Bestimmungen wurden in den kommenden Jahren für einen größeren Teil des heutigen Niedersachsens verbindlich (Boetticher, M. 2013, Kloster- und Studienfonds, 43 ff.). Durch den Anfall des Fürstentums Calenberg und Teile der Grafschaft Hoya 1584 an das Haus Wolfenbüttel gewann die Klosterordnung auch hier Geltung. Bis zur erneuten Teilung der welfischen Länder 1635 galt deshalb die Wolfenbütteler Klosterordnung für dieses gesamte Gebiet (Abb. 2).

Ein monastisches Leben sollte demnach in den Klöstern fortgesetzt werden, wenn auch in eingeschränktem Umfang. Die klösterlichen Ressourcen waren auf eine solide Grundlage zu stellen und sollten dem Land im Sinn der Reformation zur Verfügung stehen, d. h. die Erträge der Klosterhaushalte waren ausdrücklich allein für kirchliche Zwecke, für Armenpflege und die Förderung des Unterrichts zu verwenden; für Männerklöster wurde die Einrichtung von Klosterschulen vorgeschrieben. Entsprechend wurde die Anzahl der Klosterinsassen beschränkt, jede Neuaufnahme von der Bewilligung des

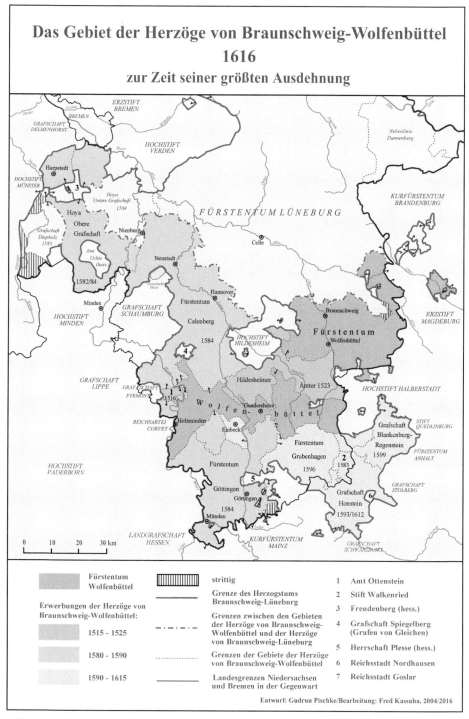

Abb. 2: Der Wolfenbütteler Herrschaftsbereich im Jahr 1616

Landesherrn abhängig gemacht. Verpfändetes Klostergut wurde eingelöst, die Wirtschaftsverwaltung der Klöster Pächtern bzw. Verwaltern übertragen, für die eine jährliche Rechnungslegung gegenüber der Landesherrschaft festgelegt war. Eine Visitation der Männerklöster im Fürstentum Wolfenbüttel im Jahre 1582 zeigte, dass die Zahl der Konventualen überall stark zurückgegangen war. Viele von ihnen waren nicht mehr im Kloster anwesend, sondern versahen als Geistliche ein auswärtiges Pfarramt; zum Teil waren sie verheiratet. Mehrfach befanden sich in den Klöstern neben dem Wirtschaftsverwalter nur noch der als Lehrer beauftragte Konventuale und dessen Schüler.

Besonders hervorzuheben ist die Gründung der Universität Helmstedt, die durch Einkünfte einzelner Klöster finanziert werden sollte. Während des Dreißigjährigen Krieges wurden die Einkünfte der Calenberger Klöster Weende, Hilwartshausen und Mariengarten vom damaligen Wolfenbütteler Herzog Friedrich Ulrich (1591–1634) der Universität Helmstedt zugewiesen, wobei die Professoren ihren Unterhalt persönlich mit den jeweiligen Klosterverwaltern regeln sollten.

Eine neue Situation zeigte sich nach dem Krieg in dem nach der Teilung der welfischen Territorien von 1635 wieder eigenständigen Fürstentum Wolfenbüttel unter Herzog August dem Jüngeren (1579–1666), durch dessen Bestimmungen von 1655 im Wesentlichen die bis dahin erfolgte Entwicklung festgeschrieben wurde: Die Konvente der Männerklöster sollten künftig nur noch aus einem Abt und fünf Konventualen bestehen, die Äbte nicht mehr von den Konventen gewählt werden, ihr ständiger Wohnsitz war nicht mehr das Kloster. Ihre Stellung

war mit einem bestimmten geistlichen Amt, meist einer Superintendentur, verbunden, deren Inhabern die Abtswürde zukam. Die zweite Klosterstelle, die des Priors, erhielt der jeweilige Klosterpastor, die fünfte der Klosterlehrer. Die vierte Stelle sollte mit der Stellung des Rektors oder Konrektors einer örtlichen Schule zusammenfallen. Niemand durfte länger zum Kloster gehören, als er sein Kirchenamt ausübte. Nur noch zweimal jährlich sollten verpflichtende Zusammenkünfte aller Konventualen stattfinden, die täglichen Gottesdienste waren öffentlich in Anwesenheit der gesamten Gemeinde abzuhalten. Die überlieferten Horen waren vormittags und nachmittags vom Lehrer und den im Kloster unterrichteten Schülern zu singen. Damit war eine untrennbare Verbindung der dem Namen nach fortbestehenden Männerklöster Amelungsborn, Clus, Königslutter, Mariental, Michaelstein, Riddagshausen und St. Lorenz in Schöningen mit der Landeskirche des Fürstentums entstanden; im Grunde bedeutete dies de facto eine Aufhebung der Konvente und deren vollständige Einbindung in das landesherrliche Kirchen- und Schulsystem.

In den Frauenklöstern Marienberg vor Helmstedt, Steterburg, Brunshausen und Frankenberg sollte demgegenüber ein monastisches Leben fortgeführt werden, wobei auch hier jedem Kloster vier bis sechs Mädchen zur Erziehung zugewiesen werden sollten. Die Bestimmungen von 1655 gaben den Frauen ausdrücklich die Möglichkeit zu einem gesellschaftlich anerkannten Leben außerhalb der Ehe, im Fall ihrer Heirat konnten sie das Kloster verlassen. Entscheidend wurde jedoch auch hier die Stellung des Landesherrn: Gegenüber der jeweiligen Domina wurde Gehorsam verlangt, eine eventuelle Bestrafung lag allein beim Fürsten.

Eine wesentliche Neuerung von 1655 betraf die Wirtschaftsverwaltung sämtlicher Klöster. Nach wie vor wurde deren jährliche Rechnungslegung gefordert. Um aber auf landesherrlicher Seite in keiner Weise Klosterangelegenheiten mit Kammerangelegenheiten zu vermischen, wurde innerhalb der fürstlichen Kanzlei eine eigene »Kloster-Kanzley-Stube« unter Leitung eines eigenen Sekretärs geschaffen. In der Folgezeit ging man bald darauf noch einen Schritt weiter: Zuständig für die Verwaltung des gesamten Klosterbesitzes wurde eine »Klosterratsstube«, die mit einer herzoglichen »Klosterkasse« in Verbindung stand und durch die Überschüsse der jeweiligen Klosterwirtschaften gemeinsam verwaltet werden sollte. Die Einrichtung entsprach derjenigen der fürstlichen Kammer, deren Präsident auch der Klosterratsstube vorstand.

3.2 Anfänge eines Calenberger »Klosterfonds«

Auch für die Klöster in dem seit 1635 wieder eigenständigen Fürstentum Calenberg kam es nach dem Dreißigjährigen Krieg zu einem Neubeginn, nachdem in den Kriegszeiten das Konventsleben fast überall zum Erliegen gekommen war, während sich die klösterlichen Wirtschaftsbetriebe unter landesherrlichen Pächtern gehalten hatten. Gegenüber den Ständen wurde 1663 von Herzog Georg Wilhelm (1624–1705) die Wiederbesetzung von fünf evangelischen Frauenklöstern zugesagt: Für die Klöster Wennigsen, Mariensee und Barsinghausen wurde jeweils eine Domina mit sechs Konventualinnen vorgesehen, für Wülfinghausen und Marienwerder je eine Priorin mit vier Konventualinnen, wobei das tägliche Leben in den Klöstern durch eine landesherrliche Verordnung geregelt wurde. Die Wünsche des Adels waren dabei unübersehbar: Einige adelige Mädchen sollten den Klöstern zur Erziehung übergeben werden, die Klöster Barsinghausen und Wennigsen blieben adeligen Damen vorbehalten. Damit wurden für fünf der Calenberger Frauenklöster, die 1584 unter Wolfenbütteler Herrschaft gekommen waren, von Neuem Konvente geschaffen; doch galten auch die Ländereien der übrigen Klöster, deren Konvente nicht wiederhergestellt wurden, weiterhin als landesherrlicher Klosterbesitz.

Da die Zahl der Männerklöster im Calenberger Herrschaftsbereich weit geringer war als im Fürstentum Wolfenbüttel, erübrigte sich hier eine entsprechende Regelung: Neben der katholischen Exklave, dem Zisterzienserkloster Marienrode bei Hildesheim, die dem evangelischen Calenberger Herzog unterstand und an deren Eigenart nicht gerührt wurde, ist nach der Reformation vor allem das Kloster Bursfelde zu erwähnen, dessen Konvent sich im Dreißigjährigen Krieg auflöste. Später wurde die Würde des Abtes von Bursfelde vom Landesherrn als Ehrenpfründe an höhere Beamte verliehen. In die allgemeine Klosteraufsicht des Landes wurden die Besitzungen von Bursfelde ebenso wenig einbezogen wie das Kloster Loccum, dessen Konvent im Laufe des 16. Jahrhunderts evangelisch geworden war, das gegenüber den welfischen Herzögen bis ins 17. Jahrhundert eine Reichsunmittelbarkeit zu behaupten versuchte und das auch nach dem Dreißigjährigen Krieg zunächst noch gegenüber dem neu gebildeten Fürstentum Calenberg seine Eigenständigkeit behaupten konnte (Boetticher, M. 2013, Loccum, 167 ff.).

Die landesherrliche Klosteraufsicht im neuen Fürstentum Calenberg setzte nahtlos die zentrale Rechnungslegung fort, wie sie 1569 für die Wolfenbütteler Klöster angeordnet worden war. Auch in dieser Hinsicht blieb die damalige Wolfenbütteler Klosterordnung für das neu entstandene Fürstentum Calenberg zunächst weiterhin bestimmend. Die Rechnungslegung erfolgte vor dem Calenberger Vizekanzler Jakob Lampadius (Abb. 3), der 1627, noch unter Wolfenbütteler Herrschaft, zum »Klosterrat« für Calenberger Angelegenheiten bestellt worden war und der bei der Teilung der welfischen Fürstentümer von Wolfenbüttel nach Hannover wechselte, um hier weiterhin als »Klosterrat« zu fungierten (Braun 2015, 33, 44, 52). Mit Lampadius' Person kommt die Kontinuität der klösterlichen Rechnungslegung zwischen der früheren Zentralverwaltung in Wolfenbüttel und der neuen Verwaltung des Fürstentums Calenberg auch in personeller Hinsicht zum Ausdruck. Nach seinem Tod 1649 wurde einer der hannoverschen Hof- und Konsistorialräte entsprechend als Klosterrat bezeichnet.

Auch nach der Trennung der Fürstentümer Wolfenbüttel und Calenberg war es bei der bisherigen Finanzierung der Wolfenbütteler Universität Helmstedt durch die zum neuen Fürstentum Calenberg gehörenden drei Klostergüter Mariengarten, Hilwartshausen

Abb. 3: Jakob Lampadius, Klosterrat in Wolfenbüttel, später in Calenberg. Niedersächsisches Landesarchiv Wolfenbüttel: 50 Slg. 111 Nr. 12.

und Weende geblieben, deren Pächter bzw. Verwalter – die Reste der dortigen Konvente waren inzwischen verschwunden – ihre Rechnungslegung unmittelbar in Helmstedt vorzunehmen hatten. Die Überschüsse der übrigen Klostergüter flossen an den Calenberger Generalsuperintendenten sowie an das 1642 neu formierte Konsistorium – weiterhin in der überkommenen Form, dass jedem Klosterverwalter die Finanzierung bestimmter Aufgaben oder die Versorgung bestimmter Empfänger auferlegt war.

Eine entscheidende Neuerung erfolgte dann jedoch durch eine Verfügung von Herzog Georg (1582–1641), wonach die Rechnungslegung bei der Universität Helmstedt aufgehoben wurde. Einnahmen und Ausgaben der drei genannten Klöster sollten von nun an in der fürstlichen Ratsstube in Hannover abgerechnet werden; unter Georgs Nachfolger wurden die Zahlungen an die Universität zudem auf eine feste jährliche Summe begrenzt. In gleicher Weise erging 1662 eine landesherrliche Verordnung, auch die Überschüsse der übrigen Calenberger Klosterwirtschaften an zentraler Stelle abzuliefern. Auf diese Weise entstand im Fürstentum Calenberg ebenfalls eine zentrale Klosterkasse. Neben der Besoldung der Helmstedter Professoren wurde das Geld vor allem zur Finanzierung des Konsistoriums, daneben für Stipendien und zur Unterstützung von Armen genutzt. Damit war in Hannover – noch ein Jahrzehnt eher als in Wolfenbüttel – ein zentraler »Klosterfonds« entstanden. Aus der herzoglichen Ratsstube ging im Weiteren der Geheime Rat hervor, der für die Klosterangelegenheiten zuständig blieb und die Verwaltung der landesherrlichen Klosterkasse übernahm.

Als Besonderheit in Niedersachsen wurde auf diese Weise um die Mitte des 17. Jahrhunderts in den Fürstentümern Calenberg und Wolfenbüttel über den Erhalt bzw. die Wiederherstellung einzelner evangelisch besetzter Frauenklöster hinaus ein großer Teil des mittelalterlichen Klosterbesitzes, einschließlich der umfangreicheren Besitzungen inzwischen aufgehobener oder eingegangener Konvente, in ähnlicher Form unter eigener landesherrlicher Verwaltung zusammengefasst, um – dem Vermächtnis von Herzog Julius folgend – für kirchliche und soziale Zwecke eingesetzt zu werden.

Literatur

Aschoff, Hans-Georg: Der Katholizismus zwischen Reformation und Säkularisation. In: Hans Patze (Hrsg.): Geschichte Niedersachsens, Bd. 3, 2. Veröffentlichungen der Historischen Kommission für Niedersachsen und Bremen XXXVI, Bd. III, 2). Hildesheim 1983, 217–259.

Boetticher, Annette von: Chorfrauen und evangelische Damenstifte. In: Jürgensmeier, Friedhelm/Schwerdtfeger, Regina Elisabeth (Hrsg.): Orden und Klöster im Zeitalter von Reformation und katholischer Reform 1500–1700. Katholisches Leben und Kirchenreform im Zeitalter der Glaubensspaltung 65, Münster 2005, 217–242.

Boetticher, Manfred von: Von der Reformation im Fürstentum Calenberg-Göttingen zur Entstehung des Allgemeinen Hannoverschen Klosterfonds. In: Schlotheuber, Eva und andere (Hrsg): Herzogin Elisabeth von Braunschweig-Lüneburg (1510–1558). Herrschaft – Konfession – Kultur. Quellen und Darstellungen zur Geschichte Niedersachsen 132, Hannover 2011, 248–258.

Boetticher, Manfred von: Der braunschweigische »Vereinigte Kloster- und Studienfonds« und der »Allgemeine Hannoversche Klosterfonds«. Eine Gegenüberstellung. In: Otte, Hans (Hrsg.): Studien zur Geschichte der evangelischen Klöster und Stifte in

Niedersachsen. Studien zur Kirchengeschichte Niedersachsens 46, Hannover
2013, 39–97.

Boetticher, Manfred von: Die Integration
des Klosters Loccum in das Fürstentum Calenberg. In: Hirschler, Horst/
Otte, Hans/Stäblein, Christian (Hrsg.):
Wort halten – gestern, heute, morgen.
Festschrift zum 850-jährigen Jubiläum
des Klosters Loccum. Göttingen 2013,
163–175.

Brandis, Wolfgang: Die Säkularisation
(1803) und die evangelischen Frauenklöster. In: Scharf-Wrede, Thomas
(Hrsg.): 1803 – Umbruch oder Übergang? Die Säkularisation in Norddeutschland. Hildesheim 2004.

Braun, Tina: Der welfische Gesandte Jakob
Lampadius auf dem Westfälischen Frie-
denskongress (1644–1649). Dissertation
Bonn 2015 (http://nbn-resolving.de/
urn:nbn:de:hbz:5-41046).

Brosius, Dietmar: Die lüneburgischen
Klöster in der Reformation. In: Muse-
umsverein für das Fürstentum Lüneburg
(Hrsg.): Reformation vor 450 Jahren.
Eine lüneburgische Gedenkschrift. Lüne-
burg 1980, 95–110.

Dolle, Josef (Hrsg.): Niedersächsisches
Klosterbuch. Verzeichnis der Klöster,
Stifte, Kommenden und Beginenhäuser
in Niedersachsen und Bremen von den
Anfängen bis 1810. Veröffentlichungen
des Instituts für Historische Landesfor-
schung der Universität Göttingen 56,
Bd. 1–4, Bielefeld 2012.

Krumwiede, Hans Walter: Kirchengeschichte. Geschichte der evangelischen
Kirche von der Reformation bis 1803. In:
Patze, Hans (Hrsg.): Geschichte Niedersachsens, Bd. 3, 2. Veröffentlichungen
der Historischen Kommission für Niedersachsen und Bremen XXXVI, Bd. III, 2,
Hildesheim 1983, 1–216.

Reden-Dohna, Armgard von: Die Säkularisation der Hildesheimer Feldklöster und
der Anfang der Klosterkammer Hannover. In: Niedersächsisches Jahrbuch für
Landesgeschichte 69, 1997, 281–299.

Vollrath, Markus: Welfische Klosterpolitik
im 16. Jahrhundert. Ein Spiegelbild der
Fürstenreformation im Reich? Quellen
und Darstellungen zur Geschichte Niedersachsens 135, Hannover 2012.

Ziegler, Walter: Braunschweig-Lüneburg,
Hildesheim. In: Schindling, Anton/Zieg-
ler, Walter (Hrsg.): Die Territorien des
Reichs im Zeitalter der Reformation und
Konfessionalisierung: Land und Konfes-
sion 1500–1650, Bd. 3: Der Nordwesten.
Katholisches Leben und Kirchenreform
im Zeitalter der Glaubensspaltung und
Konfessionalisierung 51, Münster 1991,
8–43.

Neue Frauen hinter alten Klostermauern

Reinhard Bingener

Sie standen vor dem Aussterben, doch die evangelischen Klöster in Niedersachsen erleben einen unerwarteten Aufschwung. Ohne Gelübde, ohne Zwang und ohne Pflicht zum Gehorsam wirken diese weithin unbekannten Gemeinschaften gerade auf selbstbewusste, moderne Frauen anziehend.

Der Blick in ein Kloster von heute

Die Tür des Stifts Fischbeck öffnet sich, Ursula Schroeder, eine der Stiftsdamen, bittet hinein und führt die alte Holztreppe hinauf. Oben hat sich das Kapitel zum nachmittäglichen Kaffee versammelt. Die Waffeln liegen in einer Porzellanschale, den Zucker greift man mit der Silberzange.

Seit mehr als tausend Jahren wird dieser Ort ohne Unterbrechung von Frauen bewohnt, die hier am Ufer der Weser eine geistliche und lange auch eine feudale Tradition aufrechterhalten haben. Sechzehn adelige Vorfahren waren einst vor dem Eintritt nachzuweisen. Die allererste Bürgerliche kam im Jahr 1954 ins Stift. Heute sind es ausschließlich nichtadelige Damen, die hier auf Biedermeiersitzmöbeln ihren Kaffee einnehmen und unter den Gemälden ihrer Vorgängerinnen aus dem Calenberger Adel plauschen. Zuletzt hat sich hier viel bewegt. Vier neue Kapitularinnen wurden allein im vergangenen Jahr aufgenommen. »Wir haben uns verdoppelt, das klingt noch besser«, erzählt Katrin Woitack, die Äbtissin.

Vom Bild eines katholischen Nonnenklosters muss sich lösen, wer nach Fischbeck kommt. Das Stift ist seit Jahrhunderten evangelisch, und heute wird hier eine Mischung aus protestantischer Freiheit und monastischer Einkehr gelebt. Alleinstehend müssen die Frauen sein, ein Gelübde aber gibt es nicht. Die Fischbecker Stiftsdamen waren entweder nie verheiratet oder sind verwitwet, viele sind geschieden, die meisten haben Kinder. In Fischbeck führt jede Stiftsdame weiterhin ihren eigenen Haushalt. »Wir können die Türen zumachen. Jeder kocht für sich, und jeder muss hier auch finanziell für sich selbst sorgen können«, erklärt Ursula Schroeder.

Der Bildungsstand ist gehoben, das Spektrum reicht von der Kulturanthropologin bis zur Unternehmerin. Ursula Schroeder zum Beispiel war Musiklehrerin im nahen Hameln, Äbtissin Katrin Woitack war bis vor einigen Monaten Pfarrerin in der hannoverschen Innenstadt. »Auf Fischbeck bin ich über eine Führung von Frau Schroeder gekommen«, erzählt sie. »Frau Schroeder hat mich ganz besonders angesprochen. Es sind eben immer wieder die Menschen, die entscheidend sind.« In Fischbeck hat sich so in den vergangenen Jahren ein Kreis selbstbewusster Frauen zusammengefunden. Nicht jede hat gleich das Temperament der verwitweten Pastorengattin Ursula Schroeder, aber mit den eigenen Auffassungen hält keine der Stiftsdamen hinter dem Berg. »Wir sind alle berufstätig gewesen, oft in leitender Position«, erklärt die Äbtissin. Das gibt der Gruppe Kraft, schafft aber auch Reibungsflächen.

Ursula Schroeder überlegt: »Ob es unter uns zu Konflikten kommt? Nein, so würde ich es nicht nennen.« »Oh doch«, korrigiert sie eine der Neuen. »Es ist schon ein Balanceakt, acht gestandene Frauen unter einen Hut zu bekommen.« Auf die Autorität ihres Amtes allein darf sich Äbtissin Katrin Woitack dabei nicht verlassen. Eine Verpflichtung zum Gehorsam wie in katholischen Orden gibt es nicht. Die Äbtissin hat doppeltes Stimmrecht im Stiftskapitel, mehr nicht. Und die Neuen, zu denen auch die Äbtissin selbst gehört, bringen Veränderungen nach Fischbeck. »Das Siezen etwa ist eine Tradition, die die Neuen schlagartig außer Kraft gesetzt haben. Manche duzen sich, manche siezen sich.«

Stellt sich die Frage, was diese Gemeinschaft dann zusammenhält (Abb. 1). Zum einen könnte das ein unausgesprochener Grundkonsens in ästhetischen Fragen sein. Die gehäkelten Tischdeckchen katholischer Frauenkloster findet man hier ebenso wenig wie das türkis-violette Andachtseinerlei evangelischer Tagungshäuser. Für die Fischbecker

Abb. 1: Waltraud Menge, Äbtissin Katrin Woitack, Ursula Schroeder und Sabine Falke (von links), Stiftsdamen des Stifts Fischbeck, unterhalten sich am 28. August 2015 im Stift Fischbeck. Foto: Amadeus Waldner.

Stiftsdamen wären das mit Grausen behaftete Vorstellungen. »Eine ‚gestaltete Mitte' finden Sie bei uns nicht – da legen wir Wert darauf«, befindet Frau Schroeder unter zustimmendem Nicken der Runde. »Und liturgischen Tanz gibt es hier auch nicht. Nein, sicher nicht.« Das geistliche Leben hat für die Stiftsdamen dennoch einen hohen Stellenwert, vermutlich sogar noch einen höheren als vor einigen Jahren. »In die Zukunft weist allein der geistliche Weg«, sagt eine der Neuen. »Sonst werden wir eine Wohngemeinschaft. Und das wird nicht tragfähig sein.«

Die Stiftsdamen gehen den alten Gang entlang in Richtung Stiftskirche. Die Äbtissin tritt in einen Raum, der von Frau Schroeder despektierlich »Kabuff« genannt wird. Im »Kabuff«, dessen Gestaltung noch nicht das gewünschte Niveau erreicht, hängen die schwarzen Chormäntel. Die schlichten Mäntel sind von einem einheitlich eleganten Schnitt, dem die Stiftsdamen durch die Wahl der Brosche noch eine individuelle Note geben. Der Aufschwung des geistlichen Lebens in Fischbeck hat durch Ursula Schroeder eine musikalische Prägung. »Wir haben angefangen, morgens die Mette zu singen und machen zweimal die Woche eine Abendandacht«, berichten die Damen. »Das gemeinsame Singen strukturiert den Tag und formt die Gemeinschaft«, berichtet eine der neuen Stiftsdamen, die bis vor kurzem ein Altenheim geleitet hat. »Ich sage immer: Wir reden nicht miteinander – wir atmen miteinander. Wir empfinden morgens beim Singen schon über den Atem, wo jeder steht.«

Direkt hinter den beiden Höhenzügen, die sich östlich von Fischbeck erstrecken, liegt in Wennigsen nahe Hannover ein weiteres der 15 evangelischen Frauenklöster und -stifte in der Region. Die Äbtissin dort heißt Gabriele-Verena Siemers. Auch sie steht einer Gemeinschaft evangelischer Frauen vor, die in den vergangenen Jahren gewachsen ist. »Als ich hierherkam, war das hier ein aussterbender Konvent«, erzählt die Mutter von vier Kindern. »Sehr betagte Frauen, keine Äbtissin. Und es fand sich niemand, der einziehen wollte.« Inzwischen gehören dem Konvent wieder neun Frauen an, von denen allerdings nur zwei im Kloster leben. Die übrigen leben von Bremen bis Bern und sind Professorin, Architektin oder Psychologin. Ihren geistlichen Weg müssen die Frauen im Alltag selbst gehen. In Wennigsen führt dieser Weg nicht wie in Fischbeck über Gesang, sondern über das sogenannte Herzensgebet, bei dem ein kurzer Gebetsruf mantrisch wiederholt wird. Das Herzensgebet soll im Alltag jeden Morgen eine halbe Stunde geübt werden. In Wennigsen treffen sich die Frauen zu Beginn des Jahres zu einer Einkehrwoche und dann noch einige Wochenenden im Jahr.

Gabriele-Verena Siemers ist eine stetig und still lächelnde Frau. Wenn sie den Mund aufmacht, tut sie das leise und überlegt. Über Jahrhunderte, erklärt Siemers, hätten die in der Reformation säkularisierten Klöster dazu gedient, jene Frauen aus evangelischem Adel aufzunehmen, die entweder nicht heiraten konnten oder nicht heiraten wollten. Die alten Klöster blieben so erhalten. Doch dieses Geschäftsmodell funktioniert nicht mehr. »Wir standen vor der Frage, wie findet man eine andere Form, die Klöster zu erhalten«, erklärt Siemers. »Unsere Grundidee lautet: Hier gibt es eine geistliche Frauengemeinschaft, die sich öffnet. Wo früher der Versorgungsauftrag stand, definiert uns heute ein spiritueller Weg.«

Jede der evangelischen Kommunitäten sucht dabei ihre eigene Richtung. Gemeinsam dürfte diesen unterschiedlichen Wegen sein, dass sie alle ein Balanceakt sind, für den es bisher nur wenige Vorbilder gibt. Zwischen Freiheit und Bindung, zwischen Innovation und Tradition, zwischen Säkularität und Sakralität. »Es sind ganz verschiedene Gratwanderungen, bei denen wir immer neu einen Ausgleich suchen müssen«, berichtet Siemers. »Es gibt eine Sehnsucht nach einem geistlichen Leben, das zwar auf einer soliden Tradition fußt, aber dabei nicht als einnehmend empfunden wird.« Ebenso gebe es ein Verlangen nach Gemeinschaft, die aber Individualität lässt. »Ich bin sehr froh, dass ich keiner Frau ein Gelübde abnehmen muss, mit dem sie alles hinter sich lassen muss«, sagt Siemers.

Den fordernden Charakter des Klosterlebens hebt die Äbtissin gleichwohl ganz bewusst hervor. »Es kommen immer wieder Frauen, die suchen hier einen Ort der Geborgenheit. Denen kann ich gleich sagen, dass sie hier falsch sind: Das Kloster ist kein Ort, um sich fallenzulassen.« In einem Kloster gebe es viel Arbeit, und in evangelischen Frauengemeinschaften komme zusätzlich die Aufgabe der Selbststeuerung hinzu, erklärt Siemers. »Es gibt bei uns keine Autorität, die einfach entscheidet. Deshalb müssen wir aufeinander hören. Wohin will es mit uns, was sagt der Geist? Dieses Hören ist die neue Form des Gehorsams.«

Über einen Mangel an Erfolg kann sich Äbtissin Siemers jedenfalls nicht beklagen. »In aller Bescheidenheit: Es läuft sehr gut.« Die Frauengemeinschaft wächst, der Tagungsbetrieb floriert, der Beherbergungsbetrieb verzeichnet 2500 Übernachtungen, es gibt Klosterkino, Theater und Konzerte. Und in baulichen Angelegenheiten steht die Klosterkammer Hannover zur Seite, der die Verwaltung der säkularisierten Klöster in der Region obliegt.

Fernab von Hannover, in Regensburg, hat vor drei Jahren Anette Wöltje im Auto das erste Mal von den evangelischen Kommunitäten für Frauen erfahren. »Da lief im Radio eine Sendung über die Calenberger Klöster und die Heideklöster. Von denen hatte ich noch nie zuvor gehört.« Die sechzig Jahre alte, geschiedene Lehrerin war sofort angetan. »Mit Ende 50 hatte ich mich damals gefragt, wie das weitergehen soll nach dem Berufsende. Was wird, wenn man älter wird. Ich habe keine Kinder und bin allein in Regensburg. Ich habe zwar einen guten Freundeskreis, aber die haben alle Kinder.« Anette Wöltje knüpfte Kontakt zum Heidekloster Isenhagen. Im vorvergangenen Jahr fuhr die in ihrer Regensburger Kirchengemeinde aktive Protestantin zum ersten Mal dorthin. Im vergangenen Jahr war Wöltje zum Probewohnen in der Lüneburger Heide. »Für mich ist es die Ideallösung«, berichtet Anette Wöltje. »Man hat eine Aufgabe, lebt nicht nur so dahin, sondern ist gefordert.« An dem Konvent in Isenhagen gefalle ihr auch, dass dort das Vorzeigen der Kunstschätze einen Schwerpunkt bildet. »Führungen habe ich immer gerne gemacht, in Regensburg war ich Domführerin.« In ihrem oberpfälzischen Freundeskreis allerdings seien ihre Zukunftspläne auf Skepsis gestoßen. »In Bayern sagt mir jeder, das ist nichts für mich. Alle denken an die Enge bayerischer Klöster, wo die Äbtissin das alleinige Sagen hat.« Anette Wöltje scheint ihre Entscheidung getroffen zu haben. In drei Jahren will sie in den Norden ziehen. »Ich muss dann Abstriche bei der Pension in Kauf nehmen – aber das mache ich. Inzwischen bedaure ich sogar schon, dass ich noch einige Jahre arbeiten muss.«

Das Renteneintrittsalter weit überschritten hat Bischof Jürgen Johannesdotter. Bis 2009 stand der Theologe mit dem markanten Bart der winzigen evangelisch-lutherischen Landeskirche von Schaumburg-Lippe vor. Doch auch Johannesdotter bleibt im Ruhestand aktiv. In der EKD nimmt Johannesdotter seit einigen Jahren die Aufgabe des sogenannten Kommunitätenbischofs wahr – mit wachsender Begeisterung. »Da wächst der Kirche etwas zu«, berichtet er. »Man könnte sogar sagen: Die evangelische Kirche erntet, wo sie gar nicht gesät hat.« Als früherer Landesbischof gibt sich Johannesdotter keinen Illusionen hin: Ein Nachwuchsproblem haben längst nicht nur die katholischen Orden, die einen Standort nach dem anderen aufgeben müssen, sondern auch die beiden Volkskirchen. »Seit ich aber die Kommunitäten entdeckt habe, ist mir um die Zukunft der Kirche nicht mehr so bange«, sagt Johannesdotter. »Dort ist die Talsohle durchschritten. Das sind dort oft jüngere Frauen, hochgebildet.« Der Aufschwung hat für Johannesdotter zwei Gründe. »Die Kommunitäten sind frei von der Kirche, aber auch frei für die Kirche. Ich sage denen immer: Wahrt eure Unabhängigkeit!« Einen anderen Erfolgsfaktor erkennt Johannesdotter in der Abkehr von einer allzu pragmatischen Auffassung von Frömmigkeit. »Inzwischen wird in den evangelischen Klöstern auch gebetet, wenn gerade kein Kurs stattfindet«, erklärt Johannesdotter. »Denn das war der große Irrtum.« Klösterliche Frömmigkeit müsse ihre Kraft aus der Routine ziehen kön-

nen, meint Johannesdotter. Den Erfolg der Kommunitäten sieht der Altbischof in Wechselwirkung mit dem Niedergang der Kirche im Allgemeinen. »Man merkt, dass in den westlichen Ländern, wo die Kirchen an Kraft verlieren, Gemeinschaften entstanden sind.«

Wie aber ist dieser Zusammenhang genau zu verstehen? Einige Frauen in den Kommunitäten führen als Erklärung an, dass die Menschen sich nicht mehr dauerhaft binden wollten, auch nicht an die Institution Kirche. Stattdessen suchten sie Spiritualität auf Zeit, buchten Einkehrtage oder Meditationskurse. Denkbar wäre aber auch eine gegenteilige Erklärung: Vielleicht bietet eine einfache Mitgliedschaft in der Kirche zu wenig Bindungskraft, weil die Kirchen den Alltag nicht mehr umschließen und der christliche Glaube an Erfahrbarkeit eingebüßt hat. In klösterlichen Gemeinschaften ist genau das anders. Sofern sie auf Kadavergehorsam und Endgültigkeitsanspruch verzichten, könnten sie sich vielleicht als krisenfester erweisen als manche Kirchengemeinde.

Zu den großen Fragen der kleinen Konjunktur evangelischer Kommunitäten in Deutschland zählt die Tatsache, dass der Trend bisher weitgehend auf Frauen beschränkt bleibt. Bischof Johannesdotter berichtet zwar, dass es nicht nur in der Church of England Kommunitäten für Männer gebe, sondern auch in Deutschland. Doch gebe es ein Ungleichgewicht. Das könnte damit zu tun haben, dass sich in Deutschland die Frauenklöster anders als die Männerklöster häufiger durch die Reformation retten konnten, wenn auch in veränderter Gestalt. Vielleicht ist es aber auch weniger eine Frage der Historie. »Ich werde immer wieder von Männern gefragt: Gibt es so etwas auch für uns?«, berichtet Katrin Woitack, die

Äbtissin des Stifts Fischbeck. »Ich frage dann immer zurück: Wollten Sie das denn wirklich? Die Männer sagen dann oft, sie hätten schon noch gerne eine Frau dazu.«

In Fischbeck neigt sich die Sonne langsam zur Weser nieder. Katrin Woitack führt zum Abschluss über das weitläufige Gelände ihres Stifts. Die Stallungen sind an einen Reitverein vermietet, zu den wirtschaftlichen Aktivitäten des Stifts gehören außerdem die Verpachtung von Grund und Boden und die Vermietung von Wohnungen. Aufgaben, die der neuen Äbtissin ebenso wie die unablässigen Renovierungen in den alten Gemäuern einiges abverlangen, allerdings auch angenehme Seiten haben, wie die Äbtissin berichtet. »Neulich ruft unser Förster an und fragt, ob ich einmal unseren Wald besichtigen möchte.«

Die Äbtissin zeigt die Gebäude des Anwesens mit ihren viele Jahrhunderte alten Kunstschätzen und der romanischen Stiftskirche. Die Arbeit als Pfarrerin empfand Katrin Woitack als anstrengend. »Als Pastorin haben alle von mir eine hohe Verbindlichkeit erwartet. Selbst waren sie dazu aber oft nicht bereit.« Vereinzelt hätten die Menschen nicht einmal Bescheid gegeben, dass die Hochzeit abgesagt wurde, die Pfarrerin musste ihnen hinterher telefonieren. »Hier im Kloster haben wir hingegen große Aufmerksamkeit.« Pilger auf dem neuen Weg von Loccum nach Volkenroda übernachteten im Kloster und fragen, ob sie an den Andachten teilnehmen dürfen.

Die Äbtissin zeigt den auf drei Seiten von einem Kreuzgang umschlossenen Innenhof des Klosters, ein von säuberlich gestutzten Buchsbaumreihen und Rosen geschmücktes Idyll. Aus der Wohnung von Frau Schroeder senkt sich eine Klaviersonate herab. »Sind wir hier nicht im Paradies?« fragt die Äbtissin und führt weiter in die äußeren Gartenanlagen, wo sich noch ein Kräutergarten sowie ein Garten im englischen Stil befinden, in dem im Frühjahr jeden Tag eine andere Farbnuance hervortreten soll. Von der Wohnung von Frau Wendorff, der mit 95 Jahren ältesten Bewohnerin, soll man den schönsten Blick auf diese Anlagen haben. »Wir sind uns bewusst, dass wir hier sehr privilegiert leben«, sagt Äbtissin Woitack. Seine Schönheit, erklärt Woitack, mache einen Gutteil der Anziehungskraft dieses Ortes aus.

Das alte Stift Fischbeck will gepflegt und mit Leben erfüllt sein. Für einige ist das eine reizvolle Herausforderung. Mit insgesamt acht Stiftsdamen habe man nun auch wieder die Kraft, neue Dinge anzudenken, berichtet die Äbtissin, zumal es weitere Bewerberinnen gibt. Das geistliche Leben soll weiter vertieft werden und auch über eine Öffnung für katholische Frauen und eine Anhebung des Eintrittsalters über 65 Jahre hinaus wird nachgedacht, erklärt Woitack, die selbst 1955, also exakt tausend Jahre nach Gründung des Klosters geboren wurde. »Wir wollen hier nicht die letzte Generation sein.« Derzeit sieht es so aus, als müssten sich die Stiftsdamen darüber keine Sorgen machen.

Anmerkung

Klosterkammer Hannover und Allgemeiner Hannoverscher Klosterfonds. Konstanten im Wandel der Zeit

Wolfgang Brandis, Andreas Hesse und Stephan Lüttich

1818 gründete der damalige Prinzregent und spätere König Georg IV. die Königliche Kloster-kammer zur Verwaltung der durch Reformation und Säkularisation »aufgehobenen geistlichen Stiftungen und Klöster«. Die bis in das 16. Jahrhundert zurückreichende Vorgeschichte und die Entstehung dieser in Deutschland einzigartigen Landesbehörde und Stiftungsverwaltung, ihre rechtlichen Grundlagen sowie die heutige Verwendung der Mittel »für Kirchen, Schulen ... und wohlthätige Anstalten aller Art« behandelt der nachstehende Beitrag.

1. Wolfgang Brandis: Entstehung und Konsolidierung

Die Entstehung einer zunehmend zentralisierten Verwaltung von Klostergütern in den welfischen Fürstentümern Braunschweig-Wolfenbüttel sowie Calenberg-Göttingen von der Reformation bis nach dem Dreißigjährigen Krieg wurde an anderer Stelle in diesem Heft (v. Boetticher 2016) ausführlich beschrieben. In diesen historischen Territorien finden sich die Grundlagen für die Entstehung des Allgemeinen Hannoverschen Klosterfonds und der Klosterkammer Hannover.

Zu Beginn des 18. Jahrhunderts hatte es mit dem Tod des letzten Celler Herzogs Georg Wilhelm und dem damit verbundenen Ende der Celler Linie des welfischen Herzogshauses eine Vereinigung der Fürstentümer Calenberg-Göttingen und Lüneburg gegeben. Die bereits 1635 vollzogene Trennung von Wolfenbüttel und Calenberg-Göttingen

war damit manifestiert, und es entwickelten sich nun in der Folgezeit das Kurfürstentum Hannover und das Herzogtum Braunschweig – im Fortleben der evangelischen Landeskirchen Hannovers und Braunschweigs wirkt dies bis heute fort.

Daneben hatte sich mit dem sogenannten Hildesheimer Hauptrezess von 1643 das Große Stift Hildesheim mit Fürstbischöfen aus dem Haus Wittelsbach restituiert. In den nach der Hildesheimer Stiftsfehde 1523 an Calenberg und vor allem an Wolfenbüttel gefallenen 18 von 22 stiftshildesheimischen Ämtern war die Reformation eingeführt worden, die Bevölkerung evangelisch geworden. Dies konnten die katholischen Hildesheimer Bischöfe auch nicht mehr nennenswert ändern. Anders sah es dagegen mit den ebenfalls evangelisch gewordenen Klöstern aus. Sie wurden wieder mit katholischen Ordensleuten besetzt, wobei keine Rücksicht auf die vorreformatorische Tradition genommen wurde.

Auch dadurch sah die Klosterlandschaft zu Beginn des 18. Jahrhunderts in den drei genannten Herrschaftsgebieten recht »bunt« aus, wobei sich die folgenden Aufzählungen weitgehend auf die Klöster beschränken, die bis heute direkt oder indirekt mit der Klosterkammer verbunden sind.

Im Kurfürstentum Hannover fanden sich in teilweise direkter Nachbarschaft zur Residenzstadt die weiterhin mit Konventen belebten evangelischen Damenstifte Barsinghausen, Marienwerder, Mariensee (Abb. 1), Wennigsen und Wülfinghausen. Wegen ihrer Lage im ehemaligen Teilfürstentum Calenberg werden sie bis heute als Calenberger Klöster bezeichnet. Das 18. Jahrhundert brachte ihnen den Neubau ihrer Klostergebäude. Die mittelalterlichen Kirchen blieben dabei im Kern erhalten, die Konvents- und Wohnflügel entstanden in schlichtem klassizistischem Stil neu. Sie wurden den geänderten Verhältnissen der Klöster mit kleineren Konventen mit bis zu zehn Konventualinnen angepasst. Die Klöster im ehemaligen Teilfürstentum Göttingen hatten ihre Konvente eingebüßt. Hier blieben oft nur die Kirchen erhalten, die als Gemeindekirchen genutzt wurden. Dazu zählen die Klöster in Wiebrechtshausen bei Northeim sowie Marienstein, Nikolausberg/Weende, Mariengarten und Hilwartshausen bei Göttingen. Einen Sonderfall stellt das ehemalige Benediktinerkloster Bursfelde dar. Hier blieb das Kloster formal als evangelische Prälatur bis heute bestehen.

Das Vermögen und die Güter der Klöster wurden in einer gesonderten Abteilung der fürstlichen Ratsstube verwaltet; die Lei-

Abb. 1: Kloster Mariensee bei Neustadt am Rübenberge. (Foto: Klosterkammer Hannover/Corinna Lohse.)

tung oblag einem »Klosterrat«, 1718 findet sich erstmals der Begriff »Klosterkammer« (Krusch 1919, 66). Die Erträge dienten unter anderem weiterhin der Universität Helmstedt (v. Boetticher 2016). Mit dem Verzicht Kurfürst Georgs auf seine Rechte an Helmstedt und der Gründung der Universität Göttingen 1734 wurde in der Folgezeit nur noch diese mit stetig steigenden Beträgen großzügig unterstützt.

Die Klöster im Lüneburgischen sind für die Vorgeschichte des Klosterfonds und der Klosterkammer nicht relevant. Wegen ihrer ununterbrochenen Existenz, ihrer großen kulturgeschichtlichen Bedeutung und vor allem wegen ihrer heute selbstverständlichen Nähe zur Klosterkammer sollen sie hier ebenfalls kurz Erwähnung finden. Herzog Ernst hatte im Fürstentum Lüneburg bereits 1527 die Reformation eingeführt. Von reformatorischer Überzeugung angetrieben, musste er jedoch auch die fatalen finanziellen Folgen der verlorenen Hildesheimer Stiftsfehde, an der sein Vater Heinrich der Mittlere auf Seiten des Hildesheimer Bischofs Johann teilgenommen hatte, zu lindern versuchen. Zuerst lieh er bei den Klöstern enorme Geldbeträge, schließlich zog er große Teile des Klosterguts ein. Er löste die Häuser nicht auf, sicherte ihnen sogar eine Versorgung zu. Diese vormaligen Nonnenklöster wandelten sich bis ins 17. Jahrhundert zu evangelischen Frauenklöstern, die bis heute existieren. Von den Männerklöstern wurde das ehemalige Benediktinerkloster St. Michaelis in Lüneburg ebenfalls nicht aufgelöst, später allerdings in eine Ritterakademie, also eine höhere Lehranstalt für Söhne aus adeligen Familien, umgewandelt.

Die Hildesheimer Klöster sind an dieser Stelle für die Geschichte von Klosterfonds und Klosterkammer sehr viel wichtiger. Obwohl die Stadt Hildesheim 1542 evangelisch geworden war (Gebauer 1922, 327 ff.), blieben wichtige innerstädtische Männer- und Frauenklöster als Ordensklöster erhalten. Zu nennen sind insbesondere die großen Benediktinerabteien St. Michaelis und St. Godehard, die Kanonikerstifte Hl. Kreuz und St. Mauritius sowie das Magdalenerinnenkloster. Das unweit der Stadt gelegene Zisterzienserkloster Marienrode hatte sich schon 1538 unter den Schutz der Calenberger Herzöge gestellt (Dolle 2013, 1007), blieb aber auch nach der Einführung der Reformation dort katholisch. Die sogenannten Hildesheimer »Feldklöster« Derneburg, Dorstadt, Escherde, Grauhof, Heiningen, Lamspringe (Abb. 2), Riechenberg, Ringelheim und Wöltingerode waren durchweg katholische Ordensklöster.

Abb. 2: Klosterkirche Lamspringe im Landkreis Hildesheim. (Foto: Marcus Bredt.)

Der Beginn des 19. Jahrhunderts brachte mit der französischen Expansion und dem Reichsdeputationshauptschluss die Auflösung des Heiligen Römischen Reiches Deutscher Nation. Die Französische Republik verschob ihre Ostgrenze bis an den

Rhein. Linksrheinische Gebietsverluste der deutschen Länder konnten durch die Auflösung der geistlichen Fürstentümer östlich des Rheins kompensiert werden. Bereits im Sommer 1802 nahm das Königreich Preußen das Hochstift Hildesheim in Besitz; die Stadt wurde militärisch besetzt, Fürstbischof Franz-Egon von Fürstenberg musste die weltliche Herrschaft niederlegen. Umgehend wurden die in der Stadt und im Stift gelegenen Männerklöster aufgelöst (Faust 1979, 230). Frauenklöster blieben zunächst verschont (Gebauer 1922, 271). Das Hochstift Osnabrück fiel dagegen im selben Jahr an das Kurfürstentum Hannover; die Klöster wurden aufgehoben, auch die meisten Frauenklöster (Piesch 2006). Der letzte Fürstbischof Friedrich August war ein Sohn des hannoverschen Kurfürsten Georg III.

Die folgenden Jahre sind bestimmt vom weiteren Vordringen der französischen Herrschaft und der Aufteilung der norddeutschen Länder zwischen dem französischen Kaiserreich und dem 1807 errichteten Königreich Westphalen. Nun wurden auch die Frauenklöster aufgelöst, ihr Vermögen eingezogen (Brandis 2003, 494). Nach der endgültigen Niederlage Napoleons 1815 und in der darauf folgenden Restitution der norddeutschen Territorien wurde das Kurfürstentum Hannover zum Königreich erhoben. Es erhielt neben anderen Gebietserweiterungen wieder das ehemalige Fürstbistum Osnabrück und nun, 1815, auch Hildesheim. Prinzregent Georg (Abb. 3), der spätere König Georg IV., erließ ein Verbot weiterer Verkäufe von Klostergut und ordnete eine Untersuchung an (Franitza 2000, 58 f.). Die in den Jahren zuvor teilweise verkauften oder verschenkten Klostergüter sollten »gegen Erstattung des erweislich ...

bezahlten Kaufpreises« (ebd.) zurückerworben werden. Bemerkenswert ist der Fall des Klosters Wöltingerode, das an den jüdischen Bankier Jacobson aus Kassel verkauft worden war. Im Königreich Hannover war Juden zu dieser Zeit der Grundbesitz nicht erlaubt; Jacobson wurde korrekt entschädigt, und auch neu hinzu gekommene Verpflichtungen wie Armenunterstützungen wurden übernommen (v. Reden-Dohna 1997, 292).

Das Ergebnis der hannoverschen Untersuchungen ergab ein um ein Vielfaches angewachsenes ehemaliges Klostervermögen, das sich aus dem Besitz der schon genannten Calenberger und Göttinger Klöster sowie dem der neu hinzugekommenen Osnabrücker und Hildesheimer Klöster zusammensetzte. Staatsminister Karl v. Arnswaldt entwarf einen Plan zur zukünftigen Verwal-

Abb. 3: Georg IV. in der Tracht des Hosenbandordens. (Foto: Christian Tepper, Hannover.)

tung des »geistlichen Gutes«. Sein Bericht vom 16. April 1818 enthält den Vorschlag zur Einrichtung einer eigenen »Kloster-Kammer [...] unter unmittelbarer Aufsicht der königlichen Ministerii« (zit. nach Franitza 2000, 62). Dieser Plan wurde schon kurz darauf Realität; Prinzregent Georg unterzeichnete am 8. Mai 1818 in seinem Londoner Wohnhaus »Carlton House« das Gründungspatent der Klosterkammer. Die Urkunde enthält den noch heute gültigen Verwendungsauftrag (siehe Abschnitt 3 dieses Artikels) und die nun amtliche Bezeichnung: dass »die Einkünfte der aufgehobenen Stifter und Klöster zu einem unter dem Namen der Kloster-Cammer besonders verwalteten Fond vereinigt« werden (Gesetzessammlung für das Königreich Hannover 1818, I. Abt., Nr. 11).

Ein eigenes Dienstgebäude besaß die neugegründete Behörde noch nicht, sie hielt ihre »Sitzungen Montags, Dienstags und Freytags in dem, dem Intelligenz-Comtoir (Geschäftsräume der Hannoverschen Anzeigen) überwiesenen Gebäude« ab (Staatskalender für das Königreich Hannover 1826, 348); dies lag »an der Leinstr. sub. Nr. 867« (ebd., 35). Kasse, Bau- und Forstverwaltung sowie diverse Kloster-Ämter und -»Recepturen« lagen an weiteren Standorten in Hannover, Hildesheim, Osnabrück und den Klosterorten. Später befanden sich die Diensträume in dem am »Friederikenplatze sub Nr. 1 belegenen Gebäude«, und 1876 schließlich bezog die Klosterkammer »das angekaufte Geschäftsgebäude Eichstr. 2« (Staatskalender 1876, 223), das in den folgenden Jahrzehnten zu dem heutigen Dienstgebäude erweitert wurde.

Im 19. Jahrhundert erhielt der Klosterfonds durch die Auflösung des Michaelisklosters

in Lüneburg und des Stifts Bardowick im Jahr 1850 einen großen Vermögenszuwachs. Des Weiteren wurden der Kammer 1823 die Verwaltung des Stifts Ilfeld, 1850 des Hospitalfonds St. Benedicti in Lüneburg und 1878 des Domstrukturfonds Verden übertragen.

Im 19. Jahrhundert konnte die Klosterkammer durch Zukäufe von Gütern und Forsten die Ertragslage aus dem klösterlichen Vermögen auf eine solide Grundlage stellen, denn zahlreiche Rechte und Verpflichtungen der aufgelösten Klöster mussten befriedigt werden. Nachdem das Königreich Hannover 1866 an Preußen gefallen war, wurde seitens der preußischen Regierung durchaus die Frage der Existenzberechtigung aufgeworfen. Der preußische Minister für geistliche, Unterrichts- und Medizinalangelegenheiten, Adalbert Falk, legte dem preußischen Abgeordnetenhaus 1877 eine umfangreiche Denkschrift vor (Falk 1878). In der Folge genehmigte die preußische Regierung den Fortbestand der »Hannoverschen Klosterkammer«. Den Ersten Weltkrieg überstand sie mit dem Verlust der im ehemaligen Westpreußen liegenden Klostergüter (Hesse 2011, 37–45). Durch die in dieser Zeit aufkommende Vergabe von Erbbaugrundstücken für Siedler und Unternehmer konnte die Klosterkammer ihre Einnahmesituation verbessern und sich neben der Land- und Forstwirtschaft und der Förderung von Bodenschätzen breiter aufstellen. Während der NS-Zeit wurde die Klosterkammer in »Staatliche Kulturfondsverwaltung« umbenannt; ihr drohte offenbar sogar die Auflösung, wie aus einem Schreiben der Ebstorfer Äbtissin v. Arnswaldt hervorgeht. 1937 jedoch wurde ihr zusätzlich die Verwaltung der Magdeburger Stiftungen »Kloster Unser Lieben Frauen« und »Kloster

Bergesche Stiftung« übertragen und der Präsident der Klosterkammer zum Landeskommissar der Lüneburger Klöster ernannt. Nach dem Ende der Nazi-Herrschaft verblieb der bisherige Präsident Albrecht Stalmann im Amt und konnte die Geschäfte der nun wieder Klosterkammer genannten Niedersächsischen Landesbehörde weiterführen. Zu Beginn der 1970er Jahre plante die Landesregierung die Integration der Klosterforsten in die Landesforstverwaltung (Franitza 2000, 110). Mit dem Urteil des Niedersächsischen Staatsgerichtshofes in Bückeburg wurde dies jedoch abgewiesen und die Existenz als »überkommene heimatgebundene Einrichtung« festgeschrieben; zuletzt wurde dies 1993 wiederum in der Niedersächsischen Verfassung verankert (v. Campenhausen 1999, 42).

2. Andreas Hesse: Vom Sondervermögen zur öffentlich-rechtlichen Stiftung

Zugegebenermaßen verwendet die Überschrift Begriffe, die erst im 19. Jahrhundert entwickelt worden sind, für die Beschreibung weitaus älterer rechtlicher Einheiten. Dies gilt insbesondere für den Begriff der Stiftung als einer mit Rechtspersönlichkeit ausgestatteten Vermögensmasse, die mithilfe einer dafür geschaffenen Organisation einen vom Stifter bestimmten Zweck auf Dauer zu fördern bestimmt ist (v. Campenhausen 2003, 21), aber auch für den Begriff des Sondervermögens. Unter ihm wird ein Vermögensteil im Eigentum einer juristischen Person öffentlichen Rechts verstanden, der über keine Rechtsfähigkeit verfügt, aber organisatorisch und haushaltsmäßig einen wesentlich höheren Selbstständigkeitsgrad als Verwaltungseinheiten aufweist, wobei regelmäßig die Vermögenserträge für einen bestimmten Zweck gebunden sind. Trotz dieser historischen Ungenauigkeit hat der Titel den Vorteil, die Entwicklung des Rechtsstatus des Allgemeinen Hannoverschen Klosterfonds über mehrere Jahrhunderte hinweg prägnant zu beschreiben.

2.1 Schenkung von drei Göttinger Gütern an die Universität Helmstedt 1629

Wenn man den Begriff des Sondervermögens wie oben dargestellt als eine organisatorische Zusammenfassung von Vermögensteilen zu einem bestimmten Zweck versteht, wird man in der Geschichte des Allgemeinen Hannoverschen Klosterfonds den ersten Ansatz zur Bildung eines derartigen Vermögens darin zu erblicken haben, dass Herzog Friedrich Ulrich von Braunschweig-Wolfenbüttel 1629 die bei Göttingen gelegenen, durch Kriegsfolgen verwüsteten und verschuldeten Klöster Weende, Mariengarten und Hilwartshausen der Universität Helmstedt schenkte (v. Boetticher 2016; siehe auch Franitza 2000, 45). Nach der Schenkungsurkunde vom

11. März 1629 wurden die drei Klöster mit allen Gütern und Einkünften der Universität zwecks Unterhalt angewiesen und »erb- und eigentümlich cediert« (ebd.). Aufgrund des Visitationsrezesses vom 20. November 1650 kam es zu einer einheitlichen Rechnungsle-gung der Klöster durch die fürstliche Kanzlei in Hannover (Franitza 2000, 50, Falk 1878, 4), danach erfolgte dort auch die Rechnungsle-gung der Calenberger Klöster (Franitza 2000, 51). So entstand die Klosterkasse zu Hanno-ver (Falk 1878, 5) als Sondervermögen.

2.2 Gründungspatent 1818

Auf dieser Grundlage wurde mit dem Patent vom 8. Mai 1818 (Gesetz-Sammlung 1818, I. Abt., Nr. 11) durch den Prinzregenten Georg, nachmaligen König Georg IV., der Kloster-fonds als rechtsfähige Stiftung errichtet. Zwar knüpfte das Patent an den schon bestehenden »unter dem Namen der Klos-ter-Cammer besonders verwalteten Fonds an«, nur hatte es sich bisher um eine ledig-lich besonders verwaltete Vermögensmasse ohne eigene Rechtspersönlichkeit gehandelt (vgl. vorstehend 1.). Rechtsfähigkeit erhielt der Klosterfonds erst durch das Gründungs-patent (v. Campenhausen 1999, 38). Das Patent stellte die Stiftungsurkunde dar und enthielt alle notwendigen Elemente einer solchen: Es bestimmte das Stiftungsver-mögen, nämlich die »Güter aufgehobener Stiftungen und Klöster in den von uns erwor-benen und mit unserem Königreiche verei-nigten Provinzen«, welches im Folgenden näher bezeichnet wird. Das Patent benannte sodann den Stiftungszweck, nämlich – durch Bezugnahme auf das »ruhmwürdige Bei-spiel« der Vorfahren in der Regierung – die Einkünfte aus dem Stiftungsvermögen dazu zu verwenden, »die geistlichen Bedürfnisse der Untertanen nach Möglichkeit zu befrie-digen« und zwar »namentlich für Kirchen, Schulen, höhere Gymnasien und wohltätige Anstalten aller Art«. Weiter gab das Patent der Stiftung das erforderliche Organ, indem es ihre Verwaltung einer »eigenen und hier-durch errichteten Klosterkammer« übertrug, die es gleichzeitig der Aufsicht des Staats- und Kabinettsministeriums unterstellte. Der für eine Stiftung konstitutive Wille des Stifters, eine auf Dauer gerichtete Einrich-tung zu schaffen, ergab sich aus der Formu-lierung, die »beabsichtigte Verwendung auf ewige Zeiten zu sichern«.

2.3 Verfassungsrechtliche Regelungen 1833 und 1840

Verfassungsrechtlichen Rang erhielten die Bestimmungen über den AHK mit § 71 des Grundgesetzes des Königreiches Hannover vom 26. September 1833 (Gesetz-Samm-lung 1833, 286). Die Vorschrift übernahm die Bestimmungen des Gründungspaten-tes, ersetzte allerdings die Zweckbestim-mung der »höheren Gymnasien« durch die Landesuniversität. Zusätzlich wurde eine Veräußerungsbeschränkung des Stiftungsvermögens gleich dem des Domanialvermögens gem. §§ 123, 124 des Grundgesetzes des Königreiches Hannover bestimmt. Das Grundgesetz wurde mit dem Regierungsantritt von Ernst August 1837 aufgehoben (Gesetz-Sammlung 1837, 61; 1839, 25) und 1840 durch das Landesverfassungsgesetz für das Königreich Hannover ersetzt (Gesetz-Sammlung 1840, 141). § 79 des Landesverfassungsgesetzes übernahm die Regelung des Grundgesetzes von 1833 und ersetzte nur die »Wohltätigen Zwecke aller Art« durch »milde Zwecke aller Art«. Abs. 2 regelte die Verwaltung der Stiftung durch eine vom König gesondert bestellte Behörde, mithin die Klosterkammer. § 79 Abs. 1 bis 4 galten einfachgesetzlich als Landesrecht weiter aufgrund § 1 des Dritten Gesetzes zur Bereinigung des niedersächsischen Rechts vom 17. Mai 1967 in Verbindung mit Nr. 13 der Anlage zum genannten Gesetz mit Ausnahme des Verweises in § 79 Abs. 4 auf § 131 Landesverfassungsgesetz. Die durch das Patent geschaffene Rechtsgrundlage änderte sich mithin durch die verfassungsrechtlichen Regeln nicht (v. Campenhausen 1999, 38).

2.4 Falksche Denkschrift 1877

Bestand im Königreich Hannover kein Anlass, die Rechtsnatur des Allgemeinen Hannoverschen Klosterfonds eingehender zu betrachten, änderte sich dies nach der Annektion Hannovers durch Preußen 1866. Im preußischen Patent wegen Inbesitznahme des vormaligen Königreichs Hannover vom 3. Oktober 1866 (Gesetz-Sammlung 1866, 591 f.) war bestimmt worden, dass »alle Gesetze und Einrichtungen der bisherigen Hannoverschen Lande (zu) erhalten (seien), soweit sie Ausdruck berechtigter Eigenthümlichkeiten sind und in Kraft bleiben können, ohne den durch die Einheit des Staats und seiner Interessen bedingten Anforderungen Eintrag zu thun.« § 79 Landesverfassung 1840 blieb also weitergeltendes Recht, jedoch nicht mehr im Range einer Verfassungsbestimmung, sondern als einfachgesetzliche Regelung (Franitza 2000, 67). Zu ihrem Fortbestand bedurften Klosterfonds und Klosterkammer der Anerkennung als »landeseigentümliche Einrichtung«. Hier standen sich die Auffassung des preußischen Ministers für geistliche, Unterrichts- und Medizinalangelegenheiten, dem die Aufsicht über Klosterfonds und Klosterkammer übertragen worden war, und diejenige des preußischen Finanzministers gegenüber. Während ersterer die Auffassung vertrat, dass der Klosterfonds selbständig und mit einer eigenen Verwaltung zu führen sei, strebte der preußische Finanzminister an, die Verwaltung des Fonds auf seine Domanialverwaltung zu übertragen (Franitza 2000, 68). In der Folge dieser Auseinandersetzung forderte das preußische Abgeordnetenhaus eine Denkschrift über Klosterfonds und Klosterkammer an. Zugleich ergingen zahlreiche Proteste von Kirchengemeinden, Kommunen und Landschaften an die preußische Regierung, den Klosterfonds nicht als Bestandteil des Staatsvermögens zu behandeln und ihn nicht im Staatsfiskus aufgehen zu lassen (Franitza 2000, 68). Diese oben bereits erwähnte, nach ihrem Autor, dem Minister Dr. Adalbert Falk, benannte Denkschrift führte aus, dass »der Klosterfonds eine mit selbständiger juristischer Persönlichkeit versehene Stiftung, deren rechtliche Vertretung und Verwaltung von der Klosterkammer zu Hannover geführt wird«, war. Begründet wurde diese Auffassung mit der Rechtsregel des gemeinen Rechts, wonach Stiftungen für einen frommen und gemeinnützigen Zweck als selbständige juristische Persönlichkeiten gelten; auch wurde auf die staatliche Anerkennung verwiesen und auf den Umstand, dass seit dem Gründungspatent 1818 durchgängig und unbestritten Gesetzgebung, Verwaltung und Rechtsprechung nach dieser Rechtsauffassung verfahren seien.

2.5 Urteil Preußisches Oberverwaltungsgericht 1910

Diese Auffassung wurde vom preußischen Oberverwaltungsgericht in seinem Urteil vom 27.05.1910 – VIII.C.165/09 – (OVGE 57, 226) fortgeführt. Das OVG führt aus, dass der Klosterfonds kein Bestandteil des fiskalischen Vermögens, sondern eine mit selbständiger juristischer Persönlichkeit versehene milde Stiftung sei, deren rechtliche Vertretung und Verwaltung von der Klosterkammer Hannover geführt werde. Auch in der Begründung dieser Auffassung greift das OVG auf die Falksche Denkschrift zurück: Die juristische Persönlichkeit gründe sich auf die Rechtsregel des gemeinen Rechts, nach welcher Stiftungen für einen frommen und gemeinnützigen Zweck als selbständige juristische Persönlichkeiten gelten sowie auf die erfolgte Anerkennung durch die Staatsgewalt.

2.6 Urteil Kammergericht 1932

Das Kammergericht präzisierte in seinem Urteil vom 17. November 1932 – 1 X 650/32 – (HRR 1933 Nr. 1521) diese Rechtsauffassung dahingehend, dass es sich bei dem Allgemeinen Hannoverschen Klosterfonds um eine mit selbständiger juristischer Persönlichkeit ausgestattete milde Stiftung handele und zwar nach Entstehungsgeschichte, Verfassung und Zweck um eine Stiftung des öffentlichen Rechts.

2.7 Urteil Niedersächsischer Staatsgerichtshof 1972

In jüngerer Zeit befasste sich der Niedersächsische Staatsgerichtshof in seinem Urteil vom 13. Juli 1972 – StGH 1/71 – (ZevKR 18(1973), 84) mit der Rechtsnatur des Allgemeinen Hannoverschen Klosterfonds. Der Staatsgerichtshof hatte die Frage zu beantworten, ob der Allgemeine Hannoversche Klosterfonds zu den nach Art. 56 Abs. 2

Vorläufiger Niedersächsischer Verfassung (jetzt: Art. 72 Abs. 2 Niedersächsische Verfassung) geschützten überkommenen heimatgebundenen Einrichtungen gehört. Im Ergebnis bejahte der Staatsgerichtshof dies, ließ es aber dahinstehen, ob der AHK den Status einer Stiftung öffentlichen Rechts hat oder lediglich ein rechtlich unselbständiges staatliches Sondervermögen darstellt.

Zwar verwies der Staatsgerichtshof darauf, dass »bisher wohl einhellig in der Rechtsprechung und im Schrifttum angenommen worden« sei, dass der AHK Stiftung öffentlichen Rechts sei. Für die Entscheidung könne dies jedoch dahinstehen, da der Schutz von Art. 56 Abs. 2 Vorl. Nds. Verf. nicht von der Rechtsnatur der begünstigten Einrichtung abhängig sei.

2.8 Bundesverwaltungsgericht 2006

Schließlich hatte sich in jüngster Zeit das Bundesverwaltungsgericht in seinem Urteil vom 29. März 2006 – 8 C 19.04 – (BVerwGE 125, 353) mit der Rechtsnatur des Allgemeinen Hannoverschen Klosterfonds zu befassen. Das Bundesverwaltungsgericht hatte zu entscheiden, ob der AHK zu den nach § 2 Abs. 1 S. 1 VermG Restitutionsberechtigten gehört. Bereits in der Sachverhaltsdarstellung führt das BVerwG aus, dass der AHK schon in der Falkschen Denkschrift 1877 der

Rechtscharakter einer Stiftung öffentlichen Rechts mit eigener Rechtspersönlichkeit zugeschrieben worden sei. Dementsprechend stützte das BVerwG seine Rechtsauffassung darauf, dass der Allgemeine Hannoversche Klosterfonds als Stiftung öffentlichen Rechts juristische Person des öffentlichen Rechts sei und damit zum Kreis der Restitutionsberechtigten nach § 2 Abs. 1 S. 1 VermG gehöre.

3. Stephan Lüttich: Verwendung der Erträge »für Kirchen und Schulen, auch zu milden Zwecken aller Art«

Vor allem mit ihrer Fördertätigkeit haben sich Klosterkammer und Klosterfonds in das Bewusstsein vieler Menschen eingeprägt. Das Fördergebiet umfasst dabei das Territorium des ehemaligen Königreichs Hannover einschließlich der Gebiete der ehemaligen preußischen Provinz Hannover, Cuxhaven, Goslar und Holzminden und seit 2007 – ausgenommen die Unterstützung kirchlicher

Projekte – auch des ehemaligen Landes Schaumburg-Lippe.

Neben allen anderen Aufgaben soll der Allgemeine Hannoversche Klosterfonds Überschüsse erwirtschaften, die für Zuwendungen verwendet werden. Prinzregent Georg IV. schrieb 1818 die Förderzwecke in seinem Gründungspatent für Klosterkammer und Klosterfonds verbindlich fest. Die Erträge des aus Reformation und Säkularisation hervorgegangenen, ehemals geistlichen Vermögens müssten »namentlich für Kirchen, Schulen, höhere Gymnasien und wohlthätige Anstalten aller Art« (Gesetz-Sammlung 1818, I. Abt., Nr. 11) verwendet werden. Er konnte sich dabei auf die Vorgeschichte der im Klosterfonds zusammengefassten Vermögensmasse berufen, war doch bereits in der zweiten Hälfte des 16. Jahrhunderts für die in der Reformation aufgelösten Klöster verfügt worden, dass deren Erträge in Umsetzung des Abschiedes des Schmalkaldischen Tages 1537 für Kirchen, Schulen und Armenfürsorge zu verwenden seien (vgl. Körber 1913, 115 f.). Die drei Förderzwecke gehen unmittelbar aus dem ursprünglichen historischen Kontext des im Fonds zusammengefassten Vermögens hervor. Verkündigung, Gottesdienst und Seelsorge, Bildungsvermittlung und -bewahrung sowie die tätige Hinwendung zu bedürftigen und ausgegrenzten Menschen waren und sind die wesentlichen Aufgaben, mit denen Klöster zu allen Zeiten in die Gesellschaft hinein gewirkt haben. Nach der Säkularisation des 19. Jahrhunderts war es schließlich das Anliegen von Georg IV., die Erfüllung dieser Aufgaben in seinem Regierungsbereich trotz Auflösung der Klöster durch eine solide, aber von der Staatskasse getrennte finanzielle Basis zu unterstützen. Der Prinzregent stellte diese drei klassischen Stiftungszwecke des Allgemeinen Hannoverschen Klosterfonds, die bis heute Gültigkeit haben und in den letzten 150 Jahren durch verschiedene gesetzliche Regelungen bestätigt wurden, in einen größeren Zusammenhang, wenn er – als eine Art Überschrift – ein grundsätzliches Ziel hinzufügte: »auf eine, den Erfordernissen der Zeiten angemessene

Art, die geistlichen Bedürfnisse Unserer Unterthanen nach Möglichkeit zu befriedigen«. Gemeint ist hier sicherlich ein Zugehen auf den konkreten Menschen mit seinen geistlichen, d. h. religiösen, aber ganz selbstverständlich auch kulturellen und sozialen Bedürfnissen in konkreten gesellschaftlichen Zusammenhängen, sodass die Notwendigkeit der ständigen Reflexion und Aktualisierung der Förderzwecke gemäß »den Erfordernissen der Zeit« auf der Hand lag.

Im Jahr 2001 konkretisierte eine aus Vertretern der beiden großen Kirchen und der Klosterkammer Hannover unter Vorsitz des Niedersächsischen Ministeriums für Wissenschaft und Kultur bestehende Kommission den aktuellen Rahmen für die Vergabe von Fördermitteln und formulierte die bis heute geltenden Förderrichtlinien.

Der Klosterfonds ist keine kirchliche Stiftung und unterstützt doch die evangelische Landeskirche Hannover, die katholischen Bistümer Hildesheim und Osnabrück, ihre Kirchenkreise und Dekanate, Kirchengemeinden und Einrichtungen in ihrem Dienst. Er ist keine Bildungsstiftung und wendet doch Schulen und anderen Bildungsträgern erhebliche Mittel für ihre Arbeit mit Kindern und Jugendlichen zu, wobei vor allem solche Maßnahmen in den Blick genommen werden, die einen sozial-integrativen Charakter tragen. Er ist keine Denkmalstiftung und gibt doch Zuwendungen für den Erhalt kirchlicher und profaner Bau- und Kunstdenkmäler von herausragender historischer Bedeutung, wenn sie der allgemeinen Öffentlichkeit zugänglich sind. Er ist keine Sozialstiftung und hilft doch, Projekte zu verwirklichen, die Menschen zugutekommen, die in unserer Gesellschaft am Rande stehen und auf unterschiedliche Weise benachteiligt sind. Er ist keine Kulturstiftung und ermöglicht doch Theater-, Konzert- und Ausstellungsprojekte, wenn sie dazu dienen, Kinder und Jugendliche oder benachteiligte Menschen an musische und Bildungsinhalte heranzuführen. Er ist keine Forschungsstiftung und unterstützt doch wissenschaftliche Projekte, die der Erschließung des von der Klosterkammer bewahrten historischen und kulturellen Erbes dienen. In ihrer Unterschiedlichkeit verweisen alle geförderten Maßnahmen auf die Herkunft und die besondere Prägung des Fondsvermögens.

Mit etwa drei Millionen Euro ermöglicht die Klosterkammer jährlich rund 200 Projekte. Dabei wird gut die Hälfte der Vorhaben mit einer Summe von bis zu 5.000 Euro unterstützt. Nur rund zwölf Maßnahmen pro Jahr erhalten eine Förderung von über 50.000 Euro. Der Klosterkammer Hannover ist es dabei wichtig, trotz der erheblichen Mittel, die Jahr für Jahr für Förderzwecke zur Verfügung gestellt werden, nicht nur und nicht zuerst als potente Geldgeberin gesehen zu werden. Sie sieht sich vielmehr als Partnerin, die in weiten Teilen Niedersachsens gemeinsam mit den Zuwendungsempfängern an der Gestaltung unserer Gesellschaft mitwirkt, um heute die »geistlichen Bedürfnisse« der Menschen, von denen das Gründungspatent Georgs IV. spricht, zu identifizieren und zu befriedigen. Bedürfnislagen können im Gespräch mit relevanten gesellschaftlichen Gruppen und Einzelpersonen erkannt werden. So können Schwerpunkte der Förderung festgelegt und verschoben, neue und innovative Konzepte entwickelt werden, die allein mit staatlichen Mitteln nicht umgesetzt werden könnten. Im Jahr 2012 konnte in diesem Sinne mit

»ehrenWERT.« ein besonderes Förderprogramm aufgelegt werden. Angesichts der demographischen Entwicklung sowie der allgemeinen Entwicklung der Bedeutung des zivilgesellschaftlichen Sektors wurde das Thema Freiwilligenarbeit als gesellschaftlich wie politisch relevanter Bereich identifiziert, der zudem mit allen drei Förderzwecken des Klosterfonds in besonderer Weise in Verbindung steht. Die Quote der in Niedersachsen ehrenamtlich Engagierten liegt über dem bundesweiten Durchschnitt. Dennoch lässt sich weiteres Potential bergen. Studien haben gezeigt, dass viele bereit sind, sich noch stärker einzubringen, sofern sich für sie interessante und herausfordernde Aufgabenbereiche ergeben. Zugleich ist ein Mangel an ehrenamtlichen Leitungskräften zu verzeichnen. Vielen Projektträgern fehlen gegenwärtig qualifizierte ehrenamtliche Mitarbeiterinnen und Mitarbeiter. Eine stärkere Qualifizierung der Engagierten scheint daher erforderlich zu sein.

Die Möglichkeit der persönlichen Entwicklung und der Erweiterung bestehender Interessen und Fähigkeiten ist oft eine wesentliche Motivation für das ehrenamtliche Engagement. Für viele, die sich bereits engagieren, ist die Teilnahme an einer Qualifizierungsmaßnahme zudem Ausdruck der Anerkennung und Wertschätzung ihrer Tätigkeit.

Mit ihrem Förderprogramm »ehrenWERT.« unterstützt die Klosterkammer daher vorwiegend Projekte, die mit einer Qualifizierung der ehrenamtlichen Mitarbeiterinnen und Mitarbeiter verbunden sind. Möglich ist jedoch auch die alleinige Förderung von Projekten, die zu wesentlichen Teilen von ehrenamtlichen Mitarbeiterinnen und Mitarbeitern getragen werden sowie von Qualifizierungsmaßnahmen, die im Rahmen von bereits etablierten und finanzierten Projekten stattfinden. Seit Programmbeginn konnten insgesamt rund 100 Projekte mit über zwei Millionen Euro ermöglicht werden.

Zu den »Erfordernissen der Zeit« gehört gerade im Stiftungssektor auch die Frage der Transparenz von Förderentscheidungen und -prozessen. Aus diesem Grund nahm die Klosterkammer 2015 erstmals an der Evaluierungsstudie »Learning from Partners« des Centrums für Soziale Investitionen und Innovationen (CSI) der Universität Heidelberg teil (Abb. 4). Hierzu wurden mehr als 10 000 Partner von elf Stiftungen befragt. Antragsteller und Förderpartner des Jahres 2014 waren eingeladen, ihre Erfahrungen mitzuteilen und die Zusammenarbeit zu bewer-

ten. Neben der Zufriedenheit mit der Stiftung wurde die Einschätzung der administrativen Prozesse, der angebotenen Unterstützung und der Transparenz erfragt. Die Teilnahme hat der Klosterkammer erstmalig einen systematischen Einblick in die Wahrnehmung ihrer Fördertätigkeit eröffnet: Wie zufrieden sind die Partner? Welche Kritikpunkte gibt es? Wie können Prozesse verbessert werden? Eine für Online-Befragungen hohe Rücklaufquote von 39,2 Prozent zeigt, dass die Befragten die Absicht der Klosterkammer, aus den Ergebnissen der Studie zu lernen, ernstgenommen haben. Denn nur wer davon ausgeht, dass seine Antworten auf offene Ohren stoßen, nimmt sich die Zeit und füllt einen umfangreichen Fragebogen aus. Die Beurteilung der Klosterkammer als renommierter und zuverlässiger Akteur, dessen

Abb. 4: Präsentation der Studie »Learning from Partners« in Hannover: Dr. Sønke Burmeister (Niedersächsische Lotto-Sport-Stiftung), Karsten Behr (Niedersächsische Bingo-Umwelt-Stiftung), Hans-Christian Biallas (Präsident der Klosterkammer Hannover). (Foto: Klosterkammer Hannover/Lina Hatscher.)

Tätigkeit gesellschaftliche Wirkung erkennen lässt, bekräftigt die positive Wahrnehmung und Verbundenheit.

Die Partnerschaft mit dem Förderbereich der Klosterkammer schätzen 88,9 Prozent als sehr gut oder gut ein. 87,2 Prozent bewerten den Kontakt in der Phase der Antragstellung positiv. Eine deutlich überdurchschnittliche Zufriedenheit von 88,2 Prozent erreicht die durch die Mitarbeiter und Mitarbeiterinnen geleistete Unterstützung bei der Antragstellung.

Aus den Antworten der Partner ergeben sich aber auch konkrete Verbesserungsmöglichkeiten. Die Wünsche nach detaillierteren Informationen und zusätzlichen Merkblättern zur Antragstellung werden im Rahmen der anstehenden Neugestaltung der Klosterkammer-Website umgesetzt. Zusätzlich werden Angebote ausgebaut werden, mit denen die Klosterkammer ihre Partner unterstützt, in ihrer Organisation Kompetenzen, z.B. im Bereich wirkungsorientierter Projektplanung, zu entwickeln, die sie über den Projektabschluss hinaus für ihre Arbeit einsetzen können.

Klosterkammer Hannover und Allgemeiner Hannoverscher Klosterfonds sind Konstanten im Wandel der Zeit – auch im Bereich der Förderung kirchlicher, schulischer und sozialer Projekte (Abb. 5). Aber wie im Bereich der Vermögensverwaltung stellen sie sich immer neu der Herausforderung, die Konstanz »auf eine, den Erfordernissen der Zeiten angemessene Art« zu gewährleisten und so ihrer letztlich in der Reformationszeit wurzelnden geschichtlichen Verantwortung gerecht zu werden.

Abb. 5: Förderprojekt »Klassik im Klassenzimmer« in Goslar. (Foto: Gert Wölfert.)

Literatur

Brandis, Wolfgang: Die Säkularisation und die evangelischen Frauenklöster. In: Scharf-Wrede, Thomas (Hrsg.): 1803 – Umbruch oder Übergang. Die Säkularisation von 1803 in Norddeutschland. Hildesheim 2004, 481–500.

Campenhausen, Axel v. und andere: Klosterfonds und Klosterkammer Hannover. Hannover 1999.

Campenhausen, Axel v.: Geschichte des Stiftungswesens. In: Bertelsmann Stiftung (Hrsg.): Handbuch Stiftungen. Wiesbaden 2003.

Dolle, Josef (Hrsg.): Niedersächsisches Klosterbuch. Bielefeld 2013.

Falk, Adalbert: Denkschrift des preußischen Ministers für geistliche, Unterrichts- und Medizinalangelegenheiten Dr. Falk betreffend die Entstehung, den rechtlichen Charakter und den Umfang der Verbindlichkeiten des Hannoverschen Klosterfonds nebst dem Verzeichnis dieser Verpflichtungen vom 14. November 1877. Drucksache Nr. 63 des Hauses der Abgeordneten, 13. Legislaturperiode, II. Session 1877/78. In: Böckler, Karl Friedrich Wilhelm (Hrsg.): Dritte Folge der Eberhardt'schen Sammlung der Gesetze, Verordnungen und Ausschreibungen in Kirchensachen für den Bezirk des Königlichen Provinzial-Konsistoriums zu Hannover. Hannover 1878, 711–766.

Franitza, Andreas: Der Allgemeine Hannoversche Klosterfonds und die Klosterkammer Hannover. Untersuchung zur rechtsgeschichtlichen Entwicklung. Frankfurt am Main 2000.

Gebauer, Johannes: Geschichte der Stadt Hildesheim, Teil 1. Hildesheim 1922.

Gesetz-Sammlung für das Königreich Hannover, Jahrgänge 1818, 1833, 1837, 1839, 1840.

Gesetz-Sammlung für die Königlich Preußischen Staaten, Jahrgang 1866.

Hesse, Andreas: Aufgelöste, veräußerte und enteignete Klostergüter – eine Übersicht. In: Klosterkammer Hannover (Hrsg.): Klostergüter, ein niedersächsisches Erbe. Rostock 2011, 37–42.

Körber, Kurt: Kirchengüterfrage und Schmalkaldischer Bund. Ein Beitrag zur deutschen Reformationsgeschichte. Leipzig 1913.

Krusch, Bruno: Die Hannoversche Klosterkammer. Mitteilungen des Universitätsbundes Göttingen 1, 3, Göttingen 1919.

Piesch, Gerd-Ulrich: Klöster und Stifte im Osnabrücker Land. Regensburg 2006.

Reden-Dohna, Armgard v.: Die Säkularisation der Hildesheimer Feldklöster und der Anfang der Klosterkammer Hannover. In: Niedersächsisches Jahrbuch für Landesgeschichte 69, 1997, 281–300.

Staatskalender für das Königreich Hannover 1826.

Staatskalender für die Provinz Hannover 1876.

Waitz, Georg: Arnswaldt, Frhr. Karl Friedrich Alexander von. In: Historische Kommission bei der Bayerischen Akademie der Wissenschaften (Hrsg.): Allgemeine Deutsche Biographie, Band 1, 1875, 598–599.

Denkmäler für und Erinnerungszeichen an Reformatoren in Niedersachsen

Rainer Ertel

Neben zahlreichen Denkmälern für Martin Luther (der selbst nicht in Niedersachsen wirkte) finden sich Erinnerungen an Reformatoren, die als Schüler Luthers bzw. dessen engste Vertraute ins Land gerufen wurden. Mit Johannes a Lasco wird auch ein prominenter Vertreter der evangelisch-reformierten Glaubensrichtung berücksichtigt. Das Gedenken an Reformatoren manifestiert sich in Form von Statuen, Büsten, Erinnerungsplaketten und (verlorenen) Epitaphien, deren Inschriften gleichwohl überliefert sind. Auch Hinweise auf Wohnen und Wirken sowie einzelne Artefakte finden sich. Zu Ehren Johannes Bugenhagens wurde in Hildesheim sogar ein Brunnen gestiftet.

1. Martin Luther (1483 Eisleben – 1546 ebenda)

1.1 Standbilder

Zwar wirkte Luther nicht in eigener Person als Reformator in Niedersachsen und hat niedersächsischen Boden nie betreten (Cohrs, 1917, 227), aber ihm sind auch hier zahlreiche Denkmäler gewidmet.

An der Südseite des Turmes der Marktkirche in Hannover steht seit 1952 das von Carl Dopmeyer (1824–1899) geschaffene und nach seinem Tod durch Ferdinand Hartzer (1838–1906) vollendete Standbild des Reformators auf einem Sockel aus Nesselberger Sandstein. Luthers Fuß zertritt die Bannbulle, seine linke Hand hält die Bibel, und die rechte ist zum Schwur erhoben (Abb. 1a). Das den Sockel umgebende Kleinpflaster zeigt in weißen Steinen die Inschrift »Christus vivit« (Christus lebt).

Vor dem Zweiten Weltkrieg hatte das Denkmal seinen Standort in aufwändigerer Gestaltung an der Südseite der Kirche (Abb. 1b). Die damaligen Begleitfiguren der Komposition, Herzogin Elisabeth von Braunschweig-Calenberg und Herzog Ernst (der Bekenner) von Braunschweig-Lüneburg (Celle), kehrten nach kriegsbedingter Ablieferung 1941 (anders als Luther) nicht wieder zurück[1]. Mit dem ehemaligen Denkmalsockel verschwand auch die »Arnsborgszene«. Sie befand sich auf dem das Lutherstandbild tragenden Sockel aus rotem Vane-

Abb. 1a: Hannover (Foto: R. Ertel.)

Abb. 1b: Hannover (Foto: private Sammlung R. Ertel.)

wick-Granit als Flachbild und erinnerte an die Einführung der neuen Lehre in der Stadt Hannover am 26. Juni 1533 auf Anregung des Gemeindewortführers Dietrich (von) Arnsborg (Rowald 1901, 71)[2] . Nicht zutreffend ist die Erklärung, dass auf dem Relief Luther dargestellt gewesen sei, von Kindern umgeben und ein Kind auf dem Arm haltend (so Dithmar 2014, 149).

Dass Hannover sein Lutherdenkmal mit Verspätung (1900) und nicht schon zu den Feiern des 400. Geburtstags des Reformators[3] erhalten hat, lag daran, dass ein zur Lutherfeier 1883 von Carl Dopmeyer »für den Klagesmarkt beschafftes Gelegenheitsbild« zwar so großen Beifall fand, dass man eine Sammlung begann, die dann allerdings nur schleppend verlief. Ein erneuter Anlauf Dopmeyers für das Denkmal und den passen-

den Standort auf dem Altstädter Markt war dann aber erfolgreicher (Rowald 1901, 71).

Hans Werner Dannowski, der frühere hannoversche Stadtsuperintendent, sieht die Darstellung Luthers auf diesem Denkmal mit Distanz: Hochexpressiv sei sie, erwecke aber im Betrachter das Bedürfnis, Luther von seiner pathetischen Geste zu erlösen. Die Betrachtung vermittle mehr von der deutschen Geschichte des 19. Jahrhunderts als vom Reformator selbst: »So heldenhaft, so national ist mir der Reformator nie erschienen. Interessant ist das alles, aber eine Verneigung legt sich mir nicht nahe« (Dannowski, 2000, 63).

Solche Bewertung regt dazu an, den Typwandel des Lutherbildes im Zeitablauf zu betrachten. Für Lutherbildnisse, die später vielfach die Inspiration zur bildhauerischen

Umsetzung gaben, findet sich hierzu eine aufschlussreiche Analyse bei Geck (2014, 78 ff.): Es beginnt demnach mit dem ausdrucksstarken Kupferstich Lucas Cranachs d. Ä. (ca. 1472–1553) von 1520, der Luther als jungen Augustinermönch mit Kutte und sauber geschnittener Tonsur zeigt, gefolgt von der Darstellung als Gelehrter mit Doktorhut von 1521, dann (wiederum von Cranach) Luther als Kirchenvater mit Schaube und Barett (1528) sowie später der korpulent gewordene Luther (1533).

Im 18. Jahrhundert wird Luther als streng dogmatischer Geist gezeigt, als Sinnbild der altlutherischen Orthodoxie und als kritisch blickender Aufklärungstheologe. Mitte des 19. Jahrhunderts sah man Luther als biedermeierlichen Haus- und Familienvater, um Ende des Jahrhunderts mit nationalem Pathos aufgeladen zu werden und im Umfeld des Ersten Weltkriegs eine aggressive Note zu bekommen. Im Nationalsozialismus wird die Enttheologisierung Luthers auf die Spitze getrieben, um nach dem Zweiten Weltkrieg sein religiöses Anliegen wieder stärker zu betonen und es in der DDR (nach anfänglicher Skepsis) um eine sozial- und wirtschaftsgeschichtliche Dimension zu bereichern. Zeitgenössisch wird Luther u. a. als Kommunikator in einer medialen Welt oder als Teil des bildhaften Gedächtnisses der Gesellschaft dargestellt, wobei er sich mit dieser Facette auch als bloßer Werbeträger zu qualifizieren scheint.

Eine analoge Typengeschichte der Lutherdenkmäler referiert Dithmar (2014, 132 f.): Diese beginnt mit Johann Gottfried Schadow (1764–1850), dessen Lutherdenkmal 1821 auf dem Marktplatz in Wittenberg enthüllt wurde (Grundsteinlegung 1817)[4]. Prägend war im Anschluss auch das große Wormser Lutherdenkmal von Ernst Rietschel (1804–1861) und seinen Schülern (1868; Entwurf ab 1858), das vor allem für die Lutherfeiern 1883 zu Repliken angeregt hat. Einen weiteren Bauboom an Lutherdenkmälern registriert Dithmar zum 400jährigen Reformationsjubiläum 1917.

Dargestellt ist in diesen Denkmälern stets der ältere Luther, der »staatstragend«, auf Ordnung und Gehorsam bedacht, dem bürgerlichen und hoheitlichen Lutherbild offenbar sehr viel besser entsprach als der aufbegehrende, wahrheitssuchende junge Augustinermönch. In den 1920er Jahren entstanden nach Dithmar wenige neue Lutherstandbilder, während im Nationalsozialismus der Reformator ideologisch missbraucht wurde.

Das erste moderne Lutherdenkmal nach dem Zweiten Weltkrieg macht der Autor für Kassel aus, wo Knud Knudsen (1916–1998) im Jahre 1971 eine Statuette für den Vorraum der Lutherkirche gestaltet hat (Dithmar 2014, 63). Auf die »große« Fassung für Egestorf (Nordheide) wird noch einzugehen sein.

Auch in Elze plante man zur 400-jährigen Wiederkehr des Geburtstages von Luther die Errichtung eines Denkmals. Die Schritte hierzu waren: Gründung eines Ausschusses, Spendensammlung und Auftragserteilung an den ortsansässigen Künstler L. Oehlmann (1851–1930). Wie Müller (2000, 26) aus einem 50 Jahre später erschienenen Jubiläumsbericht der Elzer Zeitung zitiert, stand am 10. November 1883 auf dem Kirchplatz aber nur der Denkmalsockel, weil das Standbild nicht rechtzeitig fertig geworden war. Die dem Künstler gesetzte Nachfrist (Luthers Todestag am 18. Februar des Folgejahres) wurde dann jedoch eingehalten und das Denkmal feierlich enthüllt. Die mit dem Künstler für den Fall der Verzögerung vereinbarte Konventionalstrafe wurde ihm daraufhin erlassen. Der Reformator ist aus Sandstein gefertigt (Abb. 2) und steht auf einem gestuften Sandsteinsockel, der mit zwei Inschriften an den Anlass der Denkmalaufstellung erinnert und die Luther zugeschriebenen Worte wiedergibt: »Hier stehe ich, ich kann nicht anders; Gott helfe mir, Amen«. Vorbild für das Denkmal war die Wormser Darstellung von Ernst Rietschel. Ebenfalls an Rietschel angelehnt, aber mit

St. Lambertikirche[5] in Oldenburg angefertigt. Ursprünglich war an die Aufstellung einer Figur des lehrenden Christus gedacht, während Statuen von Luther und Melanchthon neben dem Giebel des Hauptportals hätten Aufstellung finden sollen. Für dieses Bildprogramm lag ein Vorschlag des Bremer Bildhauers Diedrich Samuel Kropp (1824–1913) vor. Letztlich entschied man sich (wohl aus Kostengründen) für die realisierte kleine Variante (Abb. 3) und bedachte den ortsansässigen Bildhauer mit dem Auftrag für die Lutherstatue (ausführlich Gäßler 1988, 108). Architekt des 1873/76 errichteten Turmes

Abb. 2: Elze

Abb. 3: Oldenburg i.O.

offener Bibel in der linken Hand und mit dem Zeigefinger auf den Text weisend, hat der Oldenburger Bildhauer und Steinmetz Bernhard Högl (1843–1893) 1876 ein Lutherstandbild für eine Nische im Westturm der

war Ludwig Klingenberg (1840–1924), der unter Rückgriff auf frühere Pläne seines Bruders[6] 1885/87 auch die Außenarchitektur um die klassizistische Rotunde der Kirche im Stil der Neugotik schuf (ausführlich Gäßler

1988). 1889 trug man auf Drängen der Stadt, aber gegen den Willen Klingenbergs, den Turmhelm bis zum Bodenniveau der Turmgalerie ab, weil sich massive Bauschäden gezeigt hatten. Karl Börgemann (1851–1938) schuf Ersatz durch einen hölzernen Turmhelm mit Schieferabdeckung (vgl. auch Happel 1993, 135).

Im Jahre 1883 hat Högl das Oldenburger Motiv noch einmal für eine Lutherstatue auf gestuftem Steinsockel verwendet (Dithmar 2014, 137 f.). Es steht auf der Insel Norderney vor dem Schiff der Inselkirche in der Kirchstraße.

Ähnlich wie in Oldenburg findet sich auch in Celle (der Residenzstadt Ernst des Bekenners) ein Lutherdenkmal an (und nicht vor) der Kirche. Bei Erneuerungsarbeiten an der Stadtkirche 1899/1900 wurden mehrere Anbauten an der Nordseite abgerissen und die »Lutherhalle« aufgebaut (Cassel 1913, 31). Über dem dortigen Eingang steht der steinerne Reformator auf ebensolchem Sockel in einem von zwei Engelsköpfen flankierten Rahmen (Abb. 4).

Leider nennt der Chronist nicht den Namen des Künstlers. An anderer Stelle erfahren wir jedoch, dass der Bau eines (damals fehlenden) Turmes der Stadtkirche zum ehrenden Andenken an Luther und die bleibende Erinnerung an die Lutherfeiern 1883 erfolgte. So ist es zumindest dem seinerzeitigen Bau-Aufruf des Generalsuperintendenten Max Frommel (1830–1890) zu entnehmen. Die damals begonnene Spendensammlung und Mittel aus anderen Quellen machten es aber erst dreißig Jahre später möglich, den Grundstein zu legen. Architekt war Karl Börgemann aus Hannover (Cassel 1913, 38 ff.).

Abb. 4: Celle

Neben dem realisierten Entwurf, der der in der Barockzeit umgebauten Stadtkirche historisierend angepasst ist, hatte Börgemann noch einen modernen, jugendstilhaften Entwurf vorgelegt, der die Entstehungszeit des Turmes nicht kaschiert, sondern sichtbar dokumentiert hätte. Dieser fand zwar die Zustimmung von Kirchenvorstand und Magistrat, nicht jedoch des preußischen Kultusministeriums (Heppel 1993, 37 und 125 f.).

Auch in Dettum bei Wolfenbüttel findet sich eine lebensgroße Lutherfigur (Abb. 5), die unter einem gotischen Baldachin vor einem Pfeiler an der südlichen Fassade des 1906 fertiggestellten Erweiterungsbaus der Kirche platziert ist (Kammer 2004, 97, Nr. 049). Eine Künstlersignatur fehlt.

Winsen an der Luhe bietet das vierte Beispiel für ein Lutherstandbild an einer niedersäch-

Abb. 5: Dettum

Abb. 6: Winsen an der Luhe

sischen Kirche; hier (wie in Oldenburg) in den Kirchturm einbezogen. Für die aus dem 15. Jahrhundert stammende Kirche St. Marien wurde 1897/99 ein neugotischer Turm mit einer Nische für eine Lutherstatue erbaut. Architekt war der in Winsen gebürtige, seinerzeitige Regierungsbaumeister Eduard Schlöbcke (1852–1936), der noch während des Turmbaus eine Spendensammlung für die Figur angeregt hatte und dabei selbst tatkräftig mithalf. Schoop (1930, 41 f.) berichtet weiter, dass Friedrich Meinecke (1873–1913) die Modellierung der überlebensgroß in Sandstein ausgeführten Figur (Abb. 6) unentgeltlich übernommen habe. Dithmar (2014, 150 f.) weiß ergänzend zu berichten, dass der in Winsen geborene Meinecke Ende 1898 von seinem damaligen Aufenthaltsort Berlin mitteilte, dass die Figur, »welche ich aus Gyps hergestellt habe«, fertig und zum Transport versichert worden sei. Mit der Aufstellung der Lutherfigur am 28. November 1899 in einer Nische an der Nordseite des Turmes war dieser Bau vollendet (Schoop 1930, 42). Aus der Tatsache, dass Meinecke Ende 1898 eine Gipsfigur fertiggestellt hatte, nach Schoop aber ein Jahr später eine Sandsteinfigur in der Turmnische angebracht wurde, darf wohl geschlossen werden, dass die Ausführung in Stein nach Meineckes Modell anderer Hand vorbehalten blieb. Wie dem auch gewesen sein mag: Vorbild für Meinecke war Schadows Wittenberger Denkmal.

Ein besonders schönes Beispiel für eine Lutherfigur innerhalb einer Kirche findet sich in Braunschweig in der Brüdernkirche[7]. Der Reformator steht hier unter einer Kreuzigungsgruppe (Abb. 7) in der Mitte eines aus

Abb. 7: Braunschweig

Abb. 8: Hannover

Eichenholz geschnitzten Lettners, den der Braunschweiger Bildhauer Wilhelm Sagebiel (1855–1940) schuf. Da nach Abbruch des Renaissancelettners bei Renovierungsarbeiten 1861/65 im Kirchenraum akustische Probleme aufgetreten waren, wurde mit Stiftungsmitteln 1901/04 der neugotische Lettner geschaffen. Dabei soll das verwendete alte Eichenholz aus dem zuvor abgerissenen Bau der Herzog-August-Bibliothek in Wolfenbüttel stammen (Diestelmann/Kettel o. J., 18)[8]. Zimmermann (1978, 124) erwähnt zusätzlich, dass auch Balken der ehemaligen Braunschweiger Paulinerkirche am Bohlweg Verwendung fanden.

Eine kleine holzgeschnitzte, ca. 70 cm hohe Lutherfigur[9] befindet sich am unteren Ende der zur Kanzel führenden Treppe der Apostelkirche in Hannover, die Conrad Wilhelm

Hase (1818–1902) im neugotischen Stil 1880/84 erbaut hatte. Auf ausdrücklichen Wunsch der Kaiserin Auguste Viktoria war diese Kirche auch Vorbild für ein 1890/92 in Berlin-Rummelsburg errichtetes Gotteshaus (Kokkelink/Lemke-Kokkelink 1998, 364). Kammer (2004, 140, Nr. 101.4) nennt als Schöpfer der mit dynamischem Faltenwurf geschnitzten Figur von 1906 (Abb. 8) August Hucke (Lebensdaten unbekannt).

In der hannoverschen Lutherkirche, die 1895/98 von Eberhard Hillebrand (1840–1924) errichtet und 2004 zur ersten Jugendkirche Norddeutschlands umgestaltet wurde, befand sich ursprünglich auf einem Säulenpodest zwischen den beiden Eingangstüren eine steinerne Lutherfigur aus der Hand von Carl Dopmeyer. Obwohl sie die Kriegszerstörungen der Kirche unversehrt überstanden hatte, wurde sie bei den Aufbauarbeiten in den 1950er Jahren entfernt. In der Eingangshalle steht heute eine überlebensgroße Figur des streng blickenden Reformators in langem Talar, der eine geschlossene Bibel in der linken Hand hält (Abb. 9). Ihr Ursprung ist ungeklärt, sie stammt aber aus der »Eichenkreuzburg« bei Bissendorf-Wietze in der Gemeinde Wedemark (Amt 1998). In dieser 1926/28 für kirchliche Jugendarbeit errichteten Burg stand die Lutherfigur zunächst auf dem mit Zinnen versehenen Turm und wurde später aus Sicherheitsgründen an dessen Fuß aufgestellt (Brandt 1978). Stilistisch passt sie gut in die Bauzeit der Anlage.

Zum Abschluss noch eine Überraschung: Auf dem alten Friedhof in Egestorf (Nordheide), der als philosophischer Stein- und Baumgarten konzipiert ist, steht ein 1988 eingeweihtes, von Knud Knudsen gestaltetes bronzenes Lutherdenkmal (Kammer 2004, 106 f., Nr. 060; Dithmar 2014, 183). Knudsen, dessen Entwurf um 1970 ursprünglich für St. Paul in den USA geplant war, dort aber nicht verwirklicht werden konnte, hatte mit dem Stifterehepaar Erwin und Charlotte Schön (und »Gönnern«) Auftraggeber für die Realisierung der 250 cm hohen Figur gefunden. Die Enthüllung des Denkmals 1988 war verbunden mit der Feier zum 80. Geburtstag des Stifters. Die dreieckige Plinthe trägt Datum und Namen des Stifters, der acht

Tonnen schwere Findlingssockel an der rückwärtigen Breitseite ein Lutherzitat von 1528 und seitlich die Initialen »ML 1517«. Kammer (2004, 25) sieht den Reformator in diesem Standbild (Abb. 10) bewusst nicht mehr als den Kirchenvater dargestellt, »sondern als vorwärtsdrängenden Beweger und Veränderer. Obendrein ist hier deutlich an den jungen Luther aus der Zeit vor der Kirchenspaltung gedacht – somit verkörpert er einen Aufruf zur Erneuerung, der sich an die ganze katholische, ökumenische Christenheit richtet.«

Abb. 9: Hannover

Abb. 10: Egestorf (Nordheide)

1.2 Büsten und Reliefs

Eine Lutherbüste (ursprünglich erhöht auf einem Findlingssockel) wurde im Lutherjahr 1883 in Uelzen aufgestellt. Von Ernst Rietschel stammt die hierfür verwendete Gussform. 1917 fiel die Büste den Materialsammlungen im Ersten Weltkrieg zum Opfer, konnte aber 1927 auf verändertem Sockel neu errichtet werden. Eine rückwärtig angebrachte Plakette erläutert, dass die Neuaufstellung »Zur 400-jährigen Jubelfeier der Reformation der Lande Ernst des Bekenners« geschah. Der neue Sockel (Abb. 11) trägt vorne das Zitat »Das Wort sie sollen lassen stan« – eine Aufforderung, die man auch der Büste hätte wünschen können, denn schon 15 Jahre später fiel sie wieder einer Materialsammlung zum Opfer – diesmal im Zweiten Weltkrieg. 1965 konnte das Denkmal mit

Abb. 12: Hannover

Hilfe des Rotary Clubs Uelzen wieder komplettiert werden, musste aber im Zuge einer veränderten Straßenführung an die jetzige Stelle versetzt werden (Kammer 2004, 236, Nr. 0234; Dithmar 2014, 135). Einer von zwei an der Seite des heutigen Denkmalbereiches abgelegten Findlingen mit der Inschrift »10. November 1883«, deren Bedeutung Bombeck (2012, 62) nicht deuten konnte, dürfte auf die Ersterrichtung des Denkmals zurückgehen.

Eine Lutherbüste beherbergt auch das 1913 eingeweihte Neue Rathaus in Hannover (Abb. 12). Sie befindet sich oben an der Südseite der Kuppel der Zentralhalle und ist eine Arbeit des in Hannover gebürtigen Bildhauers Ernst Waegener (1854–1921). Die Büste ist flankiert von den in Gold eingelegten Worten: »Caritas est sol omnium operum« (die Nächstenliebe ist die Sonne aller Werke; Rowald 1913, 88). Es ist zu vermuten, dass Waegener den Auftrag erhielt, weil er bereits 1909 ein marmornes Lutherstandbild für die Dorotheenstädtische Kirche in Berlin geschaffen hatte (seit 1975 auf dem gleichnamigen Friedhof aufgestellt), bei der es sich um eine Kopie nach dem Schadowschen Original für Wittenberg handelt (Etzold/Türk 2002, 29).

Abb. 11: Uelzen

Eine Lutherbüste neueren Datums wurde 1960 in Wennigsen (Deister) auf dem Vorplatz der Klosterkirche an der Degerser Straße aufgestellt. Sie stammt von Friedrich Adolf Sötebier (1896–1973) und ist insofern interessant, als es sich um die Nachbildung des Kopfes einer Statue handelt, die dieser 1955/56 modelliert hatte und die 1957 auf dem Campus des Concordia Theological Seminary (Springfield, Illinois) eingeweiht wurde. Sie befindet sich seit 1976 nach Umzug des Seminars in Fort Wayne (Indiana). Die Statue stellt nach ihrem Untertitel Luther im Alter von 38 Jahren dar, und man erkennt, dass sich Sötebier sowohl den Kupferstich Lukas Cranachs d. Ä. von 1520 (mit Tonsur) als auch sein Gemälde von 1526 zum Vorbild genommen hatte. Der junge Luther steht aufrecht in langer Kutte und drückt eine aufgeschlagene Bibel an seine Brust

Abb. 13: Wennigsen

Abb. 14: Hannover

(http://siris-artinventories.si.edu/ipac20/ipac.jsp?&uri=full=3100001~!23729~!10; Zugriff am 2.8.2016). Dass die Büste (Abb. 13) in Wennigsen aufgestellt wurde, dürfte damit zusammenhängen, dass Sötebier ab 1959 hier seine Werkstatt eingerichtet hatte und bis zum Lebensende am Ort wohnte.

Neben vollplastischen Darstellungen Luthers gibt es zahlreiche Halbreliefs oder Bauplastiken. Mit lokalem Hintergrundwissen und Ortkenntnis dürfte sich trotz guter Dokumentation (etwa bei Kammer 2004) noch der eine oder andere Fund an bzw. in Gebäuden aufspüren lassen.

Dazu ein Beispiel für eine Bauplastik aus Terrakotta (Abb. 14) aus der Zeit zwischen den beiden Weltkriegen: Sie befindet sich am »Lutherhaus« der Diakonie in Hannovers Ebhardtstraße an einem 1928 von Paul Brandes (1873–1957) errichteten, reich gegliederten Klinkerbau. Luther hat hier neben Persönlichkeiten der Diakonie einen prominenten Platz oberhalb des ersten Geschosses über dem Eingangsportal gefunden (Knocke/Thielen 1994, 90). Er trägt, für Lutherdenkmäler selten, ein Barett.

Ebenfalls mit Barett abgebildet ist Luther auf einer bronzenen Gedenkplatte mit Inschriften zur Erinnerung an den 500. Geburtstag des Reformators. Katharina Dietze

(1951–1982) hat die 2 x 1 m messende Tafel für die ev.-lutherische Kirchengemeinde in Egestorf (Nordheide) geschaffen (Kammer 2004, 107 f., Nr. 060.2).

1.3 Sonstiges

Neben zahlreichen Münzen und Medaillen mit Lutherbildnissen, die außerhalb Niedersachsens erschienen sind, findet sich ein modernes Exemplar mit »regionalem Bezug«: Anna Franziska Schwarzbach (geb. 1949) hat eine gut 200 g schwere, aus Silber gegossene Medaille 2008 für die in Hannover residierende Evangelische Kirche in Deutschland (EKD) geschaffen (Abb. 15). Die Martin-Luther-Medaille wird in der sogenannten Lutherdekade (2008–2017) vom Rat der EKD jährlich für herausragendes Engagement für den Protestantismus vergeben (zur Medaille siehe Doerk 2014, 223 ff.). Besondere Erinnerungszeichen an Luther sind im Nordwesten Niedersachsens Wetterschwäne an Stelle von Wetterhähnen auf Kirchturmspitzen (Abb. 16). Dass der Schwan zum Symbol Luthers geworden ist, hängt mit einer Legende zusammen, die mit dem Vorreformator Jan Hus (tschechisch = Gans) zu tun hat. Hus wurde trotz der Zusage freien Geleits auf dem Konzil zu Konstanz 1415 festgesetzt, der Ketzerei angeklagt und auf dem Scheiterhaufen verbrannt. Zuvor soll er sinngemäß geweissagt haben (epd 2011): »Heut in des argen Feuers Glut, ein arme Gans ihr braten tut, nach hundert Jahren kommt ein Schwan, den sollt ihr ungebraten lan.« Nachdem Luther gut 100 Jahre später mit seinen 95 Thesen die Reformation eingeleitet

Abb. 15: Martin-Luther-Medaille der EKD   **Abb. 16: Filsum (Landkreis Leer)**

hatte, bezog man diese Prophezeiung auf ihn und machte den Schwan zu seinem Symbol. »Auf gut 80 Kirchen in Ostfriesland und den angrenzenden oldenburgischen Gebieten und in 35 Kirchen in den Niederlanden sieht man heute statt eines Hahnes einen Schwan als Wetterfahne. Die lutherischen Gemeinden setzten sich damit von den reformierten ab« (Bei der Wieden 2014, 183). Ausführlich behandelt Ummo Lübben dieses Thema, der auch eine Liste der Standorte von Wetterschwänen zwischen Ems und Jade zusammengestellt hat (Lübben 2012, 20–28).[10]

Zum Abschluss noch zu einem anderen, der Natur entlehnten Denkmal: »den Luthereichen«. Sie wurden i. d. R. zu Luther- bzw. Reformationsjubiläen gepflanzt und (wo nötig) wohl auch einmal ersetzt. Eine offizielle Statistik existiert zwar nicht, bei Wikipedia findet sich aber ein Artikel, der (2016) knapp 100 solcher Baumdenkmäler benennt. 18 von diesen stehen in Niedersachsen, das damit nach Sachsen (21) einen bundesweit zweiten Platz belegt (https://de.wikipedia.org/wiki/Luthereiche, zuletzt besucht 2.8.2016).

Eine besondere Idee ist auf Initiative des Lutherischen Weltbundes (Genf) zum Reformationsjubiläum für die Lutherstadt Wittenberg entstanden, wo für 500 Jahre Reformation 500 Bäume in einem »Luthergarten« gepflanzt werden (siehe www.luthergarten.de; zuletzt besucht 2.8.2016): Kirchen aus aller Welt und allen Konfessionen sind zur Beteiligung eingeladen – und den Baum Nr. 1 hat die Römisch Katholische Kirche gepflanzt. Die Planung erfolgte durch den Landschaftsarchitekten Andreas Kipar (geb. 1960). Sie sieht vor, dass zusätzlich jeweils ein Partnerbaum in der Heimat der Spender gepflanzt wird. Durch die Beteiligung der vier Landeskirchen, von EKD, VELKD und einzelner Kirchengemeinden sind damit auch in Niedersachsen konkrete Verbindungen zum Reformationsjubiläum geknüpft worden. So hat etwa die EKD in Wittenberg 2014 eine Birnenquitte gepflanzt, sich als Partnerbaum in Hannover für einen Apfelbaum entschieden und damit das Luther zugeschriebene Zitat vom »Pflanzen eines Apfelbäumchens« aufgenommen, welches das gesamte Vorhaben inspiriert hat.

2. Johannes Bugenhagen (»Pomeranus«; 1485 Wollin–1558 Wittenberg)

1.1 Standbilder

Johannes Bugenhagen, der nicht nur Luthers Vertrauter war, sondern auch dessen Ehe mit Katharina von Bora schloss und deren Kinder taufte, gilt mit seinen Kirchenordnungen für Hamburg, Lübeck, Dänemark und Pommern, aber auch für Braunschweig und Hildesheim als »Reformator des Nordens«.

In Braunschweig steht seit 1970 an der Brüdernkirche eine Bronzeplastik des Reformators (Abb. 17). Als Ergebnis einer vom Stadtkirchenverband 1967 begebenen Ausschreibung konnte Ursula Querner-Wallner (1921–1969) eine Figur Bugenhagens realisieren, die geschlossen und einfach wirkt.

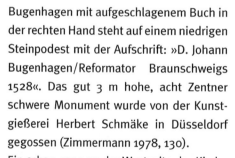

Abb. 17: Braunschweig

Abb. 18: Braunschweig

Bugenhagen mit aufgeschlagenem Buch in der rechten Hand steht auf einem niedrigen Steinpodest mit der Aufschrift: »D. Johann Bugenhagen/Reformator Braunschweigs 1528«. Das gut 3 m hohe, acht Zentner schwere Monument wurde von der Kunstgießerei Herbert Schmäke in Düsseldorf gegossen (Zimmermann 1978, 130).

Ein schon 1902 an der Westseite der Kirche errichtetes Bronzestandbild des Reformators ging mit den Materialsammlungen des Zweiten Weltkriegs verloren. Bugenhagen stand über zweistufigem Sockel auf steinernem Podest mit Barett und weitem Umhang und hielt die von ihm konzipierte Braunschweiger Kirchenordnung als Schriftrolle in den Händen. Carl Friedrich Echtermeier (1845–1910) hatte schon ein gutes Jahrzehnt vor Auftragserteilung (1901) einen Entwurf

erstellt, denn die Idee, ein Reformatorendenkmal zu errichten, ging (wie vielerorts) auf das Jubiläumsjahr 1883 zurück und brauchte zur Realisierung zunächst Mittel, die in einem Fonds angesammelt wurden (Zimmermann 1978, 130; Kammer 2004, 80 f., Nr. 035.1). Dass man den Braunschweiger Reformator ehren wollte, lag ebenso auf der Hand wie der Standort des Denkmals vor der Brüdernkirche, in der Bugenhagen seine erste Predigt gehalten hatte[11].

Auch innerhalb dieser Kirche St. Ulrici-Brüdern (ehemals Klosterkirche der Franziskaner und seit 1542 Pfarrkirche der Ulricigemeinde) findet sich in dem bereits erwähnten Lettner (siehe oben) ein aus Holz geschnitztes Standbild (Abb. 18) Bugenhagens (Kammer 2004, 81 f., Nr. 035.2).

2.2 Brunnen

An Bugenhagens Wirken in Hildesheim erinnert ein Denkmal in Form eines Brunnens auf dem Platz vor der St. Andreaskirche (Abb. 19), der 1995 den Hildesheimer Bürgern von der Weinhagen-Stiftung geschenkt und vom Bildhauer Ulrich Henn[12] (1925–2014) geschaffen wurde. Einzelheiten zu Bildern und Botschaft des Kunstwerkes hat Brockhoff (2010) im Auftrag der Kirchengemeinde in einer kleinen Schrift festgehalten. Demnach bringt der Künstler das Grundanliegen der Reformation (Der Mensch wird gerettet allein durch den Glauben, allein durch die Schrift und allein durch die Gnade) zur Sprache. Das in Bronze gegossene Denkmal hat die Gestalt eines Leuchters, dessen Lichtträger als durchbrochene, filigrane Säule ausgebildet ist, deren Grundstruktur Ähren, Trauben und Weinlaub bilden. An Stelle der Flamme trägt der Leuchter ein Kruzifix. Der Leuchterfuß zeigt eine Buchenlaubstruktur und will damit an den niederdeutschen Ursprung des Namens erinnern, der so viel wie »Buchengehölz« bedeutet. Unter dem Fuß strömt das Wasser und fällt über die Stufen eines Sandsteinfundaments. Im Innern der Säule sind drei Plastiken biblischer Szenen montiert, während drei Medaillons in der Basis den Dienst der Kirche bzw. der christlichen Gemeinde thematisieren: Predigt, Taufe und Abendmahl sowie Diakonie.

Abb. 19: Hildesheim

2.3 Sonstiges

Sowohl Braunschweig als auch Hildesheim haben Bugenhagen noch auf andere Weise geehrt: Hildesheim 1965 mit einer Medaille auf die Wiederherstellung der St.-Andreas-Kirche und Braunschweig 1978 mit einer Medaille zur 450-Jahrfeier der dortigen Einführung der Reformation (Rhein 2014, 111).

In der 1936 errichteten Bugenhagenkirche in Braunschweig-Gliesmarode gibt es zudem eine Replik des Bugenhagen-Porträtreliefs des Rietschel-Schülers Adolf Donndorf (1835–1916) vom Lutherdenkmal in Worms (Kammer 2004, 82, Nr. 035.4.). Ein Gemälde Bugenhagens findet sich schließlich auch auf dem in Anm. 7 beschriebenen Chorgestühl der Brüdernkirche in Braunschweig.

Nicht zuletzt sei noch die »Bugenhagen-Linde« erwähnt, die in Lauingen (Königslutter) vor ca. 500 Jahren der Reformator selbst gepflanzt haben soll (Abb. 20) und die den stolzen Stammesumfang von 6,70 m aufweist (LK Helmstedt o. J.).

Abb. 20: Lauingen (Königslutter)

3. Antonius Corvinus (1501 Warberg–1553 Hannover)

3.1 Grablegung und Epitaph

An Corvinus, den Reformator des Herzogtums Calenberg-Göttingen, der in Hannover starb und in der Marktkirche beigesetzt wurde, dessen Begräbnisplatz dort aber nicht mehr auffindbar ist, erinnerte bis zum Zweiten Weltkrieg ein Epitaph. Nöldeke (1932, 113) erwähnt dieses zugleich mit einem Epitaph für Urbanus Rhegius (siehe den folgenden Abschnitt) und sagt über den damaligen Standort der beiden Epitaphe:

»Nach der Restaurierung von 1855 ist ein Teil der aus der Kirche von den Pfeilern entfernten Memorienschilder in der Turmhalle aufgehängt worden.« Demnach ist anzunehmen, dass das Epitaph nicht schon der angesprochenen Restaurierung zum Opfer gefallen ist, wie Wehking (1993, Nr. 95+) vermutet, sondern im Zweiten Weltkrieg zerstört wurde – wenngleich Hesse (1955, 268) es nicht explizit bei seiner Aufzählung der Verluste in der Turmhalle erwähnt.

Aus der Übersetzung des ursprünglich lateinischen Wortlauts des Epitaphs folgender Auszug (vgl. Wehking, 1993, Nr. 95+): »...Hessen brachte mich hervor, das edle Marburg förderte mich, das segensreiche Leucoris (Wittenberg) schenkte mir seine Liebe. Ich war dein Schüler, Begleiter und treuster Helfer, ehrwürdiger Luther, und deiner edler Philipp. Unter meiner Führung hat die Kirche während deiner Herrschaft, Fürstin Elisabeth, die heiligen Riten wiedererhalten. Darauf wurde ich aus Rache des Hofes in einem dunklen Verließ eingesperrt[13], das die Hauptursache meiner Krankheit war. Hannover nahm mich nach meiner Freilassung auf, wo ich erschöpft starb. Aber die Seele schaut in der Himmelsburg Gott.«

3.2 Sonstiges

Die Erinnerung an Corvinus ist in der hannoverschen Marktkirche heute wieder auf andere Weise präsent. Seit 2006 befindet sich ein bronzenes Halbrelief des Reformators im Südchor des Gotteshauses (Abb. 21). Es stammt von Manuel Donato Diez (geb. 1957) und wurde finanziert von der Niedersächsischen Lottostiftung, und zwar auf eine Initiative von Jürgen Gansäuer hin,[14] der zu jener Zeit Präsident des Niedersächsischen Landtags war; denn in der Marktkirche findet vor der konstituierenden Sitzung eines neuen Landtags traditionell ein ökumenischer Gottesdienst statt.

Corvinus hat auch im Bildprogramm des Neuen Rathauses in Hannover Berücksichtigung gefunden (Abb. 22). Sein steinernes Porträt findet sich in einer Kartusche an einer der vier Basen der Gewölberippen der Kuppel (Rowald 1913, 88). Die Arbeit stammt von Karl Gundelach (1856–1920).

Zu den beliebten Ehrungen, die eine Stadt vergibt, zählt die Benennung von Straßen und Plätzen. Auch Corvinus wurde diese Auszeichnung zuteil: Mit einem Weg in Hann. Münden, einer Straße in Hildesheim und einem Platz in Pattensen. Hannover nutzte zu unterschiedlichen Zeiten und an unterschiedlichen Stellen sogar alle drei Kategorien: Zunächst trug eine 1902 in Zoonähe angelegte Straße (1902–22 und 1933–45) den Namen des Reformators, dann der Platz vor der Stadthalle (1924–33 und 1945–72). Schließlich gibt es seit 1973 in

Abb. 21: Hannover

Abb. 22: Hannover

der Altstadt einen Corvinusweg für Fußgänger (Zimmermann 1992, 55 f., 164, 242) – eine kleine Lösung zwar, aber immerhin befand sich an der Ecke zur Schmiedestraße vor der Kriegszerstörung einmal das Leibnizhaus.

An der Wirkungsstätte des Reformators in Pattensen erinnert seit 1901 auch eine polierte Steintafel (Abb. 23) an dessen 400.

Abb. 23: Pattensen

Geburtstag.[15] Sie ist befestigt an der Südwand der St. Lucas-Kirche, die im 13. Jahrhundert als romanische Anlage erbaut und um 1400 zur gotischen Hallenkirche umgebaut wurde. In der Nähe von Pattensen, bei der ehemaligen Feste Calenberg, von der noch Gewölbekeller erhalten sind, findet sich der Eingang zu einem »Corvinuskeller«, der nach der Überlieferung der Ort der Inhaftierung des Reformators gewesen sein soll.

Ebenfalls aus dem Jahre 1901 stammt eine Würdigung für Corvinus in der zwischen 1361 und 1433 als dreischiffige gotische Hallenkirche errichteten St. Jacobikirche in Göttingen. Hier ist eines der Fenster der Erinnerung an die »Einführung der Reformation in Göttingen an Palmarum 1530« gewidmet.

Das Hauptbild vereinigt in freier künstlerischer Darstellung Personen, die so und an dieser Stelle nicht wirklich zusammengekommen sind (darunter Luther auf der Kanzel und Corvinus im Publikum der Verlesungsszene). Zusätzlich hat Corvinus einen prominenten Platz unter einem krönenden Baldachin im linken, oberen Fensterbereich gefunden (Abb. 24). Storz (o. J.) weiß zu berichten, dass die Idee zu der Fenstergestaltung vom damaligen Pastor (und Superintendenten) der Jacobikirche Karl Kayser (1843–1910) stammt. Das Fenster trägt auch Angaben zur Stiftung zu Ehren Gottes durch Rosalie von Schnehen-Kützkow und Sohn sowie zur Ausführung durch Henning und Andres, Glasmaler in Hannover.

Zum Abschluss noch eine augenzwinkernde Reminiszenz an den Reformator des Fürstentums Calenberg-Göttingen. Die hannoversche Corvinuskirche im Stadtteil Stöcken wurde 1960/62 nach Plänen von Roderich Schröder (1907–1997) erbaut und kurz vor

Abb. 24: Göttingen

Abb. 25: Hannover

ihrer Entwidmung (2012) unter Denkmal-schutz gestellt. Ingeborg Steinohrt (1917–1994) hat die Türklinke an der bronzenen Eingangstür mit einem Raben geschmückt (Abb. 25) und spielt damit auf dessen latei-nischen Namen »Corvus« an (Wikipedia-Ar-tikel: Corvuskirche Hannover; https://de.wikipedia.org/wiki/Corvinuskirche_ (Hannover); letzter Zugriff 2.8.2016).

4. Urbanus Rhegius (1489 Langenargen–1541 Celle)

4.1 Grablegung und Epitaph

Urbanus Rhegius ist in der Celler Stadt-kirche St. Marien an der letzten Stätte sei-nes Wirkens begraben. In der Kirche selbst erinnert heute weder ein Bild noch eine Gedenkplatte an den Reformator. Sein Grab im Bereich der Taufkapelle ist nicht mehr auffindbar.[16]

1530 hatte Herzog Ernst der Bekenner den süddeutschen Theologen und Freund Luthers als Hofprediger und späteren Generalsuper-intendenten für das Land Lüneburg nach Celle geholt, womit Celle Ausgangspunkt der Reformation in Nordwestdeutschland war.

In der hannoverschen Marktkirche erinnerte bis zum Zweiten Weltkrieg[17] ein Epitaph an den Reformator, der 1535 für einige Monate nach Hannover kam und, nach Celle zurück-gekehrt, eine Kirchenordnung entwarf, die vom hannoverschen Rat angenommen und 1536 gedruckt und eingeführt wurde[18]. Durch den hannoverschen Kammerschreiber und Chronisten Johann Heinrich Redecker ist die Inschrift des Epitaphs überliefert. Lateini-sches Original und deutsche Übersetzung gibt Wehking (1993, Nr.74+) wieder. Dort heißt es: »Der bei den Alpenbewohnern als

Sohn eines Bauern geborene Rhegius ist bekannt bis ans Ende der Welt. Berufen in den Kreis der Dichter lehrte er unter allgemeinem Beifall, was Deutschland in vielen Schulen pflegt. Aber seitdem das Licht des Wortes in unseren Landen erstrahlte, setzte er die nichtigen Lehren für seinen Christus hintan. Er verachtete die Macht der Päpste und, nachdem er Babylon verlassen hatte, entschied er sich für den keuschen Bund einer fruchtbaren Ehe. Als außerordentlicher Streiter Christi ging er schwierige Aufgaben an, indem er dem rohen Volk die frohmachende Nahrung (des Evangeliums) darreichte. Schließlich nahm er sich der Schafställe unseres Sachsenlandes an, was die Denkmäler dieses so bedeutenden Mannes bezeugen. Die Gebeine ruhen in Celle, seine Tugend aber wird überall gepriesen, und er wird immer lebendig bleiben.«

4.1 Grablegung und Epitaph

Abb. 26: Salzhausen

Das nach mehrjähriger Restaurierung 1993 eröffnete »Heinrich-Heine-Haus« in Lüneburg am Ochsenmarkt birgt zwar keine sichtbaren Erinnerungen an den Reformator, gleichwohl ist überliefert, dass der nach Lüneburg gerufene Urbanus Rhegius zwischen 1531 und 1534 zeitweilig als Gast im Hause des Barmeisters[19] Heinrich Witzendorff gewohnt hat (Preuß o. J.). Rhegius erarbeitete 1531/32 eine reformatorische Schul- und Kirchenordnung für Lüneburg.

Eine fassbare, authentische Erinnerung an den Reformator bewahrt die Kirche St. Johannis in Salzhausen. Die vielfach umgebaute und erneuerte, typische Heidekirche geht auf das 12. Jahrhundert zurück. Die dortige Kanzel (Abb. 26) wurde 1569 von der Lüneburger Johanniskirche geschenkt – und in Lüneburg hat von ihr einst Urbanus Rhegius gepredigt (vgl. www. heidekirchen.de; letzter Zugriff am 2.8.2016).

5. Hermann Bonnus (1504 Quakenbrück–1548 Lübeck)

5.1 Porträtbilder

Im Jahre 1542 gewannen Bürgermeister und Rat der Stadt Osnabrück im Einvernehmen mit Fürstbischof Franz von Waldeck (1491–1555) den Lübecker Superintendenten Bonnus als Reformator für Stadt und Fürstbistum Osnabrück. Bonnus galt als erfahrener Reformator der zweiten Generation, dessen reformatorisches Wirken in Osnabrück Luther und Melanchthon ausdrücklich befürworteten. Die von ihm verfasste Kirchenordnung von 1543 orientierte sich an Bugenhagens Ord-

nungen für Hamburg und Lübeck. Mit Unterstützung des Bischofs führte Bonnus die Reformation auch im Hochstift Osnabrück und im Niederstift Münster (einschließlich der Ämter Cloppenburg und Vechta) durch und kehrte danach nach Lübeck zurück (Westphal 2015, 31 ff.).

Porträtbilder, die Bonnus darstellen, erinnern in der Katharinenkirche in Osnabrück und in der Sylvesterkirche in seinem Geburtsort Quakenbrück an den Osnabrücker Reformator.

5.2 Sonstiges

In der »Weißen Mappe« (als Antwort der Niedersächsischen Landesregierung auf die jährich vom Niedersächsischen Heimatbund vorgelegte »Rote Mappe«) heißt es für 2015, dass in der Goldstraße 9 in Quakenbrück ein nach dendrochronologischer Untersuchung um 1499/1500 zu datierendes Haus (Abb. 27) als Geburtshaus von Bonnus anzusehen ist. Eine Sanierung und nachhaltige Nutzung werde demnach von Land, Stadt, Kirchengemeinde und staatlicher Denkmalpflege unter Nutzung von Bundesmitteln unterstützt (NHB 2015, 22).

Bonnus' Heimatkirchengemeinde St. Sylvester in Quakenbrück verfügt zudem über ein persönlich gewidmetes Handexemplar

Abb. 27: Geburtshaus von Hermann Bonnus in Quakenbrück

der 1534 in Lübeck herausgegebenen niederdeutschen Übersetzung der Lutherbibel, an der Bonnus mitgewirkt hat. Schließlich hat Quakenbrück seinen großen Sohn durch die Benennung einer Straße geehrt.

6. Johannes a Lasco (1499 Lask–1560 Princzów)

6.1 Büste und Porträt

Gräfin Anna von Oldenburg, die nach dem Tod ihres Gatten Graf Enno II. die Regierung in Ostfriesland für ihren noch minderjährigen Sohn führte, berief 1542 den polnischen Humanisten und Schüler des Erasmus von Rotterdam zum ersten Superintendenten der im Entstehen begriffenen Evangelischen Kirche Ostfrieslands. Sie beauftragte ihn mit der Neuordnung des Kirchenwesens im Sinne der zwinglianischen Reformation. A Lasco suchte dabei aber das Gespräch mit den Vertretern der altgläubigen Kirche ebenso wie mit denen anderer reformatorischer Richtungen (Voss 2014, 42 ff.).

Den Reformator Ostfrieslands ehrt in der Johannes a Lasco-Bibliothek (siehe folgender Abschnitt) eine Bronzebüste sowie ein um 1555 datiertes Porträt von Johannes Menke-Maeler (Lebensdaten unbekannt).

6.2 Johannes a Lasco Bibliothek

Die nach dem Reformator benannte Bibliothek befindet sich seit 1995 in der wieder aufgebauten evangelisch-reformierten Großen Kirche St. Cosmas und Damian in Emden, die 1943 bei einem Luftangriff zerstört wurde und 1993/95 unter Einfügung von alten Bauteilen nach Plänen von Jochen Bunse (1946–1995) in moderner Formensprache wieder aufgebaut wurde (Abb. 28). Die Kirche wurde zur Mutterkirche (»Moederkerk«) des reformierten Protestantismus in ganz Nordwesteuropa. Besondere Sammelgebiete der bis ins Jahr 1559 zurückgehenden Bibliothek sind die Geschichte und Theologie des reformierten Protestantismus, die Konfessionsgeschichte der Frühen Neuzeit und die Landesgeschichte Ostfrieslands (vgl. Kultusministerium Sachsen-Anhalt 2010, 18 f.). Hier wird das Andenken an den Reformator nicht nur durch die Namensgebung aufrechterhalten. Die Bibliothek enthält auch Werke von a Lasco und (neben späteren Zugängen) unter anderem Bände aus dem Besitz von Erasmus von Rotterdam, den er bei seinem Aufenthalt in Basel 1424/25 kennengelernt hatte.

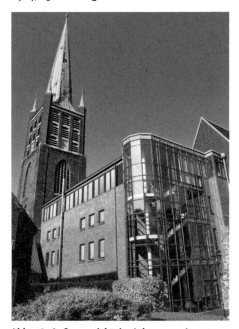

Abb. 28: Außenansicht der Johannes a Lasco Bibliothek in Emden

Abbildungen

Alle Fotos (mit Ausnahme Abb. 1b = Sammlung des Verfassers und Abb. 15 = EKD): Rainer Ertel.
Für die Zustimmung zur Publikation von Innenaufnahmen sei den Grundstückseigentümern/Hausrechts-
inhabern herzlich gedankt.

Anmerkungen

1 Von den Seitenfiguren existierten Duplikate für andere Städte: Der Stadt Münden wurde die Figur der Herzogin Elisabeth zum Geschenk gemacht; allerdings aus einem Material, das die Aufstellung im Freien nicht gestattete (vgl. Mündensche Nachrichten 1910). Ein Abguss der Sitzfigur Ernst des Bekenners wurde 1903 an der Stechbahn in Celle aufgestellt, aber schon 1918 demontiert und eingeschmolzen (Kammer 2004, 88, Nr. 040.2).

2 Dieses Ereignis ist auch Thema des Monumentalgemäldes des Schweizer Malers Ferdinand Hodler im »Hodlersaal« des Neuen Rathauses in Hannover (hierzu ausführlich: Bálint 1993 und Schneider 2013). Die Einführung der Reformation »von unten« erfolgte gegen Landesherrn und altgläubigen Rat, der im September 1533 in das katholische Hildesheim floh (Müller 1992, 126 ff.).

3 Zu der dreitägigen Lutherfeier 1883 in Hannover siehe Schmidt (1995, 70 ff.).

4 Es gab aber schon früher (nicht ausgeführte) Pläne für Lutherdenkmäler, so von Heinrich Gentz (1804), Leo von Klenze (1805), Karl Friedrich Schinkel (1806/1817) und Friedrich Weinbrenner (1817). Siehe hierzu Weber (1972, 185–198).

5 1527 ist in St. Lamberti durch den Priester Walter Renzelmann (?–vor 1560) erstmals Luthers 1526 im Druck erschienene »Deutsche Messe« eingeführt worden (vgl. Schäfer 2013, 45).

6 Heinrich Ernst Klingenberg (1830–1918).

7 Bemerkenswert ist in der Kirche auch das original erhaltene Chorgestühl mit über den Sitzen angebrachten Gemälden von (ursprünglich) 46 Kirchenvätern. Sie stammen von Reinhard Roggen (Lebensdaten unbekannt) aus dem Jahr 1597 (vgl. Diestelmann/Kettel o. J., 29 f.). Luther ist mit einem Schwan abgebildet, Hus mit einer Gans (vgl. unten).

8 Der Abriss der alten Bibliotheksrotunde 1887 ging einher mit der Einweihung des im wilhelminischen Stil errichteten Bibliotheksneubaus.

9 Weitere Kleinstatuetten aus Holz bzw. Gips nennt Kammer (2004, Nr. 113, 158, 227 und 241) für die Kirchen in Holtland/Ostfriesland, Neuenkirchen bei Horneburg, Südbrookmerland, Münkeboe-Moorhusen und Wangerland-Tettens/Jever.

10 Dort findet sich auch eine Abbildung zweier (um 1715) datierter Figuren von Hus (mit Gans) und Luther (mit Schwan) aus der Kirche zu Etzel (Lübben 2012, 9).

11 Erster Vertreter der neuen Lehre in Braunschweig war Gottschalk Kruse (um 1499–1540; Schäfer 1982).

12 Henn hatte in St. Andreas bereits die Abendmahlsgruppe über dem Altar, das Standkreuz auf dem Altar, das Lesepult und das Portal an der Westseite des Kirchturms gestaltet.

13 »Als wohl erster hannoverscher Festungshäftling kann der Reformator des Calenberger Landes gelten, der wegen seines Protestes

gegen die Rekatholisierungsbestrebungen seines neuen Landesherrn von 1549 bis 1552 drei Jahre lang auf der Feste Calenberg inhaftiert war« (Krause 2011, 84).

14 Mündliche Auskunft von Marion Wrede, Kirchenpädagogin, und Reinhard Scheibe, Kirchenvorstand der Marktkirchengemeinde.

15 Die Tafel nennt den 27. Februar als Geburtstag; in anderen Quellen wird auch der 11. April genannt.

16 »Wo Urban Rhegius, Johann Arndt und andere unvergessene treue Glaubenszeugen schlafen, wird wohl für immer ein ungelöstes Rätsel bleiben« (Cassel 1913, 34).

17 Siehe auch die Ausführungen zum Epitaph des Corvinus im vorigen Abschnitt.

18 Von Georg Scharnikau (»Scarabaeus«; 1503–1558) stammte vermutlich die erste reformatorische Kirchenordnung in Hannover, der Luther und Melanchthon in Wittenberg 1535 zustimmten, die aber verloren gegangen zu sein scheint (Mlynek/Röhrbein 2009, 537). Seine Grabplatte (ehem. Nikolaikapelle) und sein Epitaph (ehem. Marktkirche) sind verloren, die Texte aber überliefert (Wehking 1993, Nr. 111+ und 112+).

19 Der Barmeister war der Vorstand der Pfannenschmiede (Bare), in der die Siedepfannen gegossen wurden, in denen Salz aus der in Lüneburg gewonnenen Sole gesiedet wurde.

Literatur

Amt, Stefan: Die Planungs- und Baugeschichte der Lutherkirche in Hannover. O.O. o. J. (1998).

Bálint, Anna: Die Entstehungsgeschichte der Historiengemälde »Einmütigkeit (I)« und »Einmütigkeit (II)« im Spiegel der Korrespondenz zwischen dem Schweizer Maler Ferdinand Hodler und der hannoverschen Stadtverwaltung von 1911 bis 1913. In: Hannoversche Geschichtsblätter, Neue Folge 47, 1993, 1–56.

Bei der Wieden, Brage: Mensch und Schwan. Kulturhistorische Perspektiven zur Wahrnehmung von Tieren. Bielefeld 2014.

Bombeck, Bettina Pauline: Plätze und Platzgestaltung aus verkehrskultureller Sicht. Eine Analyse der Innenstadt Uelzens unter besonderer Berücksichtigung der Fußgängerbelange. Hamburg 2012 (zugleich: Leuphana Universität Lüneburg, Magisterarbeit 2007).

Brandt, Richard: 50 Jahre Eichenkreuzburg. In: Heimatland 5/1978, 142.

Brockhoff, Johannes: Das Bugenhagen-Denkmal auf dem Andreas-Kirchplatz in Hildesheim. Hildesheim 2010.

Cassel, Clemens: Festschrift zur Gedenkfeier des sechshundertjährigen Bestehens und der Grundsteinlegung des neuen Glockenturmes der Stadtkirche in Celle am Sonntag, den 30. März 1913. Celle 1913.

Cohrs, Ferdinand: Luther und Niedersachsen. In: Zeitschrift des Historischen Vereins für Niedersachsen 82, 1917, 227–245.

Dannowski, Hans Werner: »Dann fahren wir nach Hannover«: Ansichten und Eindrücke aus einer Stadt. Hannover 2000.

Diestelmann, Jürgen/Kettel, Johannes: Die Brüdernkirche in Braunschweig. Königstein im Taunus o. J..

Dithmar, Reinhard: Lutherdenkmäler. Weimar 2014.

Doerk, Elisabeth: Reformatio in Nummis. Luther und die Reformation auf Münzen und Medaillen (Wartburg-Stiftung Eisenach). Regensburg 2014.

epd-Landesdienst Niedersachsen Bremen: Pressemitteilung vom 21.07.2011 (»In Ostfriesland grüßen Wetter-Hahn und Luther-Schwan«).

Etzold, Alfred/Türk, Wolfgang: Der Dorotheenstädtische Friedhof. Die Begräbnisstätten an der Berliner Chausseestraße. Berlin 2002.

Geck, Albrecht: Von Cranach zur BILD-Zeitung – 500 Jahre Wandlungen des Lutherbildes als Spiegel der Kirchen- und Kulturgeschichte. In: Doerk, Elisabeth (Hrsg.): Reformatio in Nummis. Luther und die Reformation auf Münzen und Medaillen (Wartburg-Stiftung Eisenach). Regensburg 2014, 78–103.

Gäßler, Ewald: Der Umbau der Lambertikirche im 19. Jahrhundert. In: Rittner, Reinhard (Hrsg.): Oldenburg und die Lambertikirche. Oldenburg 1988, 97–124.

Happel, Reinhold: Karl Börgemann. Ein Architekt der Hannoverschen Schule

zwischen Historismus und Moderne. Schriften des Instituts für Bau- und Kunstgeschichte der Universität Hannover 8. Hannover 1993.

Hesse, Hinrich: Zerstörte Hannoversche Wahrzeichen. In: Hannoversche Geschichtsblätter, Neue Folge 8, 1955, 241–283.

Kammer, Otto: Reformationsdenkmäler des 19. Jahrhunderts: eine Bestandaufnahme von Otto Kammer im Auftrag der Stiftung Luthergedenkstätten in Sachsen-Anhalt. Leipzig 2004.

Knocke, Helmut/Thielen Hugo: Kunst- und Kultur-Lexikon. Handbuch und Stadtführer. Hannover 1994.

Kokkelink, Günther/Lemke-Kokkelink, Monika: Baukunst in Norddeutschland. Architektur und Kunsthandwerk der Hannoverschen Schule 1850–1900. Hannover 1998.

Krause, Thomas: »Ueber Gefaengnisse und Zuchthäuser«. Freiheitsstrafen und Strafvollzug im Kurfürstentum und Königreich Hannover. In: Peter Götz von Olenhusen (Hrsg.): 300 Jahre Oberlandesgericht Celle. Göttingen 2011, 77–90.

Kultusministerium Sachsen-Anhalt: Europäisches Kulturerbesiegel. Stätten der Reformation in Deutschland. Magdeburg, 02.07.2010 (hier: Niedersachsen, 18 f.).

Landkreis Helmstedt: Naturdenkmal Bugenhagen-Linde. Informationstafel in Lauingen, o. J..

Lübben, Ummo: Wetterschwäne auf lutherischen Kirchen zwischen Ems und Jade. 2. Aufl. Norden 2012.

Mlynek, Klaus/Röhrbein, Waldemar R.: Stadtlexikon Hannover. Von den Anfängen bis in die Gegenwart. Hannover 2009.

Mühlbauer, Friederike: Dramatischer Auftakt. In: Osnabrück. Orte der Reformation. Journal 20, Leipzig 2015, 28.

Müller, Siegfried: Die Bürgerstadt. Von 1241 bis zur Residenznahme von 1636. In: Mlynek, Klaus/Röhrbein, Waldemar R. (Hrsg.): Geschichte der Stadt Hannover, Band I, Hannover 1992, 67–135.

Müller, Werner: Denkmale in der Einheitsgemeinde Elze mit ihren Ortsteilen Esbeck, Mehle, Sehlde, Sorsum, Wittenberg und Wülfingen. Elze 2000.

Mündensche Nachrichten: Ein vergessenes Denkmal vom 25.08.1910 (http://herzogin-elisabeth.de/Ein_ vergessenes _denkmal.pdf), zuletzt aufgerufen 19.03.2016.

NHB Niedersächsischer Heimatbund (Hrsg): Die Weisse Mappe 2015. Antwort der Niedersächsischen Landesregierung auf die Rote Mappe 2015 des NHB. Hannover 2015.

Nöldecke, Arnold (Bearbeitung): Die Kunstdenkmäler der Provinz Hannover. Stadt Hannover I. Teil, Denkmäler des »alten« Stadtgebietes Hannover. Hannover 1932 (Neudruck Osnabrück 1979).

Preuß, Werner: Geschichte des Heinrich-Heine-Hauses (www.luene-info.de/heinehaus/heinelg2/html), zuletzt aufgerufen am 31.07.2015.

Rhein, Stefan: Nur Luther? Wittenberger Reformatoren auf Medaillen. In: Doerk, Elisabeth (Hrsg.): Reformatio in Num-

mis. Luther und die Reformation auf Münzen und Medaillen (Wartburg-Stiftung Eisenach). Regensburg 2014, 104–119.

Rowald, Paul: Das Lutherdenkmal in Hannover. In: Centralblatt der Bauverwaltung 1901, 71.

Rowald, Paul: Das neue Rathaus. Vorgeschichte des Baues und Wettbewerbe. In: Die Königliche Haupt- und Residenzstadt Hannover. Festschrift zur Einweihung des Rathauses im Jahre 1913. Hannover 1913, 79–97.

Schäfer, Rolf: Geschichte der oldenburgischen evangelischen Kirche im Überblick. Oldenburg 2013.

Schäfer, Walter: Gottschalk Kruse. In: Neue Deutsche Biographie 13, Berlin 1982, 149 f.

Schmidt, Hans-Dieter: Von der obrigkeitlichen Kirchenfeier zum Fest der Bürger, Reformations- und Lutherfeiern in Hannover 1617–1883. In: Schmidt, Hans-Dieter (Hrsg.): Feste und Feiern in Hannover. Bielefeld 1995, 57–84.

Schneider, Gerhard: Ferdinand Hodler und sein Gemälde für das Neue Rathaus in Hannover. In: Regin, Cornelia (Hrsg.): Pracht und Macht. Festschrift zum 100. Jahrestag der Einweihung des Neuen Rathauses in Hannover. Hannover 2013, 167–199.

Schoop, Kurt: Geschichte der Winsener Kirchtürme. Winsener Geschichtsblätter 11, Winsen (Luhe) 1930.

Storz, Harald: St. Jacobi, Göttingen (1901); (http: // herzogin-elisabeth.de/cgi-bin/ hebild.cgi#Jacobi) zuletzt aufgerufen am

05.02.2016.

Voss, Klaus-Dieter: Eine »einträchtige Verschiedenheit«. Johannes a Lasco und die Neuordnung des ostfriesischen Kirchenwesens. In: Emden. Orte der Reformation. Journal 13, Leipzig 2014, 42–45.

Weber, Wilhelm: Luther-Denkmäler – Frühe Projekte und Verwirklichungen. In: Mittig, Hans-Ernst/Plagemann, Volker (Hrsg.): Denkmäler im 19. Jahrhundert: Deutung und Kritik. München 1972, 183–215 (und Bildanhang).

Wehking, Sabine: DI 36, Stadt Hannover, Nr. 74+, in: www.inschriften.net (Deutsche Inschriften Online, 1993).

Wehking, Sabine: DI 36, Stadt Hannover, Nr. 95+, in: www.inschriften.net (Deutsche Inschriften Online, 1993).

Wehking; Sabine: DI 36, Stadt Hannover, Nr. 111+/112+, in: www.inschriften.net (Deutsche Inschriften Online, 1993).

Westphal, Siegrid: Franz von Waldeck und Hermann Bonnus. in: Osnabrück. Orte der Reformation. Journal 20, Leipzig 2015, 30–33.

Zimmermann, Gottfried: Bildnisse und Denkmäler von Bugenhagen in Braunschweig. In: Kuhr, Hermann (Red.): Die Reformation in der Stadt Braunschweig. Festschrift 1528–1978 (Hrsg. Stadtkirchenverband Braunschweig), Braunschweig 1978, 123–132, 143.

Zimmermann, Helmut: Die Straßennamen der Landeshauptstadt Hannover. Hannover 1992.

Internetaufrufe sind im laufenden Text belegt.

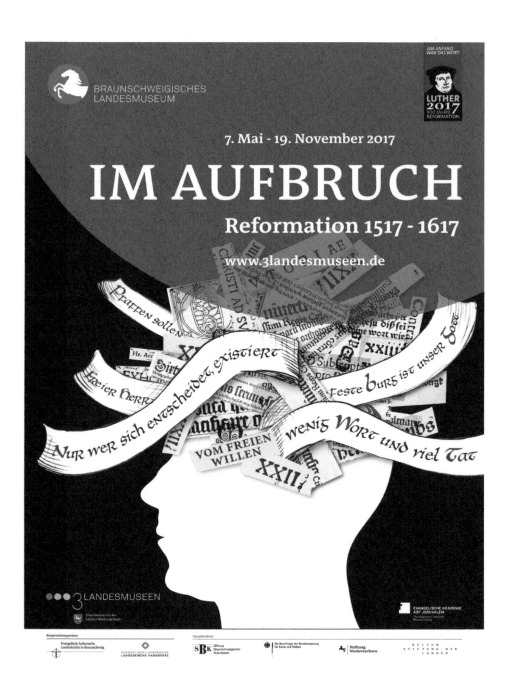

Im Aufbruch. Reformation 1517–1617. Eine Ausstellung im Braunschweigischen Landesmuseum

Hans-Jürgen Derda

Religion und Weltlichkeit waren bis in die Zeit der Reformation auf allen Ebenen miteinander verknüpft. Die Obrigkeit zeichnete im politischen Bereich für die Heilsordnung mitverantwortlich, die kirchlichen Autoritäten waren fest in die politischen Strukturen des Alten Reiches integriert, die Religion war der Wertmaßstab der sozialen Ordnung. Jede Veränderung der Glaubensgrundsätze betraf alle Lebensbereiche – auch auf dem Gebiet des heutigen Niedersachsens. In einem bislang einmaligen Kooperationsprojekt mit den Ev.-luth. Landeskirchen in Braunschweig und Hannover erarbeiten das Braunschweigische Landesmuseum und die Evangelische Akademie Abt Jerusalem in Braunschweig die Sonderausstellung »Im Aufbruch. Reformation 1517–1617«.

Einführung

Die Ausstellung steht unter der Schirmherrschaft des Niedersächsischen Ministerpräsidenten Stephan Weil und wird vom 7. Mai bis 19. November 2017 an drei Orten in Braunschweig zu sehen sein. Neben dem Braunschweigischen Landesmuseum am Burgplatz sind mit den ehemaligen Klöstern St. Aegidien und St. Ulrici-Brüdern auch zwei authentische Orte in das Projekt eingebunden.

Das Braunschweigische Landesmuseum im Vieweghaus präsentiert auf 1000 qm Ausstellungsfläche rund 400 Objekte mit Leihgaben aus bedeutenden Museen, Bibliotheken und Archiven im In- und Ausland. Aus den Kirchengemeinden der beteiligten Landeskirchen werden etwa 75 Exponate erwartet. Eine enge Zusammenarbeit hat sich mit der Marktkirchenbibliothek in Goslar ergeben. Aus den historischen Beständen werden im Rahmen der Ausstellung einige ausgewählte Stücke präsentiert, andere sind als Referenzstücke in Goslar zu sehen. Aus dem Bestand des Braunschweigischen Landesmuseums zur Reformationsgeschichte werden einige Objekte erstmals gezeigt, darunter das Epitaph der Anna von Rautenberg von 1566 als Beispiel lutherischer Frömmigkeitskultur.

Die zentrale Ausstellung am Burgplatz lenkt den Blick auf die Entwicklung der Reformation und auf die historischen Zusammenhänge in den ehemaligen welfischen Landen zwischen Heide, Harz und Leine. Dargestellt wird, welche enorme Wirkungskraft der Reformgedanke des Wittenberger Theologen Martin Luther während der ersten 100 Jahre entfaltete, sich durchsetzte und auf Kultur, Wirtschaft und Gesellschaft Einfluss nahm, das politische Gefüge neu ordnete und die Kirche grundlegend veränderte. Diese Prozesse werden in sechs Kapiteln nachgezeichnet, die mit den Kernbegriffen »Flüchtigkeit – Beschleunigung – Optionen – Zerrissenheit – Kontrolle – Gewohnheit« überschrieben sind.

1. Flüchtigkeit

Hier werden die religiösen Vorstellungen des ausgehenden Mittelalters thematisiert. Der Besucher soll erfahren, dass Religion, Kirche und eine ausgeprägte Frömmigkeitskultur den Alltag der Menschen bestimmten. Die Kirche zeigte mit dem Heilsangebot in Form von Stiftungen, Wallfahrten und dem Ablasswesen einen Weg, dem ewigen Heil näher zu kommen. Diese Praxis stellten die Menschen jedoch zunehmend in Frage. Die zunächst theologisch motivierte Bewegung der Reformation hing eng mit Martin Luthers Ringen um die rechte Form seines Glaubens zusammen. Doch mit der Veröffentlichung der 95 Thesen gegen den Ablass am 31. Oktober 1517 begann eine grundlegende Veränderung des religiösen, politischen und gesellschaftlichen Lebens. In den Kirchengemeinden wurden vielerorts einzelne Gebräuche und Riten kritisiert.

2. Beschleunigung

Die Welt des 16. Jahrhunderts war von tiefgreifenden gesellschaftlichen und kulturellen Wandlungsprozessen geprägt. Es war eine Zeit der Aufbrüche, Umbrüche und Übergänge. Die Bildungsbewegung des Humanismus, technische Erfindungen, Innovationen im Buchdruck und Nutzung der Medien, die Entdeckung neuer Seewege und Kulturen veränderten die bisher gültigen Lebens- und Weltvorstellungen. Die neu entdeckten Länder führten zu einem veränderten wirtschaftlichen Verhalten der Kaufleute und Fernhändler mit Auswirkungen auf das Verständnis von sozialer Gerechtigkeit. »Die frühkapitalistische Wirtschaft, ihre Effizienz, die Größe ihrer Gewinne, die Höhe ihrer Kapitalanhäufung und die Dynamik ihrer Innovationen machten für viele Menschen die Prozesse des Handels undurchschaubar. Die Mobilität, die zahlreichen Personen unter dem Diktat der Ökonomie abverlangt wurde, stand im Widerspruch zu ständischen Mentalitäten und einem ethisch-normativ, christlich gebundenen Sozialempfinden, das ›Gerechtigkeit‹ auch in den Wirtschaftsbeziehungen forderte, gedeckelte Zinssätze vorsah und dem ›gemeinen Nutzen‹ als sozialmoralischer Leitvorstellung verpflichtet war« (Kaufmann 2009, 61). Die umfassenden Umbrüche erschütterten die bisher gängige Weltvorstellung der Menschen, sie waren verunsichert und verängstigt. Ähnlich wie heute veränderten sich die Lebensverhältnisse rasant und gaben den Menschen das Gefühl, in einer aus den Fugen geratenen Welt zu leben. Martin Luther sprach in seiner Vorrede zur Hannoverschen Kirchenordnung von 1536 von »diesen geschwinden Zeiten« (Luther 1588).

3. Optionen

Erste reformatorische Impulse ließen sich in den Städten beobachten. Dafür stehen im Zentrum des Ausstellungsprojektes beispielhaft Braunschweig, Göttingen, Goslar und Hannover. Hier waren die sozialen, kulturellen, wirtschaftlichen und politischen Voraussetzungen besonders günstig, weil viele Menschen auf engem Raum zusammenkamen. Auf den städtischen Märkten und in den bestehenden Netzwerken verbreiteten sich neue Informationen schnell. Martin Luthers Einsicht, dass einzig der Glaube zum Heil führe, zog die Menschen an und beruhigte sie. Zudem sahen sie darin auch eine Möglichkeit, sich von der Tradition und den Heilsangeboten der alten Kirche zu emanzipieren. Die Reformation war anfänglich eine ungeordnete Bewegung. Sie führte zu Konflikten mit der städtischen Obrigkeit, die von vornherein durch Verhandlungen, wie in Goslar und Göttingen, oder in einer zunächst offenen Auseinandersetzung, wie in Hannover, gelöst wurden. Auch in Braunschweig arrangierte sich schon bald die städtische Obrigkeit mit der Reformationsbewegung und band sie in ein neues Ordnungsgefüge ein, an dessen Ende die wegweisende Kirchenordnung von 1528 des Johannes Bugenhagen zur grundlegenden Neuordnung des Kirchenwesens stand.

4. Zerrissenheit

Die Durchführung der Reformation erfolgte nicht nach einem fertigen Programm und wurde auch nicht widerspruchslos akzeptiert. Konflikte ergaben sich nicht nur in theologischen und religiösen Fragen. Calvinisten, Täufer und Lutheraner stritten um die rechte Auslegung der Heiligen Schrift, in der politischen Umsetzung wurden Grundfragen von kirchlicher und weltlicher Macht berührt. Der Aspekt der Zerrissenheit wird bei Herzog Heinrich dem Jüngeren sichtbar. Er blieb altgläubig, war ein durchsetzungsstarker Machtpolitiker und suchte in der Auseinandersetzung mit der

Reformationsbewegung sein Herrschaftsgebiet zu erweitern. Auf seinem Territorium stand er im Konflikt mit den Städten
Braunschweig und Goslar. In einer für die
damalige Zeit außergewöhnlichen Medi-
enkampagne zog er den beißenden Spott
der Reformationsbewegung auf sich und
wurde von Martin Luther (1541) in einer
wortgewandten, deftig formulierten Schrift
»Hans Worst« genannt.

5. Kontrolle

Die Obrigkeit schaltete sich ein, um den Prozess der Reformation zu ordnen, politisch
durchzusetzen und Einfluss auf die weitere
Entwicklung zu nehmen. In der Ausstellung
werden als Herrscherpersönlichkeiten ex-
emplarisch Herzog Ernst der Bekenner von
Lüneburg-Celle, Elisabeth von Calenberg
und ihr Sohn Erich II. und schließlich Herzog Julius von Braunschweig-Wolfenbüttel
vorgestellt, der erst 1568 die Reformation in seinem Herrschaftsgebiet einführen
konnte. Diese Herrscherpersönlichkeiten
erhielten das Recht, die kirchlichen Be-
lange zu regeln. Dafür wurden juristisch
ausgebildete Experten eingestellt, damit
wurde die Reformation gleichsam zu einem
Verwaltungsakt. Die Landesfürsten hatten
nun über die Konsistorien einen direkten
Zugriff auf die Kirche und bestimmten, welche Konfession zugelassen wurde. »Die
Entwicklung von Konfessionen im 16. Jahrhundert war«, so der Landeshistoriker Arnd
Reitemeier zusammenfassend, »Katalysa-
tor für diverse politische, gesellschaftliche,
auch ökonomische Entwicklungen. Diese
Prozesse hatten schon im späten Mittelalter begonnen und waren auf das engste
mit den Fürsten und Höfen verbunden. In
der Schaffung neuer Rechts- und Verwaltungsstrukturen, in der (...) Finanzierung
der Pfarrer, in der sich wandelnden Legiti-
mation der Fürsten manifestierte sich eine
beginnende Staatlichkeit (...)« (Arnd Reitemeier, Pressemitteilung vom 9. Mai 2016).

6. Gewohnheit

Der Fokus richtet sich nun auf die Auswirkungen der durch die Fürstenreformation
vorangetriebenen Verfestigungsprozesse.
Hier geht es um den Perspektivwechsel von
der Sicht der Herrscher auf die Beherrsch-
ten: Alltagsleben und kulturelle Praxis werden dokumentiert. Was hat sich nach 100
Jahren wirklich geändert, wo gibt es Kon-
tinuitäten und Neuorientierungen in der
Entwicklung?

Das Kloster St. Aegidien als authentischer Ort

Die noch vorhandenen Gebäudeteile des ehemaligen Benediktinerklosters St. Aegidien verweisen auf die Frühphase der Reformation in Braunschweig. In diesem Ausstellungsteil wird die Biographie des Mönches Gottschalk Kruse mit der Klostergeschichte verknüpft, denn an diesem authentischen Ort wirkte dieser. Während seines Theologiestudiums in Wittenberg bekannte sich Kruse zur reformatorischen Lehre. Er kehrte nach Braunschweig zurück, hielt Bibelvorlesungen und predigte mit großem Zuspruch im Kloster Hinter Aegidien über seine neuen Glaubenseinsichten. Er trug maßgeblich dazu bei, die Gedanken der Reformation in Braunschweig zu verbreiten.

Verfolgt und bedroht von dem Widersacher der Reformation, Herzog Heinrich dem Jüngeren, verließ er fluchtartig die Stadt, wirkte zunächst in Celle und schließlich bis zu seinem Tode als Reformator und erster Superintendent im Fürstentum Lüneburg-Harburg. Kruse verfasste 1522 die erste und zudem in Braunschweig gedruckte niedersächsische Reformationsschrift »Von Adams und unsem Valle und Wedderuperstendighe«. Seine Rechtfertigungsschrift »Wörumme hee gheweken uth seynem kloester eyn underrichtunghe« zur Begründung, warum er Braunschweig verlassen musste, widmete er den Bürgern der Stadt. Das Kloster Hinter Aegidien wurde 1528 mit der Einführung der Reformation aufgelöst, 1542 trat Abt Dietrich Koch die letzten Rechte an die Stadt Braunschweig ab.

St. Ulrici-Brüdern als authentischer Ort

Die Kirche St. Ulrici-Brüdern ist eng mit dem Namen des Reformators Johannes Bugenhagen verbunden. In dem ehemaligen Kloster der Franziskaner arbeitete er die wegweisende Kirchenordnung für Braunschweig aus. Sie war die erste überhaupt und diente vielen anderen protestantischen Städten als Vorlage für ihre Kirchenordnungen. An diesem Ausstellungsort erinnert die noch vorhandene reiche Ausstattung an den allmählichen Wandel der einstigen Klosterkirche zur evangelischen Gemeindekirche. Nachdem die Reformation 1528 in Braunschweig eingeführt worden war, verloren die Nebenaltäre ihre Funktion und wurden sofort entfernt. Dagegen blieben der Lettner und das mit einem neuen reformatorischen Bildprogramm versehene Chorgestühl erhalten, dazu gehört die älteste bekannte Darstellung »Luther mit dem Schwan«.

Kindermuseum

»Entdecke die Welt« ist der Titel des geplanten Kindermuseums. Es erklärt in leicht zugänglicher Form die komplexe Welt des 16. Jahrhunderts. Dieser Bereich richtet sich vor allem an Familien mit Kindern (ab etwa 6 Jahren) sowie an Schüler. Er ist auch getrennt von der Hauptausstellung zugänglich, stellt aber Verknüpfungen und Bezüge her und bietet Orientierung. Spaß und entdeckendes Lernen stehen im Vordergrund, die Besucher sollen mit allen Sinnen gefordert werden.

Netzwerk Reformation

Dieses Projekt wird von zahlreichen Kooperationspartnern realisiert in Zusammenarbeit mit Kirchengemeinden, Heimatvereinen, historischen Einrichtungen, Stiftungen, regionalen Initiativen und allen Schulformen. Im Netzwerk Reformation soll das Gesamtprojekt eine überregionale Ausstrahlung entfalten, entwickelt wird eine entsprechende Öffentlichkeitsarbeit in Zusammenarbeit mit den Stellen für kommunales und regionales Marketing. Im März 2017 erscheint das Reise-Lese-Buch von Karin Dzionara mit dem Titel »Reformation im Fokus. Auf Spurensuche zwischen Heide, Harz und Leine«. Es enthält sieben Routen, die auf authentische Schauplätze der Reformation verweisen.

Literatur

Dzionara, Karin: Reformation im Fokus. Auf Spurensuche zwischen Heide, Harz und Leine. Ein Reiselesebuch. Dresden März 2017.

Kaufmann, Thomas: Geschichte der Reformation. Frankfurt a.M., Leipzig 2009.

Luther, Martin: Wider Hans Worst. Wittenberg 1541.

Luther, Martin: Martin Luthers Vorrede. In: Kirchen=//ordnung der Statt // Hannofer/ // Durch // D. Vrbanum Regium gefasset/ // Vnnd einen Erbarn Rath der Statt // Hannouer/ Anno 1536. publicirt, Lemgo 1588.

Die Karte zum Themenheft

Evangelische Kirchen in Niedersachsen

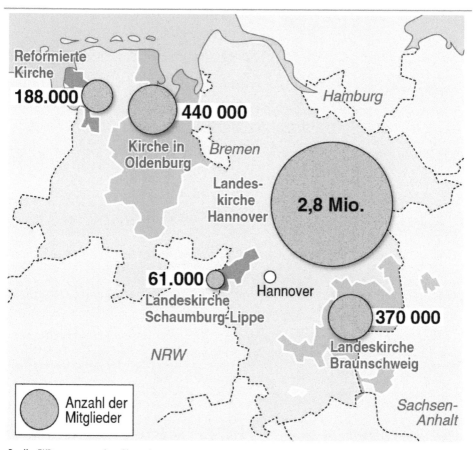

Quelle: EKD, 11.2013, epd grafik - 1060

Die in der Karte dargestellten fünf evangelischen Landeskirchen in Niedersachsen haben sich 1971 für die gemeinsame Vertretung ihrer Interessen zur »Konföderation evangelischer Kirchen in Niedersachsen« zusammengeschlossen. Mit der am 1. Januar 2015 in Kraft getretenen neuen Vertragsfassung wurde zwar die bisherige Konföderationssynode abgeschafft und damit auch die Hoffnung auf einen baldigen Zusammenschluss zu einer »Evangelischen Kirche in Niedersachsen« vertagt – gleichwohl betont der Vertrag über die Konföderation evangelischer Kirchen in Niedersachsen vom 8. März 2014 in seiner Präambel, »…dass die Zusammenarbeit so zu gestalten sei, dass ein Zusammenwachsen zu einer Evangelischen Kirche in Niedersachsen möglich bleibt.«

Die Präambel nennt als Ziel des Weiteren die partnerschaftliche Zusammenarbeit bei der Erfüllung gemeinsamer Aufgaben und Pflichten, wie sie im Loccumer Vertrag beschrieben sind, »…im freundschaftlichen Gegenüber zum Land Niedersachsen.«

Autorinnen und Autoren

Prof. Dr. Jochen Arnold
Direktor Michaeliskloster Hildesheim
Hinter der Michaeliskirche 3
31134 Hildesheim
Jochen.Arnold@Michaeliskloster.de

Reinhard Bingener
Stolzestraße 40
30171 Hannover
r.bingener@faz.de

Prof. Dr. Manfred von Boetticher
Königsworther Str. 10
30167 Hannover
manfred.boetticher@gmx.de

Wolfgang Brandis
Lüneburger Klosterarchive
Kloster Wienhausen
An der Kirche 1
29342 Wienhausen
wolfgang.brandis@klosterkammer.de

Dr. Hans-Jürgen Derda
Stellv. Direktor Braunschweigisches
Landesmuseum
Leonie-Meyerhof-Ring 25
31137 Hildesheim
juergen.derda@t-online.de

Dr. Rainer Ertel
Auf dem Emmerberge 15
30169 Hannover
u.ertel@hotmail.de

Andreas Hesse
Klosterkammer Hannover
Eichstraße 4
30161 Hannover
andreas.hesse@klosterkammer.de

Dr. Stephan Lüttich
Klosterkammer Hannover
Eichstraße 4
30161 Hannover
stephan.luettich@klosterkammer.de

Prof. Dr. Hans Otte
Dammannstr. 41, 30173 Hannover
Hans.Otte1@gmx.de

Prof. Dr. Arnd Reitemeier
Institut für Historische Landesforschung
Georg August Universität Göttingen
Heinrich-Düker-Weg 14
37073 Göttingen
arnd.reitemeier@phil.uni-goettingen.de

Prof. Dr. Rolf Schäfer
Haareneschstr. 60 B
26121 Oldenburg
g_r_schaefer@hotmail.com

Juliane Schmieglitz-Otten
Residenzmuseum im Celler Schloss
Schlossplatz 7
29221 Celle
Juliane.Schmieglitz-Otten@celle.de

2 | 2016

Redaktion

Annedörthe Anker
Am Weidengrund 1
38112 Braunschweig
Tel.: 0531 321832
anker-anker@t-online.de

Dr. Arno Brandt
CIMA Institut für
Regionalwirtschaft GmbH
Moocksgang 5
30169 Hannover
Tel.: 0511 22007950
brandt@cima.de

Prof. Dr. Roland Czada
Universität Osnabrück
Seminarstr. 33
49069 Osnabrück
roland.czada@uni-osnabrueck.
de

Prof. Dr. Rainer Danielzyk
Akademie für Raumforschung
und Landesplanung (ARL)
Leibniz-Forum für
Raumwissenschaften
Hohenzollernstraße 11
30161 Hannover
Tel.: 0511 3484236
danielzyk@arl-net.de

Dr. Rainer Ertel
Auf dem Emmerberge 15
30169 Hannover
u.ertel@hotmail.de

Prof. Dr. Dietrich Fürst
Westermannweg 35
30419 Hannover
Tel.: 0511 797662
dietrich.fuerst@t-online.de

1. Verbandsrätin Manuela
Hahn
Zweckverband Großraum
Braunschweig
Frankfurter Str. 2
38122 Braunschweig
m.hahn@zgb.de

Dr. Ansgar Hoppe
Göbelstraße 19
30163 Hannover
Tel.: 0511 7100640
ansgar.hoppe@arcor.de

Prof. Dr. Hansjörg Küster
Universität Hannover
Institut für Geobotanik
Nienburger Straße 17
30167 Hannover
Tel.: 05117623632
kuester@geobotanik.uni-
hannover.de

Prof. Dr. Ingo Mose
Universität Oldenburg
Carl-von-Ossietzky-Str. 9-11
26129 Oldenburg
ingo.mose@uni-oldenburg.de

Prof. Dr. Axel Priebs
Region Hannover
Höltystraße 17
30171 Hannover
Tel.: 0511 61622565
axel.priebs@region-hannover.de

Prof. Dr. Ing. Dietmar Scholich
Stromeyerstr. 3
30163 Hannover
dietmar.scholich@t-online.de

Dr. Jobst Seeber
Werbachstr. 46
26121 Oldenburg
joli-seeber@t-online.de

Alexander Skubowius
Region Hannover,
Fachbereit Wirtschafts- und Beschäf-
tigungsförderung
Haus der Wirtschaftsförderung
Vahrenwalder Straße 7
30165 Hannover
Tel.: 0511 6162354
alexander.skubowius@region-
hannover.de

Impressum

Verantwortlich für die Ausgabe: Rainer Ertel und HansjörgKüster
Herausgegeben von der Wissenschaftlichen Gesellschaft zum Studium Niedersachsens e. V.
Gefördert aus Mitteln des Landes Niedersachsen

© Wachholtz Verlag – Murmann Publishers, Kiel/Hamburg
© Wissenschaftliche Gesellschaft zum Studium Niedersachsens e. V., Hannover

 Niedersächsisches Ministerium für Wissenschaft und Kultur

Gesamtherstellung: Wachholtz Verlag
Printed in Germany

Titelbild © Rainer Ertel; Veröffentlichung mit freundlicher Genehmigung der Landeshauptstadt Hannover: Einführung der Reformation durch den Reformationsschwur der hannoverschen Bürger am 26. Juni 1533 mit dem Worthalter Dietrich (von) Arnsborg. Ausschnitt aus dem 1913 fertiggestellten Gemälde »Einmütigkeit« von Ferdinand Hodler im Hodler-Saal (Sitzungssaal der städtischen Kollegien) im Neuen Rathaus in Hannover

ISBN 978-3-529-06465-4
ISSN 0342-1511

Preis pro Einzelheft: 15,00 € (D) • 15,40 € (A) • sFr 21,90

Besuchen Sie uns im Internet: www.wachholtz-verlag.de